유튜버 나원참

손해평가사 2차

실전문제 + 해설집

| 실전문제 + 해설 및 정답 풀이 |

아무나 합격하는 것이 아니라 준비된 수험생들만 합격하는 아주 어렵고 고급스런 자격증입니다.

나원참 편저

영상 바로가기

"손해평가사 강의의 새로운 중심!! 나원참 손해평가사"

손해평가사의 바램이 되어~

안녕하세요 손해평가사 나원참입니다.

손해평가사 2차시험을 준비하고 계신 수험생 여러분들께 희망과 바램을 드리고자 이 책을 출간하게 되었습니다.

농업정책보험금융원의 이론서는 복잡하고 실망스런 설명으로 수험생들을 혼란스럽게 하고 이해하는데 어려움이 많이 있습니다. 손해평가 이론과 실무에 해당되는 내용들을 주제별로 묶어서 설명하고 예제문제 풀이를 통한 개념이해를 쉽게 만들었습니다.

논란이 되는 부분들도 잘 정리하여 문제풀이 요령 그리고 답안작성 방법에 대해서 자세하게 설명을 합니다.

손해평가사 2차시험은 아무나 합격하는 시험이 아니고 준비된 10% 수험생들만 합격하는 시험입니다. 10회 시험에서 5.9% 합격률이 발표되었듯이 10명 중에 9명은 불합격되는 시험으로 철저하게 준비를 해야 합격 할 수 있습니다.

어려운 시험에 수험생 여러분들이 합격 할 수 있도록 최선을 다해 열심히 노력하겠습니다.

감사합니다.

손해평가사 나원참

목차
CONTENTS

01

2025년도 손해평가사 (이론서 요약)

2025년도 손해평가사(이론서 요약)

안녕하세요 손해평가사 나원참입니다.

손해평가사 2차 시험에서 고득점으로 합격하는 방법을 알려 드리겠습니다. 120점으로 합격 하는 것과 160점으로 합격하는 것이 똑같다 라고 하는데.... 합격만 하면 되는 것 아닌가? 이것은 자격증만 취득하면 된다는 소리로 들립니다.

저는 엄청난 차이가 있다고 생각합니다. 120~130점으로 합격한 수험생들은 법인으로 취업하는 것은 불가능하고 프리랜서로 활동하는 수밖에 없습니다. 어차피 공부하는 것이라면 조금만 더 집중해서 공부를 많이 하시고 고득점으로 합격하는 것이 좋습니다. 무조건 공부만 열심히 한다고 고득점을 획득하는 것이 아니기 때문에 2차 시험에 필요한 여러 가지들을 잘 정리 해 놓고 만반의 준비를 해야 합니다.

실수예방, 시간관리, 체감난이도조절 3가지만 잘 지키면 충분히 합격 할 수 있습니다.

⊙ 실수예방

1. 생각하면서 문제 풀기

누구나 생각은 합니다. 체계적인 문제풀이를 원합니다.

대부분 수험생들은 시험지를 받지 마자 동시에 문제풀이로 달려갑니다. 차분하게 자세하게 되새기면서 풀어야 하는데... 서두르면 실수가 뻔한데.... 옆 사람의 시험지 넘기는 소리가 요란해서 불안이 더욱 가중 됩니다.

평소에 훈련되지 않은 수험생들은 더욱 불안해 집니다. 서두르다 보면 아무 생각 없이 문제풀이만 하게 되고 막히는 문제가 나오면 당황해질 수밖에 없습니다. 평소 훈련이 중요합니다.

2. 문제는 똑바로 읽고 문제를 풀고 있는가?

문제를 제대로 읽지 않고 문제를 푸는 수험생들이 많이 있습니다. 이 문제는 내가 풀어 본 문제라고 생각해서 제대로 읽지 않고 풀어버린 경우입니다. 문제를 제대로 읽지 않고 풀이를 하면 확인할 수 있는 방법이 없으므로 문제를 자세하게 읽고 문제 풀이하는 습관을 가져야 합니다. 풀이를 모르는 문제들은 거의 없습니다. 몰라서 틀리는 것은 거의 없고 문제를 잘못 읽고 문제를 풀거나 실수 때문에 틀리는 경우가 대부분입니다.

3. 암산금지, 직관풀이금지

암산과 직관풀이는 손해평가사 시험에서 하지 말아야 할 첫 번째입니다. 아는 문제도 다시 한번 확인해야 할 상황인데 대충 계산하게 되면 실수로 연결될 확률이 매우 높습니다. 시험시간이 부족할 정도로 어려운 문제가 많이 나올 때는 직관과 암산이 필요하겠지만 지금의 손해평가사 시험은 120분이라는 시간이 충분하므로 처음부터 훈련을 잘 받고 시험에 활용하는 연습을 많이 해야 합니다.

4. 실전모의고사로 충분한 훈련을 통한 실수예방과 치료

120분 안에 시험문제를 다 풀기 위한 자신만의 작전이 필요합니다. 실력이 출중해도 시간관리를 잘못하면 100% 불합격 되는데 시험이 끝나고 나서 후회해 봐야 아무 소용이 없습니다.

미리 미리 대비를 해야 하는데 쉽지 않은 일입니다. 실전 모의고사 문제를 가지고 정해진 시간 안에 실수를 하지 않고 문제를 풀이하는 훈련이 엄청 많이 필요합니다. 최소한 20회 정도의 실전 모의고사가 필요한 상황입니다.

저는 9회 시험에서 60회 분량의 실전모의고사로 훈련하여 172점의 고득점으로 합격을 하였습니다. 60회 모의고사 훈련을 통해 많은 것들을 고치고 발전을 시켰지만 손해평가사 본 시험에서는 실수를 두 개나 해서 15점이라는 점수가 날아가서 전국 수석까지 날려버린 것 같습니다.

1과목(1번~10번): 약 45~50분 정도 소요
2과목(11번~20번) 약 65~70분 정도 소요
남은 시간 실수를 많이 했던 부분을 집중 검산(평소에 오답노트 작성)
(피해율, 자기부담비율, 미보상비율, 6%, 7%, 차이값, 등등)

5. 반드시 검토, 확인해야 할 문제

① 틀린 부분은 수정테이프로 수정할 것
② 피해율 산정 시 계산기 실수가 많으므로 두 번 확인하면서 검산
③ 계산기 실수는 확인이 안 되므로 공학용 계산기를 사용할 것
④ 논란이 되는 문제는 맨 마지막에 풀이할 것(시간관리)
⑤ 모르는 문제: 통과할 것

⊙ 함정 피하기

1. 시험지에서 제시된 조건으로 문제 풀이

이론서와 다르게 제시되었어도 시험지에 제시된 조건으로 문제를 풀어야 합니다. 공식과 산출식은 이론서에 나와 있는 공식으로 문제를 풀어야 하겠지만 시험지에서 제시된 조건은 잘못 되어 있어도 시험지 조건으로 풀이를 해야 합니다.

2. 함정으로 주어진 조건을 대처하는 방법

① 방재시설 할인율 적용(품목에 해당되는 것만 적용)

② 최저 자기부담비율 적용(가입조건, 신규가입, 20% 적용 품목)

③ 인수제한 조건

④ 보상하는 손해와 보상하지 않은 손해

⑤ 조사대상주수, 실제결과주수, 미보상주수, 고사주수, 피해대상주수

⑥ 두둑폭, 지주목간격, 이랑폭(순서)

⑦ 송아지가격, 수정단계, 초산우, 다산우, 노산우(젖소보험가액)

⑧ 소수점 처리(반올림 문제)—피해율, 금액, 개수와 산출량

⑨ 예외가 되는 조건(비례보상, 기준수확량, 이익률: 16.5%, 수확기 중 경과비율 등)

⑩ 함정에 빠진 경험의 문제 유형은 별도로 노트에 정리해서 복수할 것

3. 손해평가사 시험은 함정이 많지 않다.

① 모의고사에서 자주 접해 본 지저분한 함정이 있는 문제는 거의 없습니다.

② 소수점 처리와 반올림은 예시를 보여 주므로 걱정할 필요가 없습니다.

③ 함정이 없는데 왜 합격률이 낮고 과락률이 높은가?
이것은 체감 난이도와 시간관리 부족으로 인하여 당황스럽고 혼란스러워서 풀 수 있는 문제들도 모두 틀려 버린 것입니다. 집에 가서 다시 풀어 보면 도대체 왜 틀린거야? 이미 늦은 것입니다.

④ 쉽다고 생각되는 문제를 도대체 왜 풀지 못하는 것일까?
긴장감으로 인한 체감난이도는 생각보다 훨씬 높게 느껴집니다.
평소에 쉬운 문제풀이만 해온 사람들은 더더욱 높게 느껴질 것입니다.

⑤ 어려운 문제를 풀이 하면 쉬운 문제는 저절로 풀이가 됩니다. 평소에 어려운 문제를 많이 풀어 봐야 합니다.

⑥ 평범한 문제가 평범하게 보이도록 평소에 수준 높고 함정 많은 문제들을 많이 풀어 보는 것이 합격에 큰 도움이 됩니다.

⑦ 1~2년 지난 중고책은 모두 분리수거 하시고 6개월이 경과한 강의를 듣고 공부하게 되면 엄청 위험하다는 것을 명심하시길 바랍니다.
매년 새롭게 촬영된 새로운 강의로 공부를 해야 안전한 공부가 될 것입니다.
이론서는 매년 삭제된 내용과 추가된 내용 그리고 변경된 것들이 많이 있습니다.

⊙ 이론서 요약 정리

1. 계약자의 가입자격 및 요건

가입자격	- 사업실시 지역에서 보험 대상 작물을 경작하는 법인 또는 개인 - 계약자가 스스로 가입여부를 판단하여 가입하는 (임의보험) 방식이다.
가입요건	- 보험에 가입하려는 농작물을 재배하는 지역이 해당 농작물에 대한 농작물 재해보험 사업이 실시되는 지역이어야 한다. - 보험대상 농작물이라고 하더라도 (일정규모) 이상이어야 한다. - 보험 가입 시에 보험료의 (50)% 이상의 정책자금 지원 대상에 포함되기 위해서는 (농업경영체)에 등록이 되어야 한다.

2. 농작물재해보험 대상 품목별 보험가입금액 및 가입면적

품목	최저 보험가입금액 및 가입면적
적과전종합위험(과수4종)	200만원 이상
종합위험 수확감소, 과실손해 과수	(　　)원 이상
고추,브로콜리,고구마,감자, 마늘,양파,양배추,인삼	(　　)원 이상
옥수수, 콩,팥,배추,무,당근,단호박,파,시금치,양상추	(　　)원 이상
벼,보리,밀,귀리,메밀	(　　)원 이상
농업용시설물 및 시설작물	단지면적이 (　　)m^2 이상
비가림시설	단지면적이 (　　)m^2 이상
차(茶), 조사료용벼,사료용 옥수수	농지면적이 (　　)m^2 이상

3. 농작물재해보험 대상 농작물(보험 목적물)

대상 농작물	품목
식량작물(10개 품목)	옥콩벼메밀감고보팥귀리
과수작물(12개 품목)	매복살자유참포감무사배단
채소작물(12개 품목)	고브배무당단파시마양양양
임산물(7개 품목)	(　　)
특용작물(3개 품목)	(　　)
버섯작물(3개 품목)	(　　)
원예시설작물(23개 품목 중 화훼류 4개 품목)	백국장카(화훼류)

4. 농작물재해보험 판매기간

<농작물재해보험 판매기간> (2023년 기준)

품목	판매기간
사과, 배, 단감, 떫은감	1~**2**월
농업용시설물 및 시설작물(수박, 딸기, 오이, 토마토, 참외, 풋고추, 호박, 국화, 장미, 파프리카, 멜론, 상추, 부추, 시금치, 배추, 가지,파,무,백합,카네이션,미나리,쑥갓,**감자**)	2~12월
버섯재배사 및 버섯작물 (양송이, 새송이, 표고, 느타리)	2~12월
밤, 대추, 고추, 호두	4~5월
고구마, 옥수수,사료용옥수수, 벼, 조사료용 벼	4~6월
감귤, 단호박	5월
감자	(봄재배) 4~5월, (고랭지재배) 5~6월, (가을재배) 8~9월
배추	(고랭지) 4~6월, (가을)8~9월, (월동) 9~10월
무	(고랭지) 4~6월, (월동) 8~10월
파	(대파) 4~6월, (쪽파) 8~10월
참다래, 콩, 팥	6~7월
인삼	4~5월, 11월
당근	7~8월
양배추, 메밀	8~9월
브로콜리	8~10월
마늘	9~11월
차, 양파, 시금치(노지)	10~11월
밀, 보리, 귀리	10~12월
포도, 유자, 자두, 매실, 복숭아, 오디, 복분자, 오미자, 무화과, 살구	11~12월

<보험 대상 품목별 대상 재해>

구분	품목	대상 재해
적과전 종합위험	사과, 배, 단감, 떫은감 (특약) 나무보장	(적과전) 자연재해·조수해·화재 (5종특약) 태풍·우박·집중호우·지진·화재 한정보장 (적과후) 태풍(강풍)·우박·화재· 지진·집중호우·일소피해·가을동상해 (특약) 가을동상해·일소피해 부보장
수확전 종합위험	무화과 (특약) 나무보장	(7.31일 이전) 자연재해·조수해·화재 (8.1일 이후) 태풍(강풍)·우박
	복분자	(5.31일 이전) 자연재해·조수해·화재 (6.1일 이후) 태풍(강풍)·우박
특정위험	인삼	( )
종합위험	참다래, 매실, 자두. 유자, 살구 (특약) 나무보장	자연재해·조수해·화재
	포도(특약) 나무보장, 수확량감소추가보장	자연재해·조수해·화재
	감귤(만감류)	자연재해·조수해·화재
	복숭아(특약) 나무보장, 수확량감소추가보장	자연재해·조수해·화재· **병충해( )**
	감귤(특약) 나무보장, 과실손해 추가보장	자연재해·조수해·화재(이전) (특약)동상해(이후)
	벼	자연재해·조수해·화재 (특약) **병충해** ( )
	밀, 고구마, 옥수수, 콩, 차, 오디, 밤, 대추, 오미자, 양파	자연재해·조수해·화재
	감자	자연재해·조수해·화재·**( )**
	마늘(특약) 조기보장특약	자연재해·조수해·화재
	배추, 무, 파, 호박, 당근, 시금치,메밀, 팥, 보리	자연재해·조수해·화재
	양배추	자연재해·조수해·화재
	호두(특약) 조수해부보장	자연재해·조수해·화재
	브로콜리	자연재해·조수해·화재
	고추	자연재해·조수해·화재·**( )**
	해가림시설 (인삼)	자연재해·조수해·화재
	농업용시설물(특약) 재조달가액, 버섯재배사, 부대시설	자연재해·조수해 (특약)화재, 화재대물배상책임, 수해부보장
	비가림시설(포도, 대추, 참다래)	자연재해·조수해 **(특약) ( )**
	시설작물, 버섯작물	자연재해·조수해 (특약)화재, 화재대물배상책임

5. 자기부담비율

<보험 대상 품목별 보장 수준>

<table>
<tr><th rowspan="2">구분</th><th rowspan="2">품목</th><th colspan="5">보장 수준(보험가입금액의 %)</th></tr>
<tr><th>60</th><th>70</th><th>80</th><th>85</th><th>90</th></tr>
<tr><td>적과전 종합위험</td><td>사과, 배, 단감, 떫은감</td><td>○</td><td>○</td><td>○</td><td>○</td><td>○</td></tr>
<tr><td rowspan="2">수확전 종합위험</td><td>무화과</td><td>○</td><td>○</td><td>○</td><td>○</td><td>○</td></tr>
<tr><td>복분자</td><td>○</td><td>○</td><td>○</td><td>○</td><td>○</td></tr>
<tr><td>특정위험</td><td>인삼</td><td>○</td><td>○</td><td>○</td><td>○</td><td>○</td></tr>
<tr><td rowspan="8">종합위험</td><td>참다래, 매실, 자두, 포도, 복숭아, 감귤, 벼, 밀, 보리, 고구마, 옥수수, 콩, 팥, 차, 오디, 밤, 대추, 오미자, 양파, 감자, 마늘, 고랭지무, 고랭지배추, 대파, 단호박, 시금치(노지)</td><td>○</td><td>○</td><td>○</td><td>○</td><td>○</td></tr>
<tr><td>유자, 살구, 배추(고랭지제외), 무(고랭지제외), 쪽파(실파), 당근, 메밀, 호두, 양상추, 귀리</td><td>○</td><td>○</td><td>○</td><td>-</td><td>-</td></tr>
<tr><td>양배추(10% 추가 예정)</td><td>○</td><td>○</td><td>○</td><td>○</td><td>-</td></tr>
<tr><td>사료용 옥수수, 조사료용 벼</td><td>30%</td><td>35%</td><td>40%</td><td>42%</td><td>45%</td></tr>
<tr><td>브로콜리, 고추</td><td colspan="5">잔존보험가입금액의 3% 또는 5%</td></tr>
<tr><td>해가림시설
(인삼)</td><td colspan="5">(자기부담금)
최소 10만원에서 최대 100만원 한도 내에서 손해액의 10%를 적용</td></tr>
<tr><td>농업용 시설물 · 버섯재배사
및 부대시설
&
비가림시설
(포도, 대추, 참다래)</td><td colspan="5">(자기부담금)
최소 30만원에서 최대 100만원 한도 손해액의 10%를 적용
(단, 피복재 단독사고는 10만원~ 30만원 한도 내에서 손해액의 10%, 화재사고, 자기부담금=0원)</td></tr>
<tr><td>시설작물
&
버섯작물</td><td colspan="5">손해액이 10만 원을 초과하는 경우
손해액 전액 보상
(단, 화재로 인한 손해는 자기부담금을 적용하지 않음)</td></tr>
</table>

- **10% 선택조건**: 최근 3년 연속 가입 및 3년간 수령보험금이 순보험료의 (**)%미만**인 계약자
- **15% 선택조건**: 최근 2년 연속 가입 및 2년간 수령보험금이 순보험료의 (**)%미만**인 계약자
- 적과전종합위험은 (**)%** 미만인 계약자

6. 보상하는 재해

적과전 종합위험(적과종료 이후: 태지집우화일가)	
태풍(강풍)	기상청에서 태풍에 대한 기상특보(태풍주의보 또는 태풍경보)를 발령한 때 발령지역 바람과 비를 말하며, 최대순간풍속 (　　　　)이상의 바람(이하 "강풍")을 포함. 이때 강풍은 과수원에서 가장 가까운 3개 기상관측소(기상청 설치 또는 기상청이 인증하고 실시간 관측자료를 확인할 수 있는 관측소)에 나타난 측정자료 중 가장 큰 수치의 자료로 판정
지진	지구 내부의 급격한 운동으로 지진파가 지표면까지 도달하여 지반이 흔들리는 자연지진을 말하며, 대한민국 기상청에서 규모 (　)이상의 지진통보를 발표한 때
집중호우	기상청에서 호우에 대한 기상특보(호우주의보 또는 호우경보)를 발령한 때 발령지역의 비 또는 과수원에서 가장 가까운 3개소의 기상관측장비(기상청 설치 또는 기상청이 인증하고 실시간 관측 자료를 확인할 수 있는 관측소)로 측정한 (　)시간 누적강수량이 (　　　)이상인 강우상태
우박	적란운과 봉우리적운 속에서 성장하는 얼음알갱이 또는 얼음덩어리가 내리는 현상
화재	화재로 인하여 발생하는 피해
일소피해	폭염(暴炎)으로 인해 보험의 목적에 일소(日燒)가 발생하여 생긴 피해를 말하며, 일소는 과실이 (　　　)에 노출되어 과피 또는 과육이 괴사되어 검게 그을리거나 변색되는 현상 - 폭염은 대한민국 기상청에서 폭염특보(폭염주의보 또는 폭염경보)를 발령한 때 과수원에서 가장 가까운 3개소의 기상관측장비(기상청 설치 또는 기상청이 인증하고 실시간 관측 자료를 확인할 수 있는 관측소)로 측정한 낮 최고기온이 연속 2일 이상 (　　)이상으로 관측된 경우를 말하며, 폭염특보가 발령한 때부터 해제 한 날까지 일소가 발생한 보험의 목적에 한하여 보상하며 이때 폭염특보는 과수원이 위치한 지역의 폭염특보를 적용
가을동상해	서리 또는 기온의 하강으로 인하여 과실 또는 잎이 얼어서 생기는 피해를 말하며, 육안으로 판별 가능한 결빙증상이 지속적으로 남아 있는 경우에 피해를 인정 - 잎 피해는 단감, 떫은감 품목에 한하여 (　　　　　)까지 발생한 가을동상해로 나무의 전체 잎 중 (　)% 이상이 고사한 경우에 피해를 인정

작물특정위험보장(인삼: 태우집화폭폭냉침)	
태풍(강풍)	기상청에서 태풍에 대한 특보(태풍주의보, 태풍경보)를 발령한 때 해당 지역의 바람과 비 또는 최대순간풍속 ( )이상의 강풍. 이때 강풍은 해당 지역에서 가장 가까운 3개 기상관측소(기상청 설치 또는 기상청이 인증하고 실시간 관측 자료를 확인할 수 있는 관측소)에 나타난 측정자료 중 가장 큰 수치의 자료로 판정
우박	적란운과 봉우리적운 속에서 성장하는 얼음알갱이 또는 얼음덩어리가 내리는 현상
집중호우	기상청에서 호우에 대한 특보(호우주의보, 호우경보)를 발령한 때 해당 지역의 비 또는 해당 지역에서 가장 가까운 3개소의 기상관측장비(기상청 설치 또는 기상청이 인증하고 실시간 관측 자료를 확인할 수 있는 관측소)로 측정한 ( )시간 누적 강수량이 ( ) 이상인 강우상태
화재	화재로 인하여 발생하는 피해
폭염	해당 지역에 최고기온 ( )이상이 7일 이상 지속되는 상태를 말하며, 잎에 육안으로 판별 가능한 타들어간 증상이 ( ) 이상 있는 경우에 인정
폭설	기상청에서 대설에 대한 특보(대설주의보, 대설경보)를 발령한 때 해당 지역의 눈 또는 24시간 신적설이 해당 지역에서 가장 가까운 3개 기상관측소(기상청 설치 또는 기상청이 인증하고 실시간 관측 자료를 확인할 수 있는 관측소)에 나타난 측정자료 중 가장 큰 수치의 자료가 ( ) 이상인 상태
냉해	출아 및 전엽기(4~5월) 중에 해당 지역에 가장 가까운 3개소의 기상관측장비(기상청 설치 또는 기상청이 인증하고 실시간 관측 자료를 확인할 수 있는 관측소)에서 측정한 최저기온 ( ) 이하의 찬 기온으로 인하여 발생하는 피해를 말하며, 육안으로 판별 가능한 냉해 증상이 있는 경우에 피해를 인정
침수	태풍, 집중호우 등으로 인하여 인삼 농지에 다량의 물(고랑 바닥으로부터 침수 높이 최소 ( ) 이상)이 유입되어 상면에 물이 잠긴 상태

농업용시설물(버섯재배사), 부대시설 및 시설작물(버섯작물)	
구분	보상하는 손해
농업용시설물, 버섯재배사, 부대시설	자연재해, 조수해 화재(특별약관)
시설작물 버섯작물	다음 중 하나에 해당하는 것이 있는 경우에만 위 (　　　)나 (　　　)로 입은 손해를 보상 ① 구조체, 피복재 등 농업용시설물(버섯재배사)에 직접적인 피해가 발생한 경우 ② 농업용시설물에 직접적인 피해가 발생하지 않은 자연재해로서 작물 피해율이 (　)% 이상 발생하여 시설물 내 작물전체 재배를 포기한 경우 ③ 기상청에서 발령하고 있는 기상특보 발령지역의 기상특보와 관련된 재해로 인해 작물에 피해가 발생한 경우((　　　)에만 해당)
표고버섯 확장위험담보 특별약관	보상하는 재해에서 정한 규정에도 불구하고 다음 중 하나 이상에 해당하는 경우에 한하여 (　　　)나 (　　　)로 입은 손해를 보상 ① 농업용시설물(버섯재배사)에 직접적인 피해가 발생하지 않은 상태로 자연재해로서 작물피해율이 (　)% 이상 발생하여 농업용시설물 내의 전체 시설재배 버섯의 재배를 포기한 경우 ② 기상청에서 발령하고 있는 기상특보 발령지역의 기상특보와 관련된 재해로 인해 작물에 피해가 발생한 경우
특별약관	- (　　　)보장 특별약관 - 화재위험보장 특별약관 - 화재대물배상책임 특별약관 - (　　　)부보장 특별약관 - 표고버섯확장위험담보보장 특별약관

수확전 종합위험, 농업수입감소보장	
구분	보상하는 손해
복분자 무화과	- 수확개시 이전: 자연재해, 조수해, 화재 - 수확개시 이후: (　　), (　　)
고감마양양콩 포도	종합: 자연재해, 조수해, 화재 (　　　): (　　　)보다 (　　　)이 하락하여 발생한 손해

7. 보험기간

과수 보험기간	
계체일24시~(1월 31일)	과수4종(나무)
~2월 말일	온주밀감(동상해), 만감류(수감. 수추)
~4월 30일	감귤(온주밀감, 만감류)(나무)
~5월 31일	오디(과손), 복분자(종합),복분자(경)
~(6월 20일)	복분자(특)
~6월 30일	사과.배(착감), 참다래(시설), 참다래(나무)
~7월 20일	살구(수감)
~7월 31일	매실(수감), 무화과(종합), 단감.떫은감(착감)
~9월 30일	과수4종(일소), 자두(수감), 호두(수감)
~10월 10일	오미자(수감), 포도(수감.수추.시설), 복숭아(수감.수추)
~10월 31일	밤(수감), 무화과(특), 대추(수감.시설), 유자(수감)
~(11월 10일)	사과.배(가을동)
~(11월 15일)	단감.떫은감(가을동)
~11월 30일	참다래(수감), 과수4종(과손), 과수종합(나무)
~(12월 20일)	온주밀감(과손, 과추)
판매개시연도	과수4종, 밤, 호두, 대추, 감귤(과손)
이듬해(월동)	매복살자유참포오오복무

논작물 보험기간	
계체일24시**~6월 30일**	밀, 보리, 귀리(수감)
계체일24시(이앙완료일 24시)**~(7월 31일)**	벼(이불.재이앙.재직파)
계체일24시(이앙완료일 24시)**~(8월 31일)**	조사료용벼(경불)
계체일24시(이앙완료일 24시)**~11월 30일**	벼(수감.수불)
계체일24시(이앙완료일 24시)**~(출수기전)**	벼(경불)
계체일24시**~수확개시시점**	밀, 보리, 귀리(경불)
판매개시연도	벼, 조사료용벼
이듬해(월동)	밀, 보리, 귀리

수확감소보장 밭작물 보험기간	
~3월 31일(수확기종료시점)	양배추(수감)**(극조: 2/말, 중: 3/15, 만: 3/31)**
5월1일~이듬해 **4월 30일**	인삼1형(수감. 해가림시설)
~**(5월 10일)**(햇차수확종료시점)	차(수감)
~**6월 30일**(수확기종료시점)	마늘, 양파(수감)
~**7월 31일**(수확기종료시점)	감자(봄)(수감)
~**9월 30일**(수확기종료시점)	옥수수(수감)
~**10월 31일**(수확기종료시점)	감자(고), 고구마(수감), 인삼2형(수감)
~**(11월 13일)**(수확기종료시점)	팥(수감)
~**(11월 30일)**(수확기종료시점)	콩(수감)
11월1일~이듬해 **10월 31일**	인삼2형(수감. 해가림시설)
~**수확개시시점**	고구마, 감자, 마늘, 양파, 양배추, 옥수수(경불)
~**(종실비대기)**	콩, 팥(경불)
~**출수기전**	벼(경불)
계약체결일 24시~	차, 고구마, 감자(고), 마늘, 양파, 콩, 팥, 옥수수
파종완료일 24시~	감자(봄.가)
정식완료일 24시~	**양배추(9월30일)**
판매개시연도	고구마, 옥수수, 콩, 팥, 감자
이듬해(월동)	**마늘, 양파, 양배추, 차**

생산비보장 밭작물 보험기간	
고추	계체일 24시~정식일부터 (150일)째 되는 날 24시
브로콜리	정식완료일 24시(9월30일)~정식일부터 (160일)째 되는 날 24시
고랭지배추	정식완료일 24시(7월31일)~정식일부터 (70일)째 되는 날 24시
가을배추	정식완료일 24시(9월10일)~정식일부터 (110일)째 날 (12월15일)
월동배추	정식완료일 24시(9월25일)~최초 수확직전(3월31일)
고랭지무	파종완료일 24시(7월31일)~파종일부터 (80일)째 되는 날 24시
월동무	파종완료일 24시(10월15일)~최초 수확직전(3월31일)
당근	파종완료일 24시(8월31일)~최초 수확직전(2월29일)
단호박	정식완료일 24시(5월29일)~정식일부터 (90일)째 되는 날 24시
대파	정식완료일 24시**(5월20일) 6월15일 변경 예정** ~정식일부터 (200일)째 되는 날 24시
쪽파1형	파종완료일 24시(10월15일)~최초 수확직전(12월31일)
쪽파2형	파종완료일 24시(10월15일)~최초 수확직전(5월31일)
메밀	파종완료일 24시~최초 수확직전(11월20일)
시금치(노지)	파종완료일 24시(10월31일)~최초 수확직전(1월15일)
양상추	정식완료일(8월31일)~정식일부터 (70일)째 되는 날(11월10일)
정식완료일 24시	배추(고.가.월), 대파, 단호박, 브로콜리
파종완료일 24시	무(고.월), 당근, 쪽파, 시금치, 메밀
판매개시연도	메밀, 쪽파1형, 가을배추
이듬해(월동)	시금치, 쪽파2형, 월동무, 월동배추

8. 보험가입금액

적과전종합 과수4종	가입수확량(확정)=평년착과량의 100% (가입수확량)x(　　　　　　), (천원단위 절사)
종합위험 수확감소	(　　　　　)x(단위당 가입가격), (천원단위 절사) 가입수확량=평년수확량의 50~100% 평년수확량=표준수확량의 70%(유자, 살구, 사과대추, 팥)(신규가입)
종합위험 과실손해	(　　　　　)x(단위당 가입가격), (천원단위 절사) 가입수확량=평년수확량의 50~100%
나무손해보장	(　　　　　　　)x(1주당 가입가격), (천원단위 절사)
논작물(벼)	(가입수확량)x(　　　　　　), (천원단위 절사) 가입수확량=평년수확량의 50~100% (조사료용벼, 사료용옥수수)=(가입면적)x(단위 면적당 보장생산비) 벼 표준가격=5개년 시군별 농협 RPC 평균가격x민간 RPC 지수 (조사료용벼)=(가입면적)x(단위면적당 보장생산비)
수확감소(밭)	(　　　　　)x(단위당 가입가격), (천원단위 절사) 가입수확량=평년수확량의 50~100% (옥수수)=표준수확량의 (　　　　　)를 가입수확량 (사료용옥수수)=(가입면적)x(단위면적당 보장생산비) (감자, 고랭지,가을)=가입수확량을 마을(리, 동) 단위로 선정
생산비보장(밭)	(가입면적)x(　　　　　　　　　　　),(천원단위 절사)
비가림시설	산정된 재조달가액의 (　　　　　　) 범위에서 가입 (재조달가액)=(비가림시설의 면적)x(m^2 당 시설비), (천원단위 절사)
해가림시설	(　　　　　)x(1-감가상각율), (설치시기~가입시기까지 감가상각율) (재조달가액)=(해가림시설의 면적)x(m^2 당 시설비), (천원단위 절사)
작물특정(인삼)	(재배면적)x(연근별 보상가액),(천원단위 절사)
농업용시설물 버섯재배사	하우스 1동 단위 산정된 재조달가액의 (　　　　　　) 범위에서 가입 (재조달가액)=(가입 면적)x(m^2 당 시설비) (　　　　　　　) 특약에 가입하지 않은 경우에는 감가상각율 적용 부대시설=계약자 고지사항 참조 유리온실=m^2 당 시설비는 5만~50만원
시설작물 버섯작물	(생산비가 가장 높은 시설작물 가액)의 (　　　　　　) 범위에서 가입 (생산비가 가장 높은 버섯작물 가액)의 (　　　　　　) 범위에서 가입
농업수입감소	(가입수확량)x(　　　　), (천원단위 절사)
가축	재해보험사업자가 기준가액을 산정하고 계약자가 가입금액을 결정

9. 보험가입금액의 감액(적과전종합위험)

(1) 적과종료 후 적과후착과량(약관상 '기준수확량')이 평년착과량(약관상 '가입수확량')보다 적은 경우 가입수확량 조정을 통해 보험가입금액을 감액한다.

(2) 보험가입금액을 감액한 경우에는 아래와 같이 계산한 차액보험료를 환급한다.

차액보험료 = (감액분 계약자부담보험료 x 감액미경과비율) - 미납입보험료 ※ 감액분 계약자부담보험료는 감액한 가입금액에 해당하는 계약자부담보험료

<감액미경과비율>

*** 적과종료 이전 특정위험 5종 한정보장 특별약관에 가입하지 않은 경우(종합)**

품목	착과감소보험금 보장수준 50%형	착과감소보험금 보장수준 70%형
사과,배	(　)%	63%
단감,떫은감	84%	79%

*** 적과종료 이전 특정위험 5종 한정보장 특별약관에 가입한 경우(5종한정특약)**

품목	착과감소보험금 보장수준 50%형	착과감소보험금 보장수준 70%형
사과,배	(　)%	78%
단감,떫은감	90%	88%

(3) 차액보험료는 적과후 착과수 조사일이 속한 달의 다음 달 말일 이내에 지급한다.

(4) 적과후착과수 조사 이후 착과수가 적과후착과수 보다 큰 경우에는 지급한 차액보험료를 다시 정산한다.

10. 해가림시설 감가상각률 적용방법

① **해가림시설 설치시기와 감가상각방법**

계약자에게 설치시기를 고지 받아 해당일자를 기초로 감가상각 하되, 최초 설치시기를 특정하기 어려운 때에는 인삼의 (　　)와 동일한 시기로 한다.

해가림시설 구조체를 재사용하여 설치를 하는 경우에는 해당 구조체의 최초 (　　)를 기초로 감가상각하며, 최초 설치시기를 알 수 없는 경우에는 해당 구조체의 최초 구입 시기를 기준으로 감가상각한다.

② **해가림시설 설치재료에 따른 감가상각방법**

동일한 재료(목재 또는 철재)로 설치하였으나 설치시기 경과년수가 각기 다른 해가림 시설 구조체가 상존하는 경우, (　　) 분포하는 해가림시설 구조체의 설치시기를 동일하게 적용한다.

1개의 농지 내 감가상각률이 상이한 재료(목재+철재)로 해가림시설을 설치한 경우, 재료별로 설치구획이 나뉘어 있는 경우에만 인수 가능하며, 각각의 면적만큼 구분하여 가입한다.

③ m² 당 시설비(해가림시설)

유형	시설비(원)/㎡		시설비(원)/㎡
07-철인-A형	7,200	07-철인-A-1형	6,600
07-철인-A-2형	(　　)	07-철인-A-3형	5,100
13-철인-W	9,500		
목재A형	5,900	목재A-1형	5,500
목재A-2형	5,000	목재A-3형	4,600
목재A-4형	4,100		
목재B형	(　　)	목재B-1형	5,600
목재B-2형	5,200	목재B-3형	4,100
목재B-4형	4,100		
목재C형	5,500	목재C-1형	5,100
목재C-2형	4,700	목재C-3형	4,300
목재C-4형	3,800		

11. 기준가격과 수확기가격

품목	올림픽 평균
콩	장류.두부용.밥밑용: **중품과 상품 평균가격**의 5년 올림픽 평균값 (가입년도 미포함-직전 5년)-농가수취비율 적용**(5년 올림픽평균)**
	나물용: 제주도 **지역농협의 5년 연도별 평균 수매가**를 올림픽 평균값 **(수매금액의 합)/(수매량의 합)** (가입년도 미포함-직전 5년) - 농가수취비율 **미적용**
고구마	가락도매시장 연도별 **중품과 상품 평균가격**의 5년 올림픽 평균값 (가입년도 미포함) 2개 이상의 품종인 경우: **면적의 비율에 따라 가중평균**
양파	가락도매시장 연도별 **중품과 상품 평균가격**의 5년 올림픽 평균값 (가입년도 미포함-직전 5년) -농가수취비율 적용**(5년 올림픽평균)**
감자 가을재배	가락도매시장 연도별 **중품과 상품 평균가격**의 5년 올림픽 평균값 (가입년도 미포함-직전 5년)-농가수취비율 적용
양배추	가락도매시장 연도별 **중품과 상품 평균가격**의 5년 올림픽 평균값 (가입년도 미포함-직전 5년)-농가수취비율 적용
마늘	**지역농협 수매가격 평균값**의 보험가입 직전 5년 올림픽 평균값 (가입년도 미포함-직전 5년)-농가수취비율 **미적용**
포도	가락도매시장 연도별 **중품과 상품 평균가격**의 5년 올림픽 평균값 (가입년도 미포함-직전 5년)-농가수취비율 적용**(5년 올림픽평균)**

12. 영업보험료

보장방식	보험료 공식
용어	가: 보험가입금액, 요: 지역별보통약관 영업요율, 방: 방재시설 할인율, 손: 손해율에 따른 할인. 할증율, 한. 부: 한정특약, 부보장 할인율, 친: 친환경재배할증율, 직: 직파재배할증율, 종: 종별요율상대도, 단, 단기요율적용지수, 수: 수재부보장할인율
과수4종	**가x요x(1±손)x(1-방)x(1-한-부)**
나무손해특약	**가x요x(1±손)**, (오호밤오복대:x)
과수종합	**가x요x(1±손)x(1-방)x(1-부)** (단, 오호밤오복무 방재시설 미적용, 부보장, 호두: ~~0.15%~~, 만감류)
비가림시설	**가x요, (나무: 참다래. 포도)=가x요x(1±손)x(1-신규과수원할인율)**
비가림과수	**가x요x(1±손)x(1-방)x(1-신규과수원할인율)**
논작물(벼)	**가x요x(1±손)x(1+친)x(1+직)**
(밀.보리,귀리)	가x요x(1±손), (논작물: 방재시설 할인 미적용)
(밭작물) 수확감소 생산비보장	**가x요x(1±손)x(1-방)**, (방재시설: **차고팥고랭지감자**제외) (고추.브로콜리 적용, 8개 품목은 미적용)
인삼	**가x요x(1±손)x(1-방)**
해가림시설	**가x요x종x(1-6년근 해가림시설 할인율)**, (2종(0.9)~5종(1.2))
원예시설 버섯재배사	**가x요x종x단x수**, (1종(0.7)~5종(1.1) 단기요율적용지수: 4,5,10월=10%, 나머지는 20%, (화재는 모두 10%)
시설작물 버섯작물	**가x요x종x단x수**, (1종(0.7)~5종(1.1))
부대시설	가x요x단x수
시설물. 작물 (화재특약)	가x요x단
화재대물배상	산(12,025,000원)x요x대(LOL)x단, (시설물에만 적용)
표고버섯확장	가x요x단x할증적용계수
농업수입감소	**가x요x(1±손)x(1-방)**

13. 방재시설

방재시설 할인 미적용 품목	
종합위험 과수(6)	**(　　　　　　　　), (나무)**
논작물(5)	벼밀보귀리, 조사료용벼
수확감소보장 밭작물(4)	(　　　　　　　　), 감자(고랭지재배)
생산비보장 밭작물(8)	배무당단파메시양
농업용 시설물 및 시설작물	이론서에 언급(X)

<방재시설 할인율>

(단위: %)

구분	밭작물								
방재시설	인삼	고추	브로콜리	양파	마늘	옥수수[1]	감자[2]	콩	양배추
방조망	-	-	5	-	-	-	-	-	5
전기시설물 (전기철책, 전기울타리등)	-	-	5	-	-	5	-	5	5
관수시설 (스프링쿨러 등)	5	5	5	5	5	-	5	5	5
경음기	-	-	5	-	-	-	-	-	5
배수시설 (암거배수시설, 배수개선사업)	-	-	-	-	-	-	-	5[3]	-

1 사료용옥수수 포함

2 봄재배, 가을재배만 해당(고랭지재배는 제외)

3 논콩의 경우에만 해당

<방재시설 판정기준>

방재시설	판정 기준
방상팬	◆ 방상팬은 팬 부분과 기둥 부분으로 나뉘어짐 ◆ 팬 부분의 날개 회전은 원심식으로 모터의 힘에 의해 돌아가며 좌우 180도 회전가능하며 팬의 크기는 면적에 따라 조정 ◆ 기둥 부분은 높이 (　　) 이상 ◆ 1,000㎡당 1마력은 3대, (　　)은 1대 이상 설치 권장 (단, 작동이 안 될 경우 할인 불가)
서리방지용 미세 살수장치	◆ 서리피해를 방지하기 위해 설치된 살수량 (　　　　)/10a의 미세살수장치 * 점적관수 등 급수용 스프링클러는 포함되지 않음
방풍림	◆ 높이가 (　　) 이상의 영년생 침엽수와 상록활엽수가 (　　) 이하의 간격으로 과수원 둘레 전체에 식재되어 과수원의 바람 피해를 줄일 수 있는 나무
방풍망	◆ 망구멍 가로 및 세로가 (　　)의 망목네트를 과수원 둘레 전체나 둘레 일부(1면 이상 또는 전체둘레의 20% 이상)에 설치
방충망	◆ 망구멍이 가로 및 세로가 (　　) 이하 망목네트로 과수원 전체를 피복
방조망	◆ 망구멍의 가로 및 세로가 (　　)를 초과하고 새의 입출이 불가능한 그물 ◆ 주 지주대와 보조 지주대를 설치하여 과수원 전체를 피복
비가림 바람막이	◆ 비에 대한 피해를 방지하기 위하여 윗면 전체를 비닐로 덮어 과수가 빗물에 노출이 되지 않도록 하고 바람에 대한 피해를 방지하기 위하여 측면 전체를 비닐 및 망 등을 설치한 것
트렐리스 2,4,6선식	◆ 트렐리스 방식: 수열 내에 지주를 일정한 간격으로 세우고 철선을 늘려 나무를 고정해 주는 방식 ◆ 나무를 유인할 수 있는 재료로 철재 파이프(강관)와 콘크리트를 의미함 ◆ 지주의 규격: 갓지주 → 48~80㎜ ~ 2.2~3.0m 중간지주 → 42~50㎜ ~ 2.2~3.0m ◆ 지주시설로 세선(2선, 4선 6선) 숫자로 선식 구분 * 버팀목과는 다름
사과 개별지주	◆ 나무주간부 곁에 파이프나 콘크리트 기둥을 세워 나무를 개별적으로 고정시키기 위한 시설 * 버팀목과는 다름
단감·떫은감 개별지주	◆ 나무주간부 곁에 파이프를 세우고 파이프 상단에 연결된 줄을 이용해 가지를 잡아주는 시설 * 버팀목과는 다름
덕 및 Y자형 시설	◆ 덕: 파이프, 와이어, 강선을 이용한 바둑판식 덕시설 ◆ Y자형 시설: 아연도 구조관 및 강선 이용 지주설치

14. 보험료의 환급

(1) 일반품목

① 보험계약이 무효, 효력상실 또는 해지된 때에는 다음과 같이 보험료를 반환한다.
다만, 종합위험 생산비보장 품목 및 인삼(작물)손해보장에서 보험기간 중 작물에 보험 사고가 발생하고 보험금이 지급되어 보험가입금액이 감액된 경우에는 감액된 보험가입 금액을 기준으로 환급금을 계산하여 돌려준다. 그러나 인삼 해가림시설에 보험사고가 발생하고 보험가입금액 미만으로 보험금이 지급된 경우에는 보험가입금액이 감액되지 아니하므로 감액하지 않은 보험가입금액을 기준으로 환급금을 계산하여 돌려준다.

㉠ 계약자 또는 피보험자의 책임 없는 사유에 의하는 경우 : 무효의 경우에는 납입한 계약자부담보험료의 전액, 효력상실 또는 해지의 경우에는 해당 월 미경과비율에 따라 아래와 같이 '환급보험료'를 계산한다.

환급보험료 = ( ) x ( ) <별표> **※ 계약자부담보험료는 최종 보험가입금액 기준으로 산출한 보험료 중 계약자가 부담한 금액**

㉡ 계약자 또는 피보험자의 책임 있는 사유에 의하는 경우: 계산한 해당 월 미경과비율 에 따른 환급보험료. 다만 계약자, 피보험자의 고의 또는 중대한 과실로 무효가 된 때에는 보험료를 반환하지 않는다.

② 계약자 또는 피보험자의 책임 있는 사유라 함은 다음 각 호를 말한다.
㉠ 계약자 또는 피보험자가 임의 해지하는 경우
㉡ 사기에 의한 계약, 계약의 해지 또는 중대사유로 인한 해지에 따라 계약을 취소 또는 해지하는 경우
㉢ 보험료 미납으로 인한 계약의 효력 상실

③ 계약의 무효, 효력상실 또는 해지로 인하여 반환해야 할 보험료가 있을 때는 계약자는 환급금을 청구하여야 하며, 청구일의 다음 날부터 지급일까지의 기간에 대하여 '보험개발원이 공시하는 보험계약대출이율'을 연단위 복리로 계산한 금액을 더하여 지급한다.

(2) 원예시설(버섯재배사) 및 시설작물(버섯작물)

① 보험계약이 무효, 효력상실 또는 해지된 때에는 다음과 같이 보험료를 반환한다.
㉠ 계약자 또는 피보험자의 책임 없는 사유에 의하는 경우: 무효의 경우에는 납입한 계약자부담보험료의 전액, 효력상실 또는 해지의 경우 경과 하지 않는 기간에 대하여 **일 단위**로 계산한 계약자부담보험료 **(미경과비율 적용)**
㉡ 계약자 또는 피보험자의 책임 있는 사유에 의하는 경우: 이미 경과한 기간에 대하여 단기요율(1년 미만의 기간에 적용되는 요율)로 계산된 보험료를 뺀 잔액. 다만 계약자, 피보험자의 고의 또는 중대한 과실로 무효가 된 때에는 보험료를 반환하지 않는다.

② 보험기간이 1년을 초과하는 계약이 무효 또는 효력 상실인 경우에는 무효 또는 효력 상실의 원인이 생긴 날 또는 해지일이 속하는 보험년도의 보험료는 위 (1)의 규정을 적용하고 그 이후의 보험년도 속하는 보험료는 전액 돌려준다.

15. 보험금 공식

적과전 종합위험방식	
착과감소 보험금	(착과감수과실수-미보상감수과실수-자기부담감수과실수)x(　　) x(　　　　)x(　　　)
과실손해 보험금	(누적감수과실수-자기부담감수과실수)x(　　)x(　　　　)
나무손해 보험금	(　　　　　)x(피해율-5%)

경작불능 보험금	
수확감소(논.밭작물)	(보험가입금액)x(일정비율), (45%, 42%, 40%, 35%, 30%) 일정비율: 자기부담비율에 따른 보장비율
생산비보장(밭작물)	(보험가입금액)x(일정비율) (45%, 42%, 40%, 35%, 30%)
복분자	(보험가입금액)x(일정비율) (45%, 42%, 40%, 35%, 30%)
조사료용벼 사료용옥수수	(보험가입금액)x(일정비율)x(경과비율) 조사료용벼 경과비율(5월:80, 6월:85, 7월:90, 8월:100%) 사료용옥수수 경과비율(5월:80, 6월:80, 7월:90, 8월:100%)
조기파종 특약	(보험가입금액)x(일정비율), (32%, 30%, 28%, 25%, 25%)

수확감소 보험금	(보험가입금액)x(피해율-자기부담비율) 옥수수=Min{손해액, 보험가입금액}-자기부담금액
수확량감소 추가보장	(보험가입금액)x(피해율)x(10%)
과실손해 보험금	오디, 복분자, 무화과=(보험가입금액)x(피해율-자기부담비율) 감귤(온주밀감)=Min{손해액-자기부담금액, 보험가입금액}
과실손해추가보장	(보험가입금액)x(주계약피해율)x(10%)
동상해 과실손해	(손해액)-(자기부담금액)
농업수입감소보장	(보험가입금액)x(피해율-자기부담비율)

이앙.직파불능	(보험가입금액)x15%	
수확불능	(보험가입금액)x(일정비율), (60%, 57%, 55%,50%, 45%)	
재이앙. 재직파	(보험가입금액)x(25%)x(면적피해율)	
재파종	보통약관(마늘)	(보험가입금액)x(35%)x(표준출현피해율)
	특별약관(마늘)	(보험가입금액)x(25%)x(표준출현피해율)
	메밀, 월동무, 쪽파	(보험가입금액)x(20%)x(면적피해율)
재정식	양배추	(보험가입금액)x(20%)x(면적피해율)
	브로콜리, 월동배추 가을배추, 양상추	(보험가입금액)x(20%)x(면적피해율)

생산비보장방식 밭작물	
고추	( )x(경과비율)x(피해율)-(자기부담금액) ※ 병충해 사고: (병충해등급인정비율) 적용
브로콜리	( )x(경과비율)x(피해율)-(자기부담금액)
배무당단파메시양	(보험가입금액)x(피해율-자기부담비율)

비가림시설	Min{( ), 보험가입금액}
해가림시설	Min{(손해액-자기부담금액)x( ), 보험가입금액}
원예시설 버섯재배사 부대시설	Min{( ), 보험가입금액}
축사	(풍수설지)=Min{( )x( )-자기부담금액, 보험가입금액} (화재)=Min{( )x( )x(1-자기부담비율), 보험가입금액}
가축	Min{( )x( ), 보험가입금액}-( )

16. 피해율 공식

품목	피해율
수확감소보장 과수(12) 논(4), 밭(8)	(피해율)=(평년수확량-수확량-미보상감수량)÷(평년수확량) ※(미보상감수량)=(평년수확량-수확량)x(미보상비율)
수확감소보장 복숭아. 감자	(평년수확량-수확량-미보상감수량+병충해감수량)÷(평년수확량) ※(복숭아, 병충해감수량)=(병충해과실 무게)x(0.5) ※(감자, 병충해감수량)=(병충해 무게)x(손해정도비율)x(등급인정비율)
무화과	(피해율)=(종합위험 과실손해 피해율)+(특정위험 과실손해 피해율) ※(종합위험 피해율)=(평년수확량-수확량-미보상감수량)÷(평년수확량) ※(특정위험 피해율)=(1-수확전 피해율)x(잔여수확량비율)x(결과지피해율) ※결과지피해율 ={(보상고사결과지수)+(정상결과지수)x(착과피해율)}÷(기준결과지수)
인삼	(표본조사 피해율)={1-(수확량/기준수확량)}x(피해면적/재배면적) (전수조사 피해율)={1-(수확량/기준수확량)}x(금차수확면적/재배면적)
오디	(피해율)=(평년결실수-조사결실수-미보상감수결실수)÷(평년결실수)
복분자	(피해율)=(고사결과모지수)÷(평년결과모지수) ※(고사결과모지수)=(종합위험 고사결과모지수)+ (특정위험 고사결과모지수)
감귤	(수확전 피해율)=(100% 피해과실과 보상하는 낙과피해 과실수로 산정) ={(100%피해+보상하는 낙과과실수)/(기준과실수)}x(1-미보상비율) (과실손해 피해율)=(등급내 과실과 등급외 과실로 산정) (주계약피해율)=[①/(1-②)+{1-①/(1-②)}x{③/(1-④)}]x{1-Max(②, ④)} (동상해 피해율)=(기수확과실수, 80%피해, 100%피해, 정상과실수) =(1x100%피해개수+0.8x80%피해개수)÷(기준과실수-기수확과실수) (기사고피해율)={(주계약 피해율)÷(1-주계약 미보상비율)}+(이전 동상해피해율)
나무	(고사나무 피해율)=(고사주수)÷(실제결과주수)
농업수입감소	(피해율)=(기준수입-실제수입)÷(기준수입)

품목	피해율
고추	(피해율)=(피해비율)x(손해정도비율)x(1-미보상비율) ※(피해비율)=(피해면적)÷(재배면적) ※(손해정도비율)=(20%, 40%, 60%, 80%, 100%)피해형 분류 조사
브로콜리	(피해율)=(피해비율)x(작물피해율)x(1-미보상비율) ※(피해비율)=(피해면적)÷(재배면적) ※(손해정도비율)=(50%, 80%, 100%)피해형 분류 조사
메밀	(피해율)={(피해면적)÷(재배면적)}x(1-미보상비율) ※(피해면적)=(도복피해면적)x70%+(도복이외 피해면적)x(손해정도비율) ※(손해정도비율)=(20%, 40%, 60%, 80%, 100%)피해형 분류 조사
생산비보장 (배무당단파시)	(피해율)=(피해비율)x(손해정도비율)x(1-미보상비율) ※(피해비율)=(피해면적)÷(재배면적) ※(손해정도비율)=(20%, 40%, 60%, 80%, 100%)피해형 분류 조사
시설작물	(피해율)=(피해비율)x(손해정도비율)x(1-미보상비율) ※(피해비율)=(피해면적)÷(재배면적) ※(손해정도비율)=(20%, 40%, 60%, 80%, 100%)피해형 분류 조사
표고버섯 (원목재배)	(피해율)=(피해비율)x(손해정도비율)x(1-미보상비율) ※(피해비율)=(피해원목수)÷(재배원목수) ※(손해정도비율)=(표본원목의 피해면적)÷(표본원목의 전체면적)
표고버섯 (톱밥배지)	(피해율)=(피해비율)x(손해정도비율)x(1-미보상비율) ※(피해비율)=(피해 배지수)÷(재배 배지수) ※(손해정도비율)=(50%, 100%)피해형 분류 조사
버섯작물	(피해율)=(피해비율)x(손해정도비율)x(1-미보상비율) ※균상재배(피해비율)=(피해면적)÷(재배면적) ※병재배(피해비율)=(피해병수)÷(재배병수), ※(손해정도비율)=(20%, 40%, 60%, 80%, 100%)피해형 분류 조사

17. 적정 표본주수 및 표본구간 산정

<과수 적정 표본주 산정 요령>

과수4종 포복자호밤무	오디	참유	매대살	오미자	복분자	감귤
(5) 50주 (6)	(6) 50주 (7)	(5) 50주 (6)	(5) 100주 (7)	(5) 500m (6)	(8) 1,000포기 (9)	(4) 5,000m^2 (6)
100주 (7)	100주 (8)	100주 (7)	300주 (9)	1,000m (7)	1,500포기 (10)	10,000m^2 (8)
150주 (8)	200주 (9)	200주 (8)	500주 (12)	2,000m (8)	2,000포기 (11)	
200주 (9)	300주 (10)	500주 (9)	1,000주 (16)	4,000m (9)	2,500포기 (12)	
300주 (10)	400주 (11)	800주 (10)		6,000m (10)	3,000포기 (13)	
400주 (11)	500주 (12)					
500주 (12)	600주 (13)					
600주 (13)						
1,000주 이상 (17)						

<논.밭작물 적정 표본구간 산정 요령>

벼보밀	고마양양옥	감차콩팥	생산비보장	인삼	표고버섯
(3) 2,000m² (4)	(4) 1,500m² (5)	(4) 2,500m² (5)	(4) 3,000m² (6)	(3) 300칸 (4)	(10) 1,000본 (14)
3,000m² (5)	3,000m² (6)	5,000m² (6)	7,000m² (8)	500칸 (5)	1,300본 (16)
4,000m² (6)	4,500m² (7)	7,500m² (7)	15,000m² (10)	700칸 (6)	1,500본 (18)
5,000m² (7)		10,000m² (8)		900칸 (7)	1,800본 (20)
6,000m² (8)				1,200칸 (8)	2,000본 (24)
				1,500칸 (9)	2,300본 (26)
				1,800칸 (10)	

18. 잔여수확량비율과 수확기잔존비율

(1) 복분자의 잔여수확량비율

구분	복분자
6월(1일~7일)	**98-(사고발생일자)**
6월(8일~20일)	**$(D^2-43xD+460)/2 = (D-23)(D-20)/2$** **D=(사고발생일자)**

(2) 무화과의 잔여수확량비율

구분	무화과
8월	**100-1.06x(사고발생일자)**
9월	**67-1.13x(사고발생일자)**
10월	**33-0.84x(사고발생일자)**

(3) 감귤(온주밀감)의 수확기잔존비율

구분	온주밀감
12월(21일~31일)	**62-(1x사고발생일자)**
1월	**32-(0.8x사고발생일자)**
2월	**7-(0.3x사고발생일자)**

예제 1 수확전 종합위험보장방식 복분자와 무화과 품목의 잔여수확량비율을 산정하고 종합위험 과실 손해보장방식 감귤(온주밀감) 품목의 수확기잔존비율을 산정하시오.

품목	사고발생일자	잔여수확량비율 및 수확기잔존비율
복분자	2024년 6월 8일	(가) 조사자가 조사일자를 6월 10일로 변경함
무화과	2024년 9월 18일	(나) 조사자가 조사일자를 9월 20일로 변경함
감귤(온주밀감)	2024년 12월 25일	(다)
감귤(온주밀감)	2024년 1월 10일	(라)
감귤(온주밀감)	2024년 2월 10일	(마)

풀이 1

(가) 65%　(나) 44.4%　(다) 37%　(라) 24%　(마) 4%

19. 경과비율 공식

품목		경과비율
고추 브로콜리	수확기 이전	※ (경과비율)=$\alpha+(1-\alpha)\times\frac{(생장일수)}{(표준생장일수)}$ (단, α는 준비기생산비계수) ⇨ (고추: 52.7%(49.5%로 변경예정), 브로콜리: 49.2%) ※ 표준생장일수 ⇨ (고추: 100일, 브로콜리: 130일)
	수확기 중	※ (경과비율)= $1-\frac{(수확일수)}{(표준수확일수)}$ ※ 표준수확일수 ⇨ (고추: 50일, 브로콜리: 30일)
시설작물	수확기 이전	※ (경과비율)= $\alpha+(1-\alpha)\times\frac{(생장일수)}{(표준생장일수)}$ (단, α는 준비기생산비계수) ⇨ (무.시금치.쪽파.쑥갓: 10%) (국화.카네이션 재절화: 20%), (나머지 품목: 40%) ※ 표준생장일수 ⇨ (쑥갓: 50일, 백수파멜: 100일, 배추: 70일)
	수확기 중	※ (경과비율)= $1-\frac{(수확일수)}{(표준수확일수)}$, (단, 국화.수박.멜론=1) ※ 표준수확일수 ⇨ (쑥갓: 51일, 시금치: 30일, 무:28일, 배추: 50일) ※ 최저 10% 적용(단, 풋오호상토는 예외)
버섯작물	수확기 이전	※ (경과비율)= $\alpha+(1-\alpha)\times\frac{(생장일수)}{(표준생장일수)}$ (단, α는 준비기생산비계수) ⇨ (표고버섯(배지)= 66.3%) (느타리버섯(균상)= 67.6%), (양송이버섯(균상)= 75.3%) ※ 표준생장일수 ⇨ (표고버섯: 90일, 느타리버섯: 28일, 양송이버섯: 30일)
	수확기 중	※ (경과비율)= $1-\frac{(수확일수)}{(표준수확일수)}$ ※ 표준수확일수 ⇨ 수확개시일~수확종료일
	병재배	※ (경과비율)=수확기 이전, 이후 관계없이 일정 (느타리버섯(병)= 88.7%), (새송이버섯(병)= 91.7%)
사고발생 일자	연속된 재해	※ 고추. 브로콜리(가뭄.폭염.병충해) ⇨ (수확기 이전.이후)재해가 끝나는 날 (가뭄: 강우일의 전날, 재해가 끝나기 전에 조사가 이루어진 날) ※ 시설작물(폭염.냉해) ⇨ (수확기 이전): 기상특보 발령일자 (수확기 중): 최종출하일자

<표준생장일수와 표준수확일수>

품목		표준생장일수	표준수확일수
딸기		90일	182일
오이		**45일(75일)**	-
토마토		**80일(120일)**	-
참외		90일	224일
풋고추		**55일**	-
호박		40일	-
수박		(　)	-
멜론		(　)	-
파프리카		(　)	223일
상추		30일	-
시금치		40일	30일
국화	스탠다드형	120일	-
	스프레이형	90일	-
가지		50일	262일
배추		**70일**	50일
파	대파	120일	64일
	쪽파	60일	19일
무	일반	**80일**	28일
	기타	**50일**	28일
백합		(　)	23일
카네이션		150일	224일
미나리		130일	88일
쑥갓		**50일**	51일

<버섯작물별 표준생장일수>

품목	품종	표준생장일수
표고버섯(톱밥배지재배)	전체	(　)
느타리버섯(균상재배)	전체	(　)
양송이버섯(균상재배)	전체	(　)

20. 평년착과량과 평년수확량

(1) 평년착과량

(평년착과량)= {A+(B-A)×(1-Y/5)}×(C/D)

① A= Σ과거 5년간 적과후착과량 ÷ 과거 5년간 가입횟수
(과거 5년 중 가입년도 적과후 착과량의 평균)
② B= Σ과거 5년간 표준수확량 ÷ 과거 5년간 가입횟수
③ Y= 과거 5년간 가입횟수
④ C= 당해연도(가입연도) 기준표준수확량
⑤ D= Σ과거 5년간 기준표준수확량 ÷ 과거 5년간 가입횟수

※ 과거 적과후착과량 : 연도별 적과후착과량을 인정하되,
21년 적과후착과량부터 아래 상·하한 적용
· 상한: 평년착과량의 300%
· 하한: 평년착과량의 30% **(적과후 착과량이 현저하게 감소한 경우)**
· 단, **상한의 경우** 가입 당해를 포함하여 과거 5개년 중 **3년 이상** 가입 이력이 있는 과수원에 한하여 적용

(2) 평년수확량

(평년수확량)= {A+(B-A)×(1-Y/5)}×(C/B)

① A(과거평균수확량)= Σ과거 5년간 수확량 ÷ Y
② B(평균표준수확량)= Σ과거 5년간 표준수확량 ÷ Y
③ C(당해연도(가입연도) 표준수확량)
④ Y= 과거수확량 산출연도 횟수(가입횟수)
※ 다만, 평년수확량은 보험가입연도 **표준수확량의 130%**를 초과할 수 없음
※ 복분자, 오디의 경우: **(A×Y/5) + {B×(1-Y/5)}**
={A+(B-A)×(1-Y/5)} 로 산출한다.

(벼 품목의 평년수확량)= {A+(BxD-A)×(1-Y/5)}×(C/D)

① A(과거평균수확량) = Σ과거 5년간 수확량 ÷ Y
② B= **가입연도 지역별 기준수확량**
③ C(가입연도 보정계수)=(가입년도의 품종 보정계수)x(이앙일자 보정계수)
x(친환경재배 보정계수)=**품x이x친**
④ D(과거평균보정계수)= Σ과거 5년간 보정계수 ÷ Y
⑤ Y= 과거수확량 산출연도 횟수(가입횟수)

21. 수확량 산정

종합위험 수확감소보장 수확량	
포도 자두 만감류	***(착과량)=(조사대상주수)x(표본주 1주당 착과수)x(과중)** **+(미보상주수)x(1주당 평년수확량)** - **착과피해감수량**=(조사대상주수)x(표본주 1주당 착과수)x(과중) x(착과피해구성율-maxA) - **낙과피해감수량**=(조사대상주수)x(표본주 1주당 낙과수)x(과중) x(낙과피해구성율-maxA) - **고사나무피해감수량**=(금차고사주수)x(표본주1주당착과수+낙과수) x(과중)~~x(1-maxA)~~ * 착과피해감수량+낙과피해감수량+고사나무피해감수량=**A(감수량의 총합)** ***수확량=(착과량)-A**
복숭아	***(병충해 착과피해감수량)**=(조사대상주수)x(1주당 착과수)x(과중) x(병충해과실수)x(0.5-~~maxA~~)/(표본의 총개수) ***(병충해 낙과피해감수량)**=(조사대상주수)x(1주당 낙과수)x(과중) x(병충해과실수)x(0.5-~~maxA~~)/(표본의 총개수)
밤 호두	**(수확개시이전 수확량)** **=(조사대상주수)x(표본주 1주당 착과수)x(과중)x(1-착과피해구성율)** **+(조사대상주수)x(표본주 1주당 낙과수)x(과중)x(1-낙과피해구성율)** **+(미보상주수)x(1주당 평년수확량)**=S **(금차수확량)=A** =(조사대상주수)x(표본1주당 착과수)x(과중)x**{1-(착과피해구성율-maxA)}** +(조사대상주수)x(표본 1주당 낙과수)x(과중)x**{1-(낙과피해구성율-maxA)}** +**(누적 미보상주수)**x(1주당 평년수확량)— ① **(금차감수량)=B** =(조사대상주수)x(표본 1주당 착과수)x(과중)x(착과피해구성율-maxA) +(조사대상주수)x(표본 1주당 낙과수)x(과중)x(낙과피해구성율-maxA) +**(금차고사주수)**x**(1주당착과수+1주당낙과수)**x(과중)x(1-maxA)— ② **(기수확량)=C**— ③, S >①+②+③이면 (오류검증 필요없음) ***수확량=S-②=S-B**

종합위험 수확감소보장 수확량	
참다래	***(수확개시 이전 수확량)=(조사대상면적)x(m^2당 착과수)x(과중)** **x(1-착과피해구성율)+(미보상면적)x(m^2당 평년수확량)=S** ***(금차수확량)**=(조사대상주수)x(재식면적)x(1주당 착과수)x(과중) x**{1-(착과피해구성율-maxA)}**+(조사대상주수)x(재식면적) x(1주당낙과수)x(과중)x**{1-(낙과피해구성율-maxA)}** +**(누적미보상면적)x(m^2당 평년수확량)=A** ***(금차감수량)=B, (기수확량)=C** *S >A+B+C이면 (오류검증 필요없음) ***수확량=S-B**
유자	***수확량=(조사대상주수)x(표본주 1주당 착과수)x(과중)x(1-착과피해구성율)** **+(미보상주수)x(1주당 평년수확량)=S**
매실 대추 살구	***(수확개시 이전 수확량)=(조사대상주수)x(표본주 1주당 착과량)** **x(1-착과피해구성율)+(미보상주수)x(1주당 평년수확량)=S** **(금차수확량)**=(조사대상주수)x(표본주 1주당 착과량) x{1-(착과피해구성율-maxA)}+(조사대상주수)x(표본주 1주당 낙과량) x{1-(낙과피해구성율-maxA)}+(미보상주수)x(1주당 평년수확량)**=A** **(금차감수량)=B, (기수확량)=C** *S >A+B+C이면 (오류검증 필요없음) ***수확량=S-B**
오미자	**(수확개시이전 수확량)=(조사대상길이)x(m당 착과량)(1-착과피해구성율)** **+(미보상길이)x(m당 평년수확량)** **(금차수확량)**=(조사대상길이)x(표본구간 m당 착과량) x{1-(착과피해구성율-maxA)}+(조사대상길이)x(표본구간 m당 낙과량) x{1-(낙과피해구성율-maxA)}+**(미보상길이)**x(m당 평년수확량)**=A** **(금차감수량)=B, (기수확량)=C** *S >A+B+C이면 (오류검증 필요없음) ***수확량=S-B**

22. 표본구간 수확량

표본구간 m²당 유효중량(수확량)	
벼, 보리, 밀, 귀리	*(표본구간 유효중량), (Loss율=7%) =(표본구간 작물중량의 합)x(1-0.07)x{(1-함수율)/(1-기준함수율)} *표본구간 m² 당 유효중량=(표본구간 유효중량)÷(표본구간면적)
콩, 팥	*(표본구간 수확량)=(표본구간 종실중량의 합)x{(1-함수율)÷(1-0.14)} *표본구간 m² 당 수확량=(표본구간 수확량)÷(표본구간면적)
감자	*(표본구간 수확량)=(표본구간 정상중량)+(병충해 피해 중량) +(최대 지름이 5cm 미만 또는 50% 이상 피해인 중량)x0.5 *표본구간 m² 당 수확량=(표본구간 수확량)÷(표본구간면적)
마늘	*(표본구간 수확량)={(정상중량)+(80%피해 중량)X0.2}x(환산계수) x(1+비대추정지수) *표본구간 m² 당 수확량=(표본구간 수확량)÷(표본구간면적)
양파	*(표본구간 수확량={(정상중량)+(80%피해 중량)X0.2}x(1+비대추정지수) *표본구간 m² 당 수확량=(표본구간 수확량)÷(표본구간면적)
고구마	*(표본구간 수확량)=(정상중량)+(50%피해 중량x0.5)+(80%피해 중량)x0.2 *표본구간 m² 당 수확량=(표본구간 수확량)÷(표본구간면적)
양배추	*(표본구간 수확량)=(정상중량)+(80%피해 중량)x0.2 *표본구간 m² 당 수확량=(표본구간 수확량)÷(표본구간면적)
차	*(표본구간 수확량)={(금차수확한 새싹무게)÷(금차수확한 새싹수)} x(기수확 새싹수)x(기수확지수)+(금차수확한 새싹무게) *표본구간 m² 당 수확량={(표본구간수확량)÷(표본구간면적)}x(수확면적율)
옥수수	*(표본구간 피해수확량)={(하품 이하 개수)+(중품 개수)x0.5}x(표준중량) x(재식시기지수)x(재식밀도지수) *표본구간 m² 당 피해수확량=(표본구간 피해수확량)÷(표본구간면적)
인삼	*(m²당 조사수확량)=(표본구간의 수확량의 합)÷(표본구간면적)
참다래	*(표본구간 m²당 착과수)=(표본구간 총착과수)÷{(표본주수)x(표본면적)}

표본구간 면적	
벼,밀, 보리,귀리	**(표본구간의 면적)=(표본구간수)x(4포기길이)x(포기당간격)** (조사대상면적을 기준으로 적정표본구간수 산정) 2,000m², 3,000m², 4,000m², 5,000m², 6,000m² 이상(앞자리+2) - 귀리: 표본구간 면적**(산파: 0.5x0.5=0.25㎡)**
콩,팥	**(표본구간의 면적)=(표본구간수)x(이랑폭)x(이랑길이)** 또는 (표본구간수)x(산파 원형 1m²) (조사대상면적을 기준으로 적정표본구간수 산정) 2,500m², 5,000m², 7,500m², 10,000m² 이상을 기준
감자	**(표본구간의 면적)=(표본구간수)x(이랑폭)x(이랑길이)** (조사대상면적을 기준으로 적정표본구간수 산정) 2,500m², 5,000m², 7,500m², 10,000m² 이상을 기준
마늘,양파	**(표본구간의 면적)=(표본구간수)x(이랑폭)x(이랑길이)** (조사대상면적을 기준으로 적정표본구간수 산정) 1,500m², 3,000m², 4,500m² 이상을 기준
고구마	**(표본구간의 면적)=(표본구간수)x(이랑폭)x(이랑길이)** (조사대상면적을 기준으로 적정표본구간수 산정) 1,500m², 3,000m², 4,500m² 이상을 기준
양배추	**(표본구간의 면적)=(표본구간수)x(이랑폭)x(이랑길이)** (조사대상면적을 기준으로 적정표본구간수 산정) 1,500m², 3,000m², 4,500m² 이상을 기준
차	**(표본구간의 면적)=(표본구간수)x(0.2)x(0.2)x2=(표본구간수)x0.08** (조사대상면적을 기준으로 적정표본구간수 산정) 2,500m², 5,000m², 7,500m², 10,000m² 이상을 기준
옥수수	**(표본구간의 면적)=(표본구간수)x(이랑폭)x(이랑길이)** (조사대상면적을 기준으로 적정표본구간수 산정) 1,500m², 3,000m², 4,500m² 이상을 기준
인삼	**(표본구간의 면적)=(표본칸수)x(칸넓이)**
참다래	**(표본구간의 면적)=(표본주수)x(표본면적)**, (표본면적)=사다리꼴면적

23. 시설물 총정리

구분	비가림시설	원예시설, 버섯재배사
보상하는 재해	- 자연재해, 조수해 - 화재위험 특약 **(자기부담금=0원)**	- 자연재해, 조수해 - 화재위험 특약 **(자기부담금=0원)** - 화재대물배상책임 특약 - 수재 부보장 특약, 재조달가액 특약
손해에 의한 보험금	- **손해액 산정** 재조달가액, 감가피해액 - 비례보상(X) - **자기부담금**: 손해액의10% (30만~100만원)한도 피복재 단독사고(10만~30만원)한도	- **손해액 산정** 재조달가액(피해액), 감가피해액 - 비례보상(x) - **자기부담금**: 손해액의10% (30만~100만원)한도 피복재 단독사고(10만~30만원)한도
잔존물 제거비용	- **잔존물제거비용** =Min{**손해액x0.1**, 잔존물제거비용} - 자기부담금(O), 100만원 차감완료(X) - 비례보상(X)	- **잔존물제거비용** =Min{**손해액x0.1**, 잔존물제거비용} - 자기부담금(O), 100만원 차감완료(X) - 비례보상(X)
손해방지비용	- 자기부담금(O), 100만원 차감완료(X) - 한도(X), 비례보상(X)	- 자기부담금(X), - 한도(X), 비례보상(X)
대위권보전비용 잔존물보전비용	- 자기부담금(O), 100만원 차감완료(X) - 한도(X), 비례보상(X)	- 자기부담금(X), - 한도(X), 비례보상(X)
지급보험금	**Min{손해액-자기부담금액, 보험가입금액}**	**Min{손해액-자기부담금액, 보험가입금액}**
예제문제	보험가입금액: 1,000만원 손해액: 800만원 잔존물제거비용: 120만원 손해방지비용: 50만원 대위권보전비용: 30만원 잔존물보전비용: 20만원 기타협력비용: 10만원 (풀이) 잔존물제거비용=80만원 손해액+잔존물제거비용=880만원 자기부담금액=88만원 보험금=880만원-88만원=792만원 기타비용의 자기부담금액 (50만원+30만원+20만)x0.1=10만원 기타비용의 보험금액=100만원-10만 지급보험금=792만원+90만+10만=8,920,000원 화재에 의한 보험금(화재특약 가입) 880만원+110만원=9,900,000원	보험가입금액: 1,500만원 손해액: 구조체: 800만원 부대시설: 200만원 잔존물제거비용: 80만원 (풀이) 손해액의 합=1,000만원 잔존물제거비용=80만원 구조체, 잔존물제거비용 =80만원x0.8=64만원 부대시설, 잔존물제거비용 =80만원x0.2=16만원 자기부담금=100만원 구조체, 자기부담금액=100만원x0.8=80만원 부대시설, 자기부담금액=100만원x0.2=20만원 구조체 보험금=800만원+64만-80만 =784만원 부대시설 보험금=200만원+16만-20만 =196만원

구분	해가림시설	가축 축사
보상하는 재해	- 자연재해, 조수해, 화재	- 자연재해(풍해.수해.설해.지진) - 화재, 긴급피난(5일 120시간 이내)
손해에 의한 보험금	- **손해액 산정, 보험가액x20%** **재조달가액(피해액), 감가피해액,** - **비례보상(O), 보험가입금액/보험가액** - **자기부담금**: 손해액의10% (10만~100만원)한도	- **손해액 산정** 재조달가액(피해액), 손해액 - **비례보상(O), 보험가액x80%** - **자기부담금**:0, 5%, 10% **Max{(손해액+잔존물제거비용)x (비례보상)x(자기부담비율), 50만원}** **(손해액+잔존물제거비용)x(비례보상) x(자기부담비율)**
잔존물 제거비용	- **잔존물제거비용** =Min{**손해액x0.1**, 잔존물제거비용} - 자기부담금(O), **비례보상(O)**	- **잔존물제거비용** =Min{**손해액x0.1**, 잔존물제거비용} - 자기부담금(O), **비례보상(O)**
손해방지비용	- 자기부담금(O), 100만원 차감완료(X) - **한도(20만원), 비례보상(O)**	- 자기부담금(X) - 한도(X), **비례보상(O)**
대위권보전비용 잔존물보전비용	- 자기부담금(O), 100만원 차감완료(X) - 한도(X), **비례보상(O)**	- 이론서 언급(X)
지급보험금	**Min{(손해액-자기부담금액)(비례보상), 보험가입금액}**	**Min{(손해액)(비례보상)-자기부담금액, 보험가입금액}**
예제문제	보험가입금액: 1,200만원 보험가액: 2,000만원 피해액: 1,000만원, 감가피해액: 800만원 잔존물제거비용: 100만원 손해방지비용: 50만원 기타협력비용: 10만원 화재에 의한 피해 (풀이) 손해액=800만원, 비례보상 =1,200/2,000=0.6 잔존물제거비용=80만원 손해액+잔존물제거비용=880만원 자기부담금액=88만원 보험금=(880만-88만)x0.6=4,752,000 손해방지비용=20만원 한도 (20만-2만))x0.6=108,000원 기타협력비용: 10만원은 100% 지급 총 지급보험금=4,752,000+108,000 +10만=4,960,000원	보험가입금액: 1,200만원 보험가액: 2,000만원 손해액: 1,000만원 잔존물제거비용: 90만원 손해방지비용: 50만원 태풍에 의한 피해(자기부담비율:10%) (풀이) 보험가액x80%=1,600만원 비례보상=1,200/1,600=0.75 손해액=1,000만원, 잔존물=90만원 손해액+잔존물제거비용=1,090만원 자기부담금=1,090만x0.75x0.1 =817,500원 지급보험금=1,090만원x0.75 -817,500원 =7,357,500원 손해방지비용=50만원 한도금액과 자기부담금 없음 50만x0.75=375,000원 총 지급보험금=7,357,500원+375,000 =7,732,500원

구분	가축	원예. 시설작물
보상하는 재해	- 자연재해, 질병, 화재	- 자연재해, 조수해 - 화재위험보장특약, 수재위험부보장
손해에 의한 보험금	- **손해액 산정**, (손해액)=(보험가액) **(손해액)=보험가액-(이용물처분액)** **- 비례보상(O), 보험가입금액/보험가액** - 자기부담금액: 자기부담비율에 따른 금액	- 수확기 이전과 수확기 이후 **경과비율, 피해율** **- 가입면적과 실제 재배면적에 대한 비례보상(O)** **- 자기부담금(X), (소손해면책: 10만원)**
잔존물 처리비용	- **잔존물처리비용** =Min{손해액x0.1, 잔존물처리비용} - 자기부담금(O) **- 비례보상(O), 보험가입금액/보험가액**	**- 잔존물제거비용=0원** - 모든 농작물, 과수에 대한 잔존물 제거비용은 지급하지 않는다.
손해방지비용	- 자기부담금(X) - 한도(X), **비례보상(O)**	- 자기부담금(O) **- 한도(O)=20만원, 비례보상(O)** - 농작물은 20만원 후한도
대위권보전비용 **잔존물보전비용**	- 자기부담금(X) - 한도(X), **비례보상(O)**	- 자기부담금(O) - 한도(X)
지급보험금	**Min{(손해액)(비례보상)-자기부담금액, 보험가입금액}**	**재x보x경x피x비례보상**
예제문제	보험가입금액: 600만원 보험가액(폐사): 800만원, 자기부담비율: 20% 잔존물처리비용: 100만원 손해방지비용: 50만원 대위권보전비용: 30만원 잔존물보전비용: 20만원 기타협력비용: 10만원 (풀이) 손해액(폐사)=800만원, 비례보상 =600/800=0.75 잔존물처리비용=80만원 손해액+잔존물처리비용=880만원 보험금=880만x0.75x(1-0.2)=528만원 기타비용=(50만+30만+20만)x0.75 =750,000원 기타협력비용: 10만원은 100% 지급 총 지급보험금=528만원+75만+10만 =6,130,000원	m^2당 보장생산비: 5,000원 가입면적: 1,000m^2, 보험가입금액: 최소가입금액 재배면적: 800m^2, 경과비율: 0,45, 피해율=0.6 손해방지비용: 50만원 기타협력비용: 10만원 (풀이) 보험가입금액=250만원 보험가액=400만원 비례보상=250/400=0.625 지급보험금=400만x0.45x0.6x0.625 =675,000원 **손해방지비용=50만x0.45x0.6x0.625** **=84,375원** 기타협력비용:10만원은 100% 지급 총 지급보험금=675,000원+84,375원 +10만=859,375원

24. 인수제한

<최저 보험가입금액 기준>

구분	작물	최저 보험가입금액
과수원	과수 전체(19종)	**200만원**
논작물	벼, 밀, 보리, 귀리	**(　　)원**
밭작물	메밀	**(　　)원**
	배추,무, 당근, 단호박,파, 시금치, 옥수수, 콩, 팥	**(　　)원**
	기타 밭작물	**200만원**

<나무 수령에 의한 인수제한>

구분	품목
2년 미만	(　　　　)
3년 미만	(　　　　　　　　)
4년 미만	(　　　　　　　　　　　)
5년 미만	(　　　　　　　　)
6년 미만	(　　)
7년 미만	(　　)
8년 미만	(　　)
1년이하 11년이상	(　　)
2년미만 6년이상	(　　)

<출현율에 의한 인수제한>

구분	품목
80% 미만	( )
85% 미만	( )
90% 미만	( ), 감자(봄재배.가을재배.고랭지재배)

<보험가입 최소 면적 기준>

품목	보험가입 기준
비가림시설	**200m² 이상**
	재조달가액의 ( ) 보험가입금액 선택
비가림시설(포도)	시설 1단지 단위로 가입(구조체+피복재)
	비가림폭: ( ), 동고: ( )이내
차(茶), 조사료용벼, 사료용옥수수	( )m² 이상
	차(茶): 깊은 전지로 지면으로부터 30cm 이하인 면적은 제외
원예시설, 버섯재배사	단동하우스, 연동하우스: ( )m² 이상
	유리온실, 경량철골조: 제한 없음
시설작물	작물 재배면적이 시설면적의 ( )% 미만인 경우 인수제한
	시설재배(백합, 카네이션): ( )m² 미만인 경우 인수제한

<정식(파종)일에 따른 인수제한>

품목	정식(파종)일 기준
감자(봄)	(　　　) 이전에 파종
감자(가을.고랭지)	(　　　) 이전에 파종
팥	(　　　) 이전에 파종
양파	(　　　) 이전에 정식
마늘	남도종: (　　　), 한지형: (　　　) 이전에 파종
옥수수	3월1일 이전에 정식(파종)한 농지
대파	5월20일 초과하여 정식한 농지
단호박	(　　　) 초과하여 정식한 농지
고랭지무	(　　　) 초과하여 정식한 농지
월동무(배추)	10월15일(9월25일) 이후에 파종한 농지
가을배추	(　　　) 이후에 정식한 농지
양배추	(　　　)까지 정식되지 않은 농지
당근	(　　　) 초과하여 파종한 농지
메밀	(　　　) 이후에 파종한 농지
밀	11월20일 이후에 파종한 농지
보리, 귀리	11월20일 이후에 파종한 농지
고추	4월1일 이전과 5월31일 이후에 정식한 농지

<재식밀도(1,000m²) 기준 인수제한>

고추	( )주 미만 또는 4,000주 초과	
감자(고랭지)	( )주 미만	
고구마, 감자(봄.가)	( )주 미만	
옥수수	1주 재배	3,500주 미만 또는 5,000주 초과
		전남북,광주,제주도: 3,000주 미만 또는 5,000주 초과
	2주 재배	( )주 미만 또는 ( )주 초과
대파	( )주 미만	
양파	23,000주 미만 또는 ( )주 초과	
마늘	( )주 미만	
양배추	8구/3.3m²(1평) 미만	
콩	개체수: ( )개체/m² 미만, 제주도(산파): 15개체/m² 미만	
오미자	주간거리가 ( )cm 이상으로 과도하게 넓은 과수원	
시설작물	10a당	품목
	400주 미만	수박, 멜론
	600주 미만	참외, 호박
	( )주 미만	풋고추
	( )주 미만	토마토, 가지, 오이. 장미, 파프리카
	( )주 미만	배추, 무
	( )주 미만	딸기
	15,000주 미만	카네이션, 백합, 대파
	40,000주 미만	상추
	62,500주 미만	부추
	100,000주 미만	시금치

<품종별 인수제한>

품목	인수제한 품종
자두	**귀양**, 서양자두(푸룬,풀럼코트)
대추	사과대추(부여. 청양. 광양 제외)
오디	흰오디(터기-D, 백옹왕)
마늘	남도, 대서, 의성, 홍산마늘을 제외한 품종
감자(가을)	**남작, 신남작, 수미, 조풍, 세풍 등**
고구마	**수**
옥수수	연농2호, 미백2호, 미흑찰, 박사찰, 얼룩찰, 일미찰, 연자흑찰 외
양배추	방울양배추

<기타 인수제한>

제한조건	품목
무멀칭	(　　　　　　　　　　　　)
관수시설 미설치	(무화과, 양배추, **살구**)
역병 및 궤양병	포도, 복숭아, 참다래
친환경 재배	포도, 복숭아, 살구
조방재배	복분자, 오디
목초지, 목야지	**양배추, 당근, 월동무, 메밀, 브로콜리**

25. 과중조사 방법

<과중조사 방법>

품목	조사시기	조사방법
포도, 만감류	품종별 수확시기	**품종별 3주 이상 (품종별: 20개이상, 농지별: 30개이상)**
복숭아, 자두	품종별 수확시기	**품종별 3주 이상 (품종별: 20개이상, 농지별: 60개이상)**
호두, 밤	수확개시 전.후	**품종별 3주 이상 (품종별: 20개이상, 농지별: 60개이상)**
참다래, 유자	수확개시 전.후	**품종별 3주 이상 (품종별: 20개이상, 농지별: 60개이상)**
매실, 대추, 살구, 오미자	수확개시 전.후	**선정된 표본주별로 착과된 과실을 전부 수확하여 수확한 과실의 무게를 조사한다. (단, 절반조사 가능)**

과중조사	표본최소과실개수	조사방법
포도, 복숭아, 자두, 만감류	Max{품종수x20, 30} Max{품종수x20, 60} **표본주 3주이상**에서	포도 품종: 1개 ⇨표본최소과실개수=(　)개 복숭아 품종: 2개 ⇨표본최소과실개수=(　)개 자두 품종: 5개 ⇨표본최소과실개수=(　)개
호두, 밤	Max{품종수x20, 60} **표본주 3주이상**에서	호두 품종: 1개 ⇨ 표본최소과실개수=(　)개 밤 품종: 3개 ⇨ 표본최소과실개수=(　)개 **지름 30mm이하는 80%**
유자, 참다래	Max{품종수x20, 60}	유자 품종: 2개 ⇨표본최소과실개수=(　)개 참다래 품종: 4개 ⇨표본최소과실개수=(　)개 **무게 50g이하는 70%**

26. 특별약관

구분	품목	적용되는 특별약관
적과전 종합위험	**과수4종**	- 종합위험 나무손해보장 특별약관 - 적과전 5종한정 특별약관 - 적과종료이후 가을동상해 부보장 특별약관 - 적과종료이후 일소피해 부보장 특별약관
종합위험 과수	**매복살자유 오호밤 참포대 복무 오감 온주밀감, 만감류**	- 과실손해 추가보장 특약(온주밀감) - 수확량감소 추가보장 특약(포도, 복숭아, 만감류) - 동상해 과실손해보장 특별약관(온주밀감) - 동상해 과실손해보장 부보장 특약(만감류) - 비가림시설 화재위험보장 특별약관(참포대) - 종합위험 나무손해보장 특약(매복살자유참포감무) - 조수해 부보장 특별약관(호두) - 농작물 부보장 특별약관(참포대) - 수확기 부보장 특별약관(복분자) - 비가림시설 부보장 특별약관(참포대)
종합위험 수확감소	**벼**	- 병해충보장 특별약관 - 이앙.직파불능 부보장 특별약관
	마늘(남도종)	- 조기파종 특별약관
비가림시설	**참포대**	- 화재위험보장 특별약관
원예시설 및 시설작물 버섯작물	**농업용시설물 부대시설 시설작물 버섯작물**	- 화재위험보장 특별약관 - 화재대물배상책임 특별약관 - 재조달가액보장 특별약관 - 표고버섯확장위험담보 특별약관 - 수재위험 부보장 특별약관
가축	**일반조항(5가지)**	(공통) 화재대물배상책임, 구내폭발위험 협정보험가액특약(유량검정젖소, 종돈, 자돈, 종가금)
	소	- 소도체결함보장, 협정보험가액, 화재대물배상책임
	돼지	- 전폭질축협화구, 축사(설해손해 부보장)
	가금	- 전기적장치위험보장 특별약관, 화재, 협정보험가액 - 폭염재해보장 특별약관 -(축사)설해부보장 특별약관
	기타	- 폐사.긴급도축확장보장 낭충봉아부패병,부저병보장
	말	- 말운송위험, 경주마부적격, 경주마보험기간, 씨숫말
	축사	- 설해손해 부보장(~~돈사: 4.9%와 가금사: 9.4%~~)

27. 가축재해보험

<가축재해보험 운영기관>

구 분	대상
사업총괄	농림축산식품부(재해보험정책과)
사업관리	( )
사업운영	농업정책보험금융원과 사업 운영 약정을 체결한 자 (NH손보, KB손보, DB손보, 한화손보, 현대해상)
보험업 감독기관	( )
분쟁해결	( )
심의기구	농업재해보험심의회

<가축재해보험 개요>

구분	내용
보험판매 기간	- 연중 가입 가능(출산, 추가매입 등) - 기상상황에 따라 신규가입 제한 가능 ① 폭염: ( ) ② 태풍: 태풍이 한반도에 영향을 주는 것이 확인 되는 날부터 태풍특보 해제 시까지
가입대상	- 한우.육우.젖소: 생후 ( )일 이상 ( )년 미만 - 사슴: 만 ( )개월 이상 - 양(염소포함): 만 ( )개월 이상
보험가입 단위	- 사육하는 가축 및 축사를 전부 가입하는 포괄가입을 원칙 - 종모우인 소와 말은 개별가입이 가능 - 소는 1년 이내 출하 예정인 경우 일부가입 가능 ① 축종별 및 성별 구분 않고 가입 시 소 이력제 형황의 ( )% 이상 ② 축종별 및 성별 구분하여 가입 시 소 이력제 형황의 ( )% 이상
정부지원	- 농업인 또는 법인별 5,000만원 한도에서 가입자의 납입보험료의 ( )%를 지원 - 말은 마리당 가입금액 4,000만원 한도 내에서 보험료의 50%를 지원 하고 4,000만원 초과 시 초과금액의 ( )%까지는 50%를 지원(외국산 경주마는 제외)
보험금 지급	- 재해보험사업자는 사고발생 통지 시 지체 없이 지급할 보험금을 결정하고 보험금이 결정되면 ( )일 이내에 보험금을 지급 - 지급할 보험금이 결정되기 전 피보험자의 청구가 있을 경우에는 재해보험사업자가 추정보험금의 ( )% 상당액을 가지급금으로 지급 가능

28. 가축재해보험 보상하는 손해

구분	축종	보장범위
주계약	한우,육우,젖소	폐사(질병,사고,자연재해), 긴급도축, 도난.행방불명
	종모우	폐사(질병,사고,자연재해), 긴급도축, 경제적도살
	말	폐사(질병,사고,자연재해), 긴급도축, 불임
긴급도축	소	( )
	종모우	( )
	말	( )
	사슴.양	( )
부상	소말사양	( )
폐사	소	- 질병, 자연재해, 사고, 화재
	말	- 질병, 자연재해, 사고, 화재
	돼지	- 풍수설지화, **질병**, 방재.긴급피난, 잔존물처리비용
	가금	- 풍수설지화, 방재.긴급피난, 잔존물처리비용
	기타	- 풍수설지화, 방재.긴급피난, 잔존물처리비용
축사	화재손해, 풍수설지, 긴급피난(5일 120시간이내), 잔존물제거비용	
협정보험가액	( ), 유량검정젖소, ( ), ( ), ( ) 자돈(포유자돈, 이유자돈)	
농축산자조금	한우, 육우, 낙농, 양돈, 오리, 산란계, 육계, 양록, 양봉	
법정전염병 (1급)	우역, 우폐역, 구제역, 가성우역, 양두, 아프리카마역, 돼지열병, 아프리카돼지열병, 고병원성조류인플루엔자, 돼지수포병, 뉴캣슬병	

***보상하는 손해 (축사)**

① 화재에 따른 손해

② 화재에 따른 소방손해

③ 태풍, 홍수, 호우(豪雨), 강풍, 풍랑, 해일(海溢), 조수(潮水), 우박, 지진, 분화 및 이와 비슷한 풍재 또는 수재로 입은 손해

④ 설해에 따른 손해

⑤ 화재 또는 풍재·수재·설해·지진에 따른 피난 손해(5일 동안 생긴 손해를 포함한다.)

⑥ 지진 피해 (아래 기준을 초과해야 손해로 인정한다)

㉠ 기둥 또는 보 1개 이하를 해체하여 수선 또는 보강하는 것(1개 초과 시 보상)

㉡ 지붕틀의 1개 이하를 해체하여 수선 또는 보강하는 것(1개 초과 시 보상)

㉢ 기둥, 보, 지붕틀, 벽 등에 2m 이하의 균열이 발생한 것(2m 초과 시 보상)

㉣ **지붕재의 2㎡ 이하를 수선하는 것(2㎡ 초과 시 보상)**

⑦ 비용손해

㉠ 잔존물제거비용: **잔존물 해체비용, 청소비용, 차에 싣는 비용**(손해액의 10% 한도)

㉡ **오염물질 제거비용, 폐기물 처리비용은 보상하지 않는다.**

*** 가축재해보험에서 비용손해**

① **잔존물처리비용:** 폐사한 가축의 견인비용, 차에 싣는 비용, 적법한 시설 내에서의 랜더링 비용, **매몰비용(X)**

② **손해방지비용:** 보험사고가 발생 시 손해의 방지 또는 경감을 위하여 지출한 필요 또는 유익한 비용

③ **대위권 보전비용:** 보험사고와 관련하여 제3자로부터 손해의 배상을 받을 수 있는 경우 그 권리를 지키거나 행사하기 위하여 지출한 필요 또는 유익한 비용

④ **잔존물 보전비용:** 보험사고로 인해 멸실된 보험목적물의 잔존물을 보전하기 위하여 지출한 필요 또는 유익한 비용**(잔존물 취득 의사표시 유무에 따름)**

⑤ **기타 협력비용:** 재해보험사업자의 요구에 따라 지출한 필요 또는 유익한 비용

*** 보상하지 않는 손해 (가축 전체)**

① **계약자, 피보험자 또는 이들의 법정대리인**의 고의 또는 중대한 과실

② 계약자 또는 피보험자의 **도살 및 위탁 도살**에 의한 가축 폐사로 인한 손해

③ 가축전염병예방법 제2조에서 정하는 가축전염병에 의한 폐사로 인한 손해 및 정부 및 공공기관의 **살처분 또는 도태 권고**로 발생한 손해

④ 보험목적이 유실 또는 매몰되어 보험목적을 객관적으로 확인할 수 없는 손해. 다만, 풍수해 사고로 인한 직접손해 등 재해보험사업자가 인정하는 경우에는 보상

⑤ 원인의 직접, 간접을 묻지 않고 전쟁, 혁명, 내란, 사변, 폭동, 소요, 노동쟁의, 기타 이들과 유사한 사태로 인한 손해

⑦ 지진의 경우 보험계약일 현재 이미 진행 중인 지진(본진, 여진 포함)으로 인한 손해

⑧ 핵연료 물질 또는 핵연료 물질에 의하여 오염된 물질의 방사성, 폭발성 그 밖의 유해한 특성 또는 이들의 특성에 의한 사고로 인한 손해

⑨ 이외의 방사선을 쬐는 것 또는 방사능 오염으로 인한 손해

⑩ 계약체결 시점 현재 기상청에서 발령하고 있는 기상특보 발령 지역의 기상특보 관련 재해(풍재, 수재, 설해, 지진, 폭염)로 인한 손해

*** 보상하지 않는 손해 (부문별 보상하지 않은 손해-이론서 참조)**

① 도난 손해가 생긴 후 (30일) 이내에 발견하지 못한 손해(소)

② 보관 장소를 (72시간) 이상 비워둔 동안 생긴 도난 손해(소)

③ 추위, 서리, 얼음으로 생긴 손해(돼지, 가금, 기타가축, 축사)

④ 보험목적이 도난 또는 행방불명된 경우(돼지, 가금, 말, 종모우, 기타가축)

⑤ 성장 저하, 산란율 저하로 인한 직·간접 손해(가금)

⑥ (10kg)미만이 폐사한 경우(양)
⑦ 화재, 풍해, 수해, 설해, 지진 피해 시 도난으로 발생한 손해(축사)

29. 가축재해보험 자기부담금

축종	자기부담금	
소	한우.육우.젖소	보험금의 20, 30, 40%
	종모우	보험금의 20%
	소도체결함보장	보험금의 20%
돼지	주계약(보통약관)	보험금의 5, 10, 20%
	질병위험보장	보험금의 10, 20, 30, 40% 또는 200만원 중 큰 금액
	전기적장치위험 폭염재해보장	보험금의 10, 20, 30, 40% 또는 200만원 중 큰 금액
	축산휴지위험보장	자기부담금: 없음
말	주계약(보통약관)	보험금의 20%, (경주마), 경마장(내): 5, 10, 20%, 경마장(외): 30%
	특별약관(4가지)	자기부담금: 없음
가금	주계약(보통약관)	보험금의 10, 20, 30, 40%
	전기적장치위험 폭염재해보장	보험금의 10, 20, 30, 40% 또는 200만원 중 큰 금액
기타가축	주계약(보통약관)	보험금의 5, 10, 20, 30, 40%
	폐사.긴급도축확장	보험금의 5, 10, 20, 30, 40%
	낭충봉아부패병 부저병보장 특약	보험금의 5, 10, 20, 30, 40%
축사	**풍해.수해.설해.지진**	지급보험금의 0, 5, 10% 또는 50만원 중 큰 금액
	화재	지급보험금의 0, 5, 10%

02

2025년도 손해평가사 (실전 문제)

2025년도 손해평가사(실전 문제)

숫자 조정으로 인하여 풀이가 잘못 인쇄된 경우가 있을 수 있습니다. 정성을 다하여 교정을 하였는데 다소 실수가 있음에 용서를 구합니다.

문제 1 적과전종합위험방식 단감 품목에 관한 조사내용이다. 다음을 참조하여 2025년도 평년착과량(kg)을 구하시오. (단, 평년착과량은 kg 단위로 소수점 아래 첫째자리에서 반올림)

***과거 수확량**

(단위: kg)

구분	2020년	2021년	2022년	2023년	2024년	2025년
표준수확량	3,000	3,100	3,200	3,400	3,500	3,600
적과후착과량	2,750	2,800	3,000	미가입	1,000	
평년착과량	3,000	3,200	3,300	-	3,500	(가)

문제 2 적과전종합위험방식 배(밀식재배) 품목에 관한 조사내용이다. 다음을 참조하여 2025년도 평년착과량(kg)을 구하시오. (단, 평년착과량은 kg 단위로 소수점 아래 첫째자리에서 반올림)

***과거 수확량**

(단위: kg)

구분	2020년	2021년	2022년	2023년	2024년	2025년
평년착과량	6,000	6,200	-	6,400	6,600	
적과후착과량	5,900	6,000	-	1,800	6,580	
보험가입여부	가입	가입	미가입	가입	가입	

***표준 수확량**

(단위: kg)

구분	2020년	2021년	2022년	2023년	2024년	2025년
밀식재배	6,200	6,300	6,400	6,500	6,600	6,800
반밀식재배	6,600	6,700	6,800	6,900	7,000	7,200
소식재배	6,800	7,000	7,200	7,400	7,600	7,920

문제 3 적과전종합위험방식 떫은감 품목에 관한 조사내용이다. 다음을 참조하여 2025년도 평년착과량(kg)을 구하시오.(단, 평년착과량은 kg 단위로 소수점 아래 첫째자리에서 반올림)

***과거 수확량**

(단위: kg)

구분	2020년	2021년	2022년	2023년	2024년	2025년
표준수확량	4,000	4,200	4,300	4,400	4,600	4,800
평년착과량	3,800	4,500	-	4,300	5,000	
적과후착과량	4,000	4,200	-	4,300	1,400	
보험가입여부	가입	가입	미가입	가입	가입	

문제 4 적과전종합위험방식 사과 품목에 관한 조사내용이다. 다음을 참조하여 2025년도 평년착과량을 구하시오.(단, 평년착과량은 kg 단위로 소수점 첫째자리에서 반올림)
(2020년 가입당시 사과 밀식재배 방식으로 수령은 3년)

***과거 수확량**

(단위: kg)

구분	2020년	2021년	2022년	2023년	2024년	2025년
표준수확량	3,000	3,200	3,300	3,400	3,600	3,800
평년착과량	3,000	2,800	3,000	3,500	4,000	
적과후착과량	2,800	3,200	3,300	3,000	1,000	

***사과 일반재배방식 표준수확량**

(단위: kg)

수령	5년	6년	7년	8년	9년
표준수확량	4,000	4,400	4,600	4,860	5,020

문제 5 적과전종합위험방식 사과 품목에 관한 조사내용이다. 다음을 참조하여 2025년도 평년착과량을 구하시오.(단, 평년착과량은 kg 단위로 소수점 첫째자리에서 반올림)
(사과 밀식재배 방식이고 2025년 사과 나무의 수령은 8년생임)

*과거 수확량

(단위: kg)

구분	2020년	2021년	2022년	2023년	2024년	2025년
평년착과량	2,400	2,500	-	2,600	3,000	
적과후착과량	2,800	2,700	미가입	2,800	800	

*사과 표준수확량

(단위: kg)

수령	3년	4년	5년	6년	7년	8년
밀식재배	2,600	2,800	3,000	3,200	3,400	3,600
반밀식재배	-	3,200	3,500	3,600	3,800	4,000
일반재배	-	-	4,000	4,200	4,400	4,590

문제 6 적과전종합위험방식 사과 품목에 관한 조사내용이다. 다음을 참조하여 2025년도 평년착과량을 구하시오.(단, 평년착과량은 kg 단위로 소수점 첫째자리에서 반올림)
(2020년 가입당시 사과 반밀식재배 방식으로 수령은 4년)

*과거 수확량

(단위: kg)

구분	2020년	2021년	2022년	2023년	2024년	2025년
표준수확량	5,000	5,200	5,300	5,400	5,600	5,800
평년착과량	5,000	4,800	4,600	4,500	5,000	
적과후착과량	4,800	4,200	5,000	4,500	1,400	

*사과 일반재배방식 표준수확량

(단위: kg)

수령	5년	6년	7년	8년	9년
표준수확량	6,000	6,200	6,300	6,500	6,700

문제 7 적과전종합위험방식 배 품목에 관한 조사내용이다. 다음을 참조하여 2025년도 평년착과량을 구하시오.(단, 평년착과량은 kg 단위로 소수점 첫째자리에서 반올림)
(2020년 가입당시 배 밀식재배 방식으로 수령은 3년)

***과거 수확량**

(단위: kg)

구분	2020년	2021년	2022년	2023년	2024년	2025년
평년착과량	2,800	3,200	4,000	-	4,300	
적과후착과량	2,800	3,500	1,000	미가입	4,100	

***배 표준수확량**

(단위: kg)

수령	3년	4년	5년	6년	7년	8년
밀식재배	2,600	3,000	3,600	4,200	4,400	4,600
반밀식재배	3,000	3,500	3,800	4,600	4,800	5,000
소식재배	3,600	3,800	4,200	4,800	5,200	5,250

문제 8 적과전종합위험방식 배 품목에 관한 조사내용이다. 다음을 참조하여 2025년도 평년착과량을 구하시오.(단, 평년착과량은 kg 단위로 소수점 첫째자리에서 반올림)
(2020년 가입당시 배 반밀식재배 방식으로 수령은 3년)

***과거 수확량**

(단위: kg)

구분	2020년	2021년	2022년	2023년	2024년	2025년
표준수확량	5,200	5,400	5,600	6,100	6,200	6,500
평년착과량	5,000	5,500	5,800	6,000	6,400	
적과후착과량	4,700	4,500	4,800	1,500	6,200	

***배 소식재배방식 표준수확량**

(단위: kg)

수령	3년	4년	5년	6년	7년	8년
표준수확량	5,500	5,600	5,900	6,400	6,600	6,900

문제 9 적과전종합위험방식 사과 품목에 관한 조사내용이다. 다음을 참조하여 2025년도 평년착과량을 구하시오.(단, 평년착과량은 kg 단위로 소수점 첫째자리에서 반올림)
(2020년 가입당시 사과 반밀식재배 방식으로 수령은 4년)

*과거 수확량

(단위: kg)

구분	2020년	2021년	2022년	2023년	2024년	2025년
표준수확량	3,000	3,500	3,700	3,900	4,000	4,200
평년착과량	3,000	3,300	-	4,000	3,000	
적과후착과량	2,400	3,000	미가입	1,100	9,200	

*사과 일반재배방식 표준수확량

(단위: kg)

수령	5년	6년	7년	8년	9년
표준수확량	4,000	4,500	4,800	5,000	5,250

문제 10 농작물재해보험 종합위험 수확감소보장방식 포도 품목에 관한 조사내용이다. 다음을 참조하여 2025년도 평년수확량(kg)을 구하시오. (단, 평년수확량은 kg 단위로 소수점 아래 첫째자리에서 반올림)

*과거 수확량

(단위: kg, 과중: 400g)

구분	2020년	2021년	2022년	2023년	2024년	2025년
표준수확량(kg)	7,800	8,050	8,200	8,300	8,500	8,800
평년수확량(kg)	7,800	-	8,000	8,200	8,400	-
조사수확량(kg)	6,000	-	3,800	무사고	6,800	-
착과수(개)	15,000	-	10,500	20,500	16,750	-
보험가입여부	O	X	O	O	O	-

문제 11 농작물재해보험 종합위험 수확감소 보장방식 복숭아 품목에 관한 조사내용이다. 다음을 참조하여 2025년도 평년수확량(kg)을 구하시오. (단, 평년수확량은 kg 단위로 소수점 아래 첫째자리에서 반올림)

***과거 수확량**

(단위: kg, 과중: 200g)

구분	2020년	2021년	2022년	2023년	2024년	2025년
표준수확량(kg)	4,000	4,200	4,300	4,400	4,600	5,000
평년수확량(kg)	3,400	4,300	3,600	4,000	4,400	-
조사수확량(kg)	무사고	무사고	무사고	무사고	2,000	-
착과수(개)	18,000	23,000	20,000	22,000	15,000	-
보험가입여부	O	O	O	O	O	-

문제 12 농작물재해보험 종합위험 수확감소 보장방식 포도 품목에 관한 조사내용이다. 다음을 참조하여 2025년도 평년수확량(kg)을 구하시오.(단, 평년수확량은 kg 단위로 소수점 아래 첫째자리에서 반올림)

***과거 수확량**

(단위: kg, 과중: 400g)

구분	2020년	2021년	2022년	2023년	2024년	2025년
표준수확량(kg)	5,000	5,200	5,250	5,400	5,600	5,800
평년수확량(kg)	4,600	5,000	-	5,200	5,600	-
조사수확량(kg)	무사고	무사고	-	2,400	4,800	-
착과수(개)	12,000	13,000	-	10,000	15,000	-
보험가입여부	X	O	X	O	O	-

문제 13 농작물재해보험 종합위험 수확감소 보장방식 밤 품목에 관한 조사내용이다. 다음을 참조하여 2025년도 평년수확량(kg)을 구하시오. (단, 평년수확량은 kg 단위로 소수점 아래 첫째자리에서 반올림)

*과거 수확량

(단위: kg)

구분	2020년	2021년	2022년	2023년	2024년	2025년
표준수확량	6,000	6,100	6,200	6,300	6,500	6,800
평년수확량	6,000	-	6,400	6,500	5,800	-
조사수확량	2,800	-	5,000	무사고	4,850	
보험가입여부	O	X	O	O	O	-

문제 14 종합위험 수확감소 보장방식 살구 품목에 관한 A과수원의 조사내용이다. 다음을 참조하여 2025년도 A과수원의 평년수확량(kg)을 구하시오.
(단, 2020년 신규가입이고 kg 단위로 소수점 아래 첫째자리에서 반올림)

*과거 수확량

(단위: kg)

구분	2020년	2021년	2022년	2023년	2024년	2025년
표준수확량	6,000	6,200	6,200	6,350	6,400	6,820
평년수확량	(가)	5,394	(나)	-	5,674	(다)
조사수확량	2,000	무사고	5,000	-	무사고	
보험가입여부	O	O	O	X	O	가입예정

문제 15 종합위험 수확감소 보장방식 유자 품목에 관한 조사내용이다. 다음을 참조하여 2024년도 평년수확량(kg)을 구하시오.(단, 평년수확량은 kg 단위로 소수점 아래 첫째자리에서 반올림)

*과거수확량

(단위: kg)

구분	2019년	2020년	2021년	2022년	2023년	2024년
표준수확량	3,000	3,500	3,650	3,700	3,800	3,850
평년수확량	(가)	3,000	-	3,500	4,000	
조사수확량	1,000	2,850	-	3,300	무사고	
가입여부	신규가입	O	X	O	O	가입예정

문제 16 종합위험 수확감소 보장방식 감귤(만감류) 품목에 관한 조사내용이다. 다음을 참조하여 2025년도 평년수확량(kg)을 구하시오. (단, 평년수확량은 kg 단위로 소수점 아래 첫째자리에서 반올림)

*과거 수확량

(단위: kg)

구분	2020년	2021년	2022년	2023년	2024년	2025년
표준수확량(kg)	-	-	-	4,500	4,900	5,200
평년수확량(kg)	-	-	-	4,800	5,000	-
조사수확량(kg)	-	-	-	2,300	무사고	
보험가입여부	X	X	X	O	O	-

- 감귤(만감류) 2023년도부터 수확감소보장 품목으로 변경됨

문제 17 종합위험 과실손해 보장방식 감귤(온주밀감) 품목에 관한 조사내용이다. 다음을 참조하여 2025년도 평년수확량(kg)을 산정하시오.(단, 평년수확량은 kg 단위로 소수점 아래 첫째자리에서 반올림)

*과거 수확량

(단위: kg)

구분	2018년	2019년	2020년	2021년	2022년	2023년
표준수확량(kg)	2,350	2,350	2,400	2,450	2,500	2,500
평년수확량(kg)	2,400	-	2,350	2,300	2,350	-
피해율	60%	-	무사고	30%	무사고	-
보험가입여부	O	X	O	O	O	-

문제 18 과실손해보장 감귤(온주밀감) 품목에 관한 조사내용이다. 다음을 참조하여 2025년도 평년수확량(kg)을 구하시오.(단, 평년수확량은 kg 단위로 소수점 아래 첫째자리에서 반올림)

*과거 수확량

(단위: kg)

구분	2020년	2021년	2022년	2023년	2024년	2025년
표준수확량	4,000	4,200	4,400	4,500	4,600	4,730
평년수확량	4,000	3,800	4,000	-	4,760	
피해율	40%	무사고	보통약관피해율: 25% 동상해피해율: 50% 수확기잔존비율: 20%	-	60%	
가입여부	O	O	O	X	O	

문제 19 수확전 종합위험 과실손해보장 복분자 품목에 관한 내용이다. 다음을 참조하여 2025년도 평년결과모지수(개)를 구하시오.(단, 결과모지수는 개수 단위로 소수점 아래 첫째자리에서 반올림)

***과거 수확량**

(단위: 개)

구분	2020년	2021년	2022년	2023년	2024년	2025년
표준결과모지수	5	5	5	5	4	4
평년결과모지수	7	8	미가입	10	10	
실제결과모지수	5	7	-	4	무사고	

문제 20 수확전 종합위험 과실손해보장 오디 품목에 관한 내용이다. 다음을 참조하여 2025년도 평년결실수(개)를 구하시오.(단, 결실수는 개수 단위로 소수점 아래 첫째자리에서 반올림)

***과거 결실수 자료**

(단위: 개/1m)

구분	2020년	2021년	2022년	2023년	2024년	2025년
표준결실수	150	150	155	160	170	172
평년결실수	140	미가입	미가입	160	150	
조사결실수	123	-	-	75	무사고	

문제 21 농작물재해보험 종합위험 수확감소 보장방식 벼 품목에 관한 조사내용이다. 다음을 참조하여 2025년도 평년수확량(kg)을 구하시오.
(단, kg 단위는 소수 첫째자리 반올림, 보정계수는 소수점 셋째자리에서 반올림)

*과거 수확량

(단위: kg)

구분	2020년	2021년	2022년	2023년	2024년	2025년
표준수확량(kg)	2,000	2,100	2,150	2,200	2,300	2,200
평년수확량(kg)	2,000	2,000	-	2,380	2,400	
조사수확량(kg)	1,800	무사고	-	1,100	2,000	
보험가입여부	O	O	X	O	O	

*2025년 해당지역 기준수확량: 2,200kg *과거 평균 보정계수: 0.95
*2025년 품종 보정계수: 0.95, 이앙일자 보정계수: 1.1, 친환경 보정계수: 0.9

문제 22 농작물재해보험 종합위험 수확감소 보장방식 벼 품목에 관한 조사내용이다. 다음을 참조하여 2025년도 평년수확량(kg)을 구하시오.
(단, kg 단위는 소수 첫째자리 반올림, 보정계수는 소수점 셋째자리에서 반올림)

*과거 수확량

(단위: kg)

구분	2020년	2021년	2022년	2023년	2024년	2025년
표준수확량(kg)	3,000	3,200	3,300	3,500	3,600	4,000
평년수확량(kg)	2,800	3,000	-	3,700	3,800	
조사수확량(kg)	무사고	1,400	-	2,620	무사고	
보정계수	0.92	0.94	-	0.96	0.98	0.95
보험가입여부	O	O	X	O	O	

*2025년 해당지역 기준수확량=4,000kg

문제 23 종합위험 수확감소 보장방식 차(茶) 품목에 관한 조사내용이다. 다음을 참조하여 2025년도 평년수확량(kg)을 구하시오.
(단, 25년도 기준평년수확량과 평년수확량은 kg 단위로 소수점 아래 첫째자리에서 반올림)

***과거 수확량**

(단위: kg)

구분	2020년	2021년	2022년	2023년	2024년	2025년
표준수확량	3,000	3,100	3,300	3,350	3,400	3,500
기준평년수확량	3,000	2,800	3,000	-	3,500	
조사수확량	1,800	1,800	2,160	-	무사고	
수확면적률	90%	80%	90%	-	90%	90%
환산조사수확량	(가)	(나)	(다)	-	-	
보험가입여부	O	O	X	O	O	

문제 24 농작물재해보험 종합위험 수확감소 보장방식 고구마 품목에 관한 조사내용이다. 다음을 참조하여 2025년도 평년수확량(kg)을 구하시오.
(단, 평년수확량은 kg 단위로 소수점 아래 첫째자리에서 반올림)

***과거 수확량**

(단위: kg)

구분	2020년	2021년	2022년	2023년	2024년	2025년
표준수확량(kg)	2,200	2,320	2,400	2,600	3,000	3,200
평년수확량(kg)	2,150	-	2,500	2,300	2,600	
조사수확량(kg)	무사고	-	무사고	무사고	1,770	
보험가입여부	O	X	O	O	O	

문제 25 농작물재해보험 종합위험 수확감소 보장방식 양파 품목에 관한 조사내용이다. 다음을 참조하여 2025년도 평년수확량(kg)을 구하시오.
(단, 평년수확량은 kg 단위로 소수점 아래 첫째자리에서 반올림)

*과거 수확량

(단위: kg)

구분	2020년	2021년	2022년	2023년	2024년	2025년
표준수확량(kg)	3,000	3,200	3,350	3,400	3,600	3,960
평년수확량(kg)	(가)	2,970	-	3,500	3,800	(나)
조사수확량(kg)	1,400	무사고	-	무사고	2,530	
보험가입여부	신규가입	O	X	O	O	

문제 26 종합위험 수확감소보장 보리 품목에 관한 내용이다. 다음 조건을 참고하여 물음에 답하시오.
(단, 주어진 조건 외에 다른 사항은 고려하지 않음)

*과거 수확량

(단위: kg)

구분	2020년	2021년	2022년	2023년	2024년	2025년
표준수확량	4,500	5,000	6,300	6,000	5,700	6,100
평년수확량	5,000	5,500	6,800	6,500	6,200	?
조사수확량	무사고	무사고	무사고	무사고	무사고	
보험가입여부	O	O	O	O	O	

*보험계약조건
- 가입수확량: 최소가입, -가입가격: 2,000원/kg

물음 1 2025년 평년수확량에 대한 계산과정과 값(kg)을 구하시오.

물음 2 2025년 평년수확량을 활용하여 보험가입금액의 계산과정과 값(원)을 구하시오.

문제 27 농작물재해보험의 평년수확량 산출에 대한 내용이다. 다음 조건을 참조하여 물음에 답하시오. (단, 평년수확량은 kg 단위로 소수점 아래 첫째자리에서 반올림)

구분	2022년	2023년	2024년
표준수확량	2,000kg	2,200kg	2,400kg
평년수확량	신규가입	2,400kg	2,600kg
조사수확량	800kg	무사고	1,600kg
피해율	60%	무사고	30%

- 2023년 포도 착과수: 6,500개, 평균과중= 400g/개
- Y=과거수확량 산출연도 횟수(가입횟수)=3
- 2025년 표준수확량=2,640kg

물음 1 위 조건을 참조하여 2025년 살구의 평년수확량을 산출하시오.

물음 2 위 조건을 참조하여 2025년 포도의 평년수확량을 산출하시오.

물음 3 위 조건을 참조하여 2025년 감귤의 평년수확량을 산출하시오.

물음 4 위 조건을 참조하여 2025년 양배추의 평년수확량을 산출하시오.

문제 28 농작물재해보험에 관한 관련 자료이다. 이를 참조하여 각각의 목적물에 해당하는 보험가입금액(원)의 최솟값을 구하시오.

보험의 목적	평년수확량	표준수확량	kg당 가입가격	비고
A(보리)	3,200kg	3,400kg	2,000원	2년차 가입
B(옥수수)	-	3,200kg	1,500원	3년차 가입
C(살구)	-	4,000kg	2,500원	신규가입
D(포도)	-	3,800kg	3,000원	신규가입
E(팥)	-	3,000kg	5,000원	신규가입

문제 29 농작물재해보험의 농업용 시설물과 시설작물의 계약내용 및 조사내용을 참조하여 물음에 답하시오. 원예시설(연동하우스)의 보험가입금액의 최솟값과 시설작물의 보험가입금액(원)의 최댓값을 구하시오.

○ 원예시설(단동하우스) * 가입(재배)면적: 600m² * m²당 재조달가격: 100,000원 * 보험가입금액은 최소금액으로 가입함. *경과년수: 30개월, 내용연수: 10년 * 재조달가액보장 특약에 가입하지 않음	○ 시설작물 * 가입(재배)면적: 600m² * 재배 예정 품목: 호박, 풋고추 * m²당 보장생산비 호박: 9,300원, 풋고추: 9,200원 * 보험가입금액은 최대금액으로 가입함.

문제 30 농작물재해보험의 농업용시설물에 관한 관련 자료이다. 이를 참조하여 각각의 목적물에 해당하는 보험가입금액(원)의 최솟값을 구하시오.

보험의 목적	면적	m²당 설치비용	설치시기	가입시기
A, 비가림시설	3,000m²	25,000원	2024년 4월	2025년 3월
B, 해가림시설 (목재)	3,200m²	6,000원	2022년 3월	2025년 3월
	1,800m²	6,000원	2023년 2월	2025년 3월
C, 단동하우스	1,000m²	80,000원	2022년 12월1일	2025년 3월1일

- 농업용시설물(단동하우스): 재조달가액보장 특별약관에 가입하지 않음

문제 31 농작물재해보험의 이론서에서 정의한 보험가입금액 산정에 관한 내용이다. 각각의 조건에 따른 품목별 보험가입금액(원)의 계산과정과 값을 구하시오.

*옥수수(수확감소보장 보통약관)

가입면적	재배면적	표준수확량	가입가격	보험가입
6,000m^2	6,000m^2	8,000kg	1,500원/kg	3년차 가입

- 주어진 조건 이외의 사항은 고려하지 않음

*유자(수확감소보장 보통약관)

가입주수	보험가입금액	표준수확량	가입가격	보험가입
300주	최소가입금액	4,500kg	3,000원/kg	신규가입

- 주어진 조건 이외의 사항은 고려하지 않음

*양배추(농업수입감소보장 보통약관)

가입면적	재배면적	평년수확량	기준가격	수확기가격
6,000m^2	6,000m^2	9,000kg	2,000원/kg	1,800원

- 주어진 조건 이외의 사항은 고려하지 않음

*벼(수확감소보장 보통약관)

가입면적	보험가입금액	평년수확량	표준가격	보험가입
6,000m^2	최소가입금액	4,000kg	2,000원/kg	5년차 가입

- 주어진 조건 이외의 사항은 고려하지 않음

물음 1 옥수수 품목의 보험가입금액(원)의 최솟값을 구하시오.

물음 2 유자 품목의 보험가입금액(원)의 최솟값을 구하시오.

물음 3 양배추 품목의 보험가입금액(원)의 최댓값을 구하시오.

물음 4 벼 품목의 보험가입금액(원)의 최댓값을 구하시오.

문제 32 적과전 종합위험방식인 배 품목 A과수원의 계약내용 및 조사내용을 참조하여 계약자 부담보험료(원)를 구하시오. (단, 각 보험료 산정 시 원단위 미만은 절사하시오.)

*계약내용(특약에 미가입)

- 적과종료이전 피해여부 확인 및 적과후 착과수 조사내용				
품목	평년착과수	적과후착과수	피해사실확인조사	자기부담비율
배	50,000개	40,000개	냉해	20%

- 보장수준: 50%, - 가입과중: 400g, - 가입가격: 3,000원/kg,

*가입조건

순보험료율	할인.할증율	방충망설치	방조망설치	지자체지원율	정부지원율
10%	(가)	20%	5%	30%	(나)

- 최근 5년 연속 보험에 가입하고 손해율이 90%임

문제 33 적과전 종합위험방식인 사과 품목 A과수원의 계약내용 및 조사내용을 참조하여 물음에 답하시오. (단, 각 보험료 산정 시 원단위 미만은 절사하시오.)

*계약내용(적과전 특정위험 5종한정 특약과 가을동상해 부보장 특약에 가입함)

- 적과종료이전 피해여부 확인 및 적과후 착과수 조사내용				
품목	평년착과수	적과후착과수	피해사실확인조사	자기부담비율
사과	40,000개	30,000개	사고없음	15%

- 보장수준: 50%, -가입과중: 300g, -가입가격: 3,000원/kg,

*가입조건

순보험료율	할인.할증율	방충망설치	방상펜설치	지자체지원율	정부지원율
10%	+8%	20%	20%	37%	38%

- 특정위험 5종 한정특약 할인율: 7%, 가을동상해 부보장특약 할인율: 3%

물음 1 A과수원의 계약자 부담보험료(원)를 산정하시오.

물음 2 A과수원의 차액보험료(원)를 산정하시오.

문제 34 적과전종합위험방식에 가입한 A과수원의 배(밀식재배) 품목에 관한 조사내용이다. 다음 내용을 참조하여 계약자 부담보험료(원)를 구하시오. (단, 각 보험료 산정 시 원단위 미만은 절사)

*계약내용(일소피해 부보장 특약에 가입함)

품목	평년착과수	가입가격	가입과중	보장수준	자기부담비율
배	20,000개	3,000원/kg	0.4kg/개	50%	최저비율적용

*가입조건

순보험료율	할인.할증율	방충망설치	일소부보장	지자체지원율	정부지원율
10%	+8%	20%	5%	32%	(가)

*최근 3년간 순보험료와 수령 보험금

구분	2022년	2023년	2024년
순보험료	200만원	220만원	180만원
수령보험금	420만원	무사고	300만원

문제 35 적과전 종합위험방식 사과 상품에 관한 내용이다. 다음 조건을 참조하여 물음에 답하시오. (단 주어진 조건 외 다른 사항은 고려하지 않음)

*계약사항

- 보장내용: 과실손해보장(5종특약 미가입) - 평년착과량(가입수확량): 18,000kg - 가입일자: 2025년 2월 3일 - 가입주수: 400주 - 평균과중: 300g - 가입가격(kg당): 2,500원 - 보통약관 영업요율: 12%	- 순보험요율: 10% - 지자체지원비율: 순보험료의 37% - 일소피해 부보장가입: 할인율 5% - 보장수준: 가입 가능한 최대수준 - 자기부담비율: 가입 가능한 최소수준 - 방재시설 할인율: 20% - 과수원 할인.할증율: 5개년 자료 적용

*조사사항

- 조사일자: 2025년 7월 2일 - 재해내용: 태풍, 집중호우 피해	- 적과후 착과수: 72,000개 - 미보상감수량: 0kg

*보험료 및 보험금 지급내용

(단위: 천원)

구분	영업보험료	순보험료	부가보험료	지급보험금	
				착과감소보험금	과실손해보험금
2020년	1,730	1,680	150		900
2021년	1,820	1,670	160	800	1,700
2022년	1,720	1,570	150	3,000	
2023년	1,930	1,760	170	1,800	
2024년	1,780	1,620	160		1,500

물음 1 정부보조보험료의 계산과정과 값을 쓰시오.

물음 2 계약자부담보험료의 계산과정과 값을 쓰시오.

물음 3 착과감소보험금의 계산과정과 값을 쓰시오.

물음 4 적과종료 이후 보상하는 재해로 인한 누적감수과실수가 25,000개일 때, 과실손해보험금의 계산과정과 값을 쓰시오.

문제 36 적과전 종합위험방식 단감 품목에 관한 내용이다. 다음 조건을 참조하여 물음에 답하시오. (단 주어진 조건 외 다른 사항은 고려하지 않음)

*계약사항

- 보장내용: 과실손해보장(5종특약 미가입) - 일소피해부보장 특약에 가입 - 평년착과량(가입수확량): 12,000kg - 가입일자: 2025년 2월 7일 - 가입주수: 300주 - 평균과중: 200g/개 - 가입가격: 2,500원/kg - 보통약관 영업요율: 12%(순보험요율: 10%)	- 지자체지원비율: 순보험료의 30% - 부가보험료: 순보험료의 20% - 보장수준: 가입 가능한 최대수준 - 자기부담비율: 가입 가능한 최소수준 - 방재시설 할인율: 20% - 일소피해부보장 할인율: 5% - 과수원 할인.할증율: 최근 5년 연속가입 손해율에 따른 할인.할증률 적용

*적과전 피해와 적과종료 후 착과수 조사내용

- 조사일자: 2025년 8월 2일 - 재해내용: 냉해 피해사실 확인조사 - 고사주수, 미보상주수: 없음	- 적과후 착과수: 35,000개 - 실제결과주수: 300주 - 미보상비율: 10%

*보험료 및 보험금 지급내용

(단위: 천원)

구분	영업보험료	순보험료	부가보험료	지급보험금	
				착과감소보험금	과실손해보험금
2020년	1,750	1,500	250	1,230	1,000
2021년	2,100	1,800	300	-	1,200
2022년	2,220	1,900	320	2,800	
2023년	2,350	2,000	350	-	1,300
2024년	2,500	2,100	400	1,000	1,600

*정부의 농가부담보험료 지원 비율(%)

구분	품목	보장수준(%)				
		60	70	80	85	90
국고보조율(%)	사과.배.단감.떫은감	60	60	50	38	33

물음 1 정부보조보험료의 계산과정과 값(원)을 구하시오.

물음 2 계약자부담보험료의 계산과정과 값(원)을 구하시오.

물음 3 착과감소보험금의 계산과정과 값(원)을 구하시오.

물음 4 적과종료 이후에 사고조사가 없을 경우 과실손해보험금의 계산과정과 값을 쓰시오.

문제 37 종합위험방식 수확감소보장보험에 가입한 벼(동진찰벼) 품목에 관한 내용이다. 계약사항 및 조사내용을 참조하여 정부지원 보험료(원)를 구하시오. (단, 각 보험료 산정 시 원단위 미만은 절사)

*계약내용(가입농지는 친환경재배이고 기계이앙재배 농지임)

품목	보험가입금액	평년수확량	표준수확량	표준가격	자기부담비율
벼(찰벼)	최대가입금액	4,500kg	4,400kg	2,000원/kg	10%

*가입조건

보통약관영업요율	친환경재배할증율	직파재배할증율	지자체지원비율
15%	5%	5%	30%

- 최근 5년 중 3년 보험에 가입하고 손해율이 110%인 농지임
- 순보험료: 적용보험료의 80%

문제 38 농업용시설물 계약내용 및 조사내용을 참조하여 다음 물음에 답하시오. (단, 각 보험료 산정 시 원단위 미만은 절사)

○ 품목: 원예시설(연동하우스와 부대시설) * 가입(재배)면적: 600m² * m²당 재조달가격: 100,000원 (재조달가액보장 특약에 가입함) * 보험가입금액은 최소금액으로 가입함. * 보험기간: 2025년 2월 1일~6월 30일	* 부대시설 보험가입금액: 800만원 * 지역별 보통약관 보험요율: 12% * 부대시설 보통약관 보험요율: 15% * 종별 요율상대도: 4종 * 지자체지원비율: 35% * 순보험료: 적용보험료의 70%

물음 1 계약자부담 보험료(원)를 구하시오.

물음 2 보험계약기간을 2개월 연장하려고 할 때 계약자부담 추가보험료(원)를 구하시오.

물음 3 보험계약을 3월 31일에 계약자의 책임 없는 사유로 해지하였을 때, 환급보험료(원)를 구하시오. (단, 환급보험료 산정 시 원단위 미만은 절사)

문제 39 농업재해보험 수확감소보장방식 벼(메벼) 품목에 관한 조사내용이다. 다음 내용을 참조하여 계약자 부담 보험료(원)를 구하시오.(단, 각 보험료 산정 시 원단위 미만은 절사)

*계약내용

품목	보험가입금액	평년수확량	가입면적	표준가격	자기부담비율
벼(메벼)	최대가입금액	2,500kg	3,000m²	(가)	(나)

- 보험 계약일자: 2025년 5월 30일, 친환경 직파재배 농가임

*시. 군별 농협 RPC 계약재배 수매가격(원/kg), 민간 RPC(양곡처리장) 지수: 1.2

구분	2019년	2020년	2021년	2022년	2023년	2024년
수매가격	1,700	1,800	1,900	2,000	2,100	2,200

*가입조건

순보험요율	할인. 할증율	친환경재배할증	직파재배할증	지자체지원율
10%	(나)%	5%	5%	30%

- 최근 5년 연속 보험에 가입하고 수령보험금이 순보험료의 110%
- 최근 2년 연속 보험에 가입하고 수령보험금이 순보험료의 90%
- 최근 3년 연속 보험에 가입하고 수령보험금이 순보험료의 120%

문제 40 적과전종합위험 과수4종의 계약내용 및 조사내용을 참조하여 물음에 답하시오.

- 적과종료이전 피해여부 확인 및 적과후 착과수 조사내용

구분	평년 착과수	적과후 착과수	피해사실 확인조사	자기부담 비율	가입과중	가입가격
A과수원 사과(종합)	20,000개	15,000개	냉해	10%	400g	2,000원
B과수원 배 (5종가입)	20,000개	12,000개	사고없음	20%	500g	2,000원
C과수원 단감 (종합)	2,0000개	30,000개	냉해	15%	300g	2,000원
D과수원 떫은감 (5종가입)	20,000개	15,000개	조수해	20%	300g	2,000원

- 보장수준: 50%, 미보상비율: 10%
- 적과종료 이후 사고 없고 주어진 조건 이외의 사고피해 없음.

물음 1 4개 과수원의 기준착과량(kg)을 구하시오.

물음 2 착과감소보험금을 받을 수 있는 과수원의 착과감소 보험금(원)을 구하시오.

물음 3 과실손해보험금을 받을 수 있는 과수원의 과실손해 보험금(원)을 구하시오.
(단, 착과손해감수 과실수는 소수점 아래 첫째자리에서 반올림)

문제 41 적과전종합위험 과수4종의 계약내용 및 조사내용을 참조하여 물음에 답하시오.

과수원명	계약내용				조사내용	
	품목	보장내용	평년 착과수	가입과중	피해사실 확인 조사내용	적과후 착과수
A	사과	종합 위험	5만개	400g	- 확인재해: 화재 - 고사주수: 20주, 수확불능주수:10주 일부피해주수: 20주 - 실제결과주수: 500주	3만개
B	사과	5종 한정	5만개	400g	- 확인재해: 조수해, 집중호우 - 고사주수(집중호우): 75주, 고사주수(병충해, 조수해): 15주, - 실제결과주수: 500주	3만개
C	배	종합 위험	5만개	500g	- 확인재해: 냉해 - 미보상주수: 5주 - 실제결과주수: 500주	3만개
D	단감	5종 한정	5만개	300g	- 확인재해: 우박, 태풍 - 피해유과: 48개, 정상유과: 192개 - 나무유실(고사): 20주, 일부침수: 60주(침수율: 50%) - 낙엽률: 30%(경과일수: 100일) - 실제결과주수: 500주	3만개

- 공통사항: 자기부담비율(10%), 보장수준(50%), 미보상비율(10%), 가입가격: 2,000원
- 적과종료 이후 사고 없고 주어진 조건 이외의 사고피해 없음.
- 과실수는 소수 첫째자리에서 반올림, 피해율은 %단위로 소수 셋째자리에서 반올림.

물음 1 5개 과수원의 착과 감소보험금(원)을 구하시오.

물음 2 과실손해보험금을 받을 수 있는 과수원의 과실손해보험금(원)을 구하시오.

문제 42 적과전종합위험 사과 품목의 계약내용 및 조사내용을 참조하여 물음에 답하시오. (단, 각 보험료 산정 시 원단위 미만은 절사)

*계약내용(사과(홍옥)-특약에 미가입)

- 적과종료이전 피해여부 확인 및 적과후 착과수 조사내용

평년착과수	적과후착과수	피해사실확인조사	자기부담비율	가입과중	가입가격
50,000개	40,000개	사고 없음	최저비율적용	300g	2,000원

- 보장수준: 50%, - 미보상비율: 10%
- 적과종료 이후 사고 없고 주어진 조건 이외의 사고피해 없음.

- 최근 3년간 순보험료와 수령 보험금

구분	2022년(최초가입)	2023년	2024년
순보험료	200만	260만	240만
수령보험금	1,000만	무사고	400만

순보험료율	할인.할증율	방충망설치	방상펜설치	지자체지원율	정부지원율
10%	+13%	20%	20%	30%	?

물음 1 A과수원의 보험가입금액(원)을 구하시오.

물음 2 A과수원의 계약자 부담보험료(원)를 구하시오.

물음 3 A과수원의 차액보험료(원)를 구하시오.

문제 43 적과전종합위험 사과 품목의 계약내용 및 조사내용을 참조하여 물음에 답하시오.

*계약내용(특약에 미가입)

품목	보험가입금액	평년착과수	가입주수	가입과중	가입가격
사과	5,400만원	45,000개	300주	0.3kg/개	4,000원/kg

- 자기부담비율: 15% - 보장수준: 50%

*적과전과 적과후착과수 조사내용

구분	재해종류	사고일자/조사일자	조사내용
적과종료 이전 조사	조수해	6월10일/6월12일	- 고사주수: 10주 - 수확불능주수: 20주 - 일부피해주수: 30주 - 미보상비율: 10%
적과종료후 착과수 조사	-	7월20일	- 실제결과주수: 300주 - 고사주수: 10주 - 수확불능주수: 20주 - 표본주의 착과수의 합: 1,080개 - 미보상비율: 5%

*적과종료후 조사내용

재해종류	사고일자/조사일자	조사내용
일소	7월10일/7월11일	- 총낙과수: 2,400개(낙과피해구성률: 60%) - 사고당시 착과수: 30,000개(착과피해구성율: 30%)
집중호우	8월10일/8월11일	- 총낙과수: 3,000개(낙과피해구성률: 80%) - 일부침수주: 100주 침수주 1주당 평균 침수착과수: 25개

물음 1 착과감소 보험금(원)을 구하시오.

물음 2 과실손해 보험금(원)을 구하시오.

문제 44 적과전 종합위험방식 과수 상품에서 적과종료이후 보상하는 손해가 발생하여 다음과 같이 조사를 하였다. 계약내용 및 조사내용을 참조하여 물음에 답하시오.
(단, 과실수는 개수 단위로 소수점 아래 첫째자리에서 반올림)

*계약내용(적과전 5종한정 특약에 미가입)

품목	평년착과수	가입주수	가입과중	가입가격
배	60,000개	300주	0.4kg/개	3,000원/kg

- 자기부담비율: 20%　　- 보장수준: 50%

*적과전과 적과후착과수 조사내용

구분	재해종류	사고일자/조사일자	조사내용
적과종료 이전 조사	-	사고없음	-
적과종료후 착과수 조사	-	7월2일	- 적과후 착과수: 45,000개

*적과종료후 조사내용

재해종류	사고일자/조사일자	조사내용
태풍	7월12일/7월13일	- 총낙과수: 24,000개(낙과피해구성률: 100%)
강풍	8월15일/8월16일	- 총낙과수: 20,000개(낙과피해구성률: 95%)

물음 1 착과감소 보험금(원)을 구하시오.

물음 2 과실손해 보험금(원)을 구하시오.

문제 45 적과전종합위험 단감 품목의 계약내용 및 조사내용을 참조하여 물음에 답하시오. (단, 과실수는 개수 단위로 소수점 아래 첫째자리에서 반올림)

*계약내용(적과전 5종한정 특약에 가입함)

품목	평년착과수	가입주수	가입과중	가입가격
단감	40,000개	200주	0.3kg/개	2,500원/kg
- 자기부담비율: 10% -보장수준: 70%				

*적과전과 적과후착과수 조사내용

구분	재해종류	사고일자/조사일자	조사내용
적과종료이전 조사	-	사고없음	-
적과종료후착과수 조사	-	7월12일	- 적과후 착과수: 60,000개

*적과종료후 조사내용

재해종류	사고일자/조사일자	조사내용
일소	7월10일/7월13일	- 총낙과수: 4,000개(낙과피해구성률: 60%) - 사고당시 착과수: 56,000개(착과피해구성률: 20%)
집중호우	8월10일/8월11일	- 총낙과수: 5,000개(낙과피해구성률: 80%) - 일부침수주수: 50주 침수나무 1주당 평균 침수착과수: 20개

물음 1 착과감소 보험금(원)을 구하시오.

물음 2 과실손해 보험금(원)을 구하시오.

문제 46 적과전종합위험 사과 품목의 계약내용 및 조사내용을 참조하여 물음에 답하시오.

*계약내용(적과전 5종한정 특약에 미가입)

품목	평년착과수	가입주수	가입과중	가입가격
사과	60,000개	500주	0.3kg/개	3,000원/kg

- 자기부담비율: 20% -보장수준: 50%

*적과전과 적과후착과수 조사내용

구분	재해종류	사고일자/조사일자	조사내용
적과종료 이전 조사	냉해	5월10일/5월11일	- 전체 냉해피해 있음 - 미보상비율: 10%
	조수해	6월5일/6월6일	- 고사주수:50주 - 미보상비율:10%
적과종료후 착과수 조사	- 적과후 착과수: 90,000개 - 실제결과주수: 500주		

*적과종료후 조사내용

재해종류	사고일자/조사일자	조사내용
태풍	8월15일/8월16일	- 총낙과수: 5,000개(낙과피해구성률: 100%) - 태풍 고사주수: 20주 (무피해 1주당 평균착과수 150개) - 태풍 침수피해주수: 100주 (침수나무 1주당 평균침수착과수 80개)
일소	9월10일/9월11일	- 이전 사고당시 착과수: 74,000개 (착과피해구성률: 15%) - 총낙과수: 4,000개(낙과피해구성률: 60%)

물음 1 착과감소 보험금(원)을 구하시오.

물음 2 과실손해 보험금(원)을 구하시오.

문제 47 적과전종합위험 단감 품목의 계약내용 및 조사내용을 참조하여 물음에 답하시오.

*계약내용(적과전 5종한정 특약에 미가입)

품목	평년착과수	보장수준	실제결과주수	가입과중	가입가격
단감	60,000개	70%	A품종: 200주 B품종: 100주	0.3kg/개	2,500원/kg
- 자기부담비율: 10%, 표준수확량, A품종: 12,000kg, B품종: 6,000kg					

*적과전과 적과후 착과수 조사내용

<table>
<tr><th>구분</th><th>재해종류</th><th>사고일자/조사일자</th><th colspan="4">조사내용</th></tr>
<tr><td>적과종료
이전 조사</td><td>집중호우</td><td>6월20일/
6월22일</td><td colspan="4">- 유실고사주수: A품종 50주
- 병충해 고사주수: B품종 20주
- 미보상비율: 10%</td></tr>
<tr><td rowspan="3">적과종료후
착과수 조사</td><td rowspan="3">-</td><td rowspan="3">7월12일</td><td>품종</td><td>조사대상
주수</td><td>적정
표본주수</td><td>표본주
착과수의 합</td></tr>
<tr><td>A</td><td>(가)</td><td>(나)</td><td>960개</td></tr>
<tr><td>B</td><td>(다)</td><td>(라)</td><td>600개</td></tr>
</table>

*적과종료후 조사내용

재해종류	사고일자/조사일자	조사내용
태풍	7월15일/7월16일	- 총낙과수: 2,000개(낙과피해구성률: 60%) - 나무피해 과실수: 3,000개
일소	8월15일/8월16일	- 총낙과수: 1,000개(낙과피해구성률: 75%) - 착과피해 구성률: 25%

물음 1 착과감소 보험금(원)을 구하시오.

물음 2 과실손해 보험금(원)을 구하시오.

문제 48 적과전종합위험 배 품목의 계약내용 및 조사내용을 참조하여 물음에 답하시오.

*계약내용(적과전 5종한정 특약에 미가입)

품목	평년착과수	실제결과주수	가입과중	가입가격
배	15,000개	100주	0.4kg/개	4,000원/kg

- 자기부담비율: 10% -보장수준: 70%

*적과전과 적과후착과수 조사내용

<table>
<tr><th>구분</th><th>재해종류</th><th>사고일자/조사일자</th><th colspan="4">조사내용</th></tr>
<tr><td>적과종료
이전 조사</td><td>강풍</td><td>5월20일/
5월22일</td><td colspan="4">- 강풍피해 있음.
- 미보상비율: 10%</td></tr>
<tr><td rowspan="2">적과종료후
착과수 조사</td><td rowspan="2">-</td><td rowspan="2">7월10일</td><td>실제
결과주수</td><td>미보상주수</td><td>표본주수</td><td>착과수의 합계</td></tr>
<tr><td>100주</td><td>10주</td><td>6주</td><td>600개</td></tr>
</table>

*적과종료후 조사내용

재해종류	사고일자/조사일자	조사내용
일소	8월15일/8월16일	- 총낙과수: 3,000개(낙과피해구성률: 65%) - 착과피해조사(착과피해구성률: 25%)
태풍	8월30일/8월31일	- 총낙과수: 1,000개(낙과피해구성률: 75%) - 나무피해 조사: 고사주수 3주 무피해나무 1주당 평균착과수: 100개

물음 1 착과감소 보험금(원)을 구하시오.

물음 2 과실손해 보험금(원)을 구하시오.

문제 49 적과전종합위험 단감 품목의 계약내용 및 조사내용을 참조하여 물음에 답하시오.

*계약내용

보장	품목	평년착과수	가입주수	가입과중	가입가격
적과전 종합위험방식	단감	40,000개	200주	0.2kg/개	2,500원/kg

- 자기부담비율: 10%　　　　보장수준: 70%

*적과전과 적과후착과수 조사내용

구분	재해종류	사고일자/조사일자	조사내용
적과종료 이전 조사	우박	6월15일/6월16일	- 우박피해 있음 - 미보상비율: 10%
적과종료후 착과수 조사	-	7월10일	- 적과후 착과수: 28,000개

*적과종료후 조사내용

<table>
<tr><th>재해종류</th><th>사고일자/조사일자</th><th colspan="5">조사내용</th></tr>
<tr><td>일소</td><td>7월15일/7월16일</td><td colspan="5">- 총낙과수: 4,000개(낙과피해구성률: 65.75%)
- 착과피해 조사(착과피해구성률: 30%)</td></tr>
<tr><td rowspan="3">가을동상해</td><td rowspan="3">10월27일/10월28일</td><td colspan="5">*착과피해조사 - 잎 피해율:60%, 잔여일수: 20일
- 사고당시 착과수: 20,000개</td></tr>
<tr><td>피해구분</td><td>100%피해</td><td>80%피해</td><td>50%피해</td><td>정상</td></tr>
<tr><td>과실수</td><td>10개</td><td>40개</td><td>20개</td><td>30개</td></tr>
</table>

물음 1 착과감소 보험금(원)을 구하시오.

물음 2 과실손해 보험금(원)을 구하시오.

문제 50 적과전종합위험 배 품목의 계약내용 및 조사내용을 참조하여 물음에 답하시오.

*계약내용(적과전 5종한정 특약에 미가입)

품목	평년착과수	가입주수	가입과중	가입가격
배	60,000개	A품종: 240주, B품종: 160주	0.4kg/개	3,000원/kg

- 자기부담비율: 20%, -보장수준: 50%,
- 1주당 평년착과수, A품종: 150개, B품종: 150개

*적과전과 적과후착과수 조사내용

구분	재해종류	사고일자/조사일자	조사내용
적과종료 이전 조사	우박	5월20일/5월21일	- 우박피해 있음 - 미보상비율: 5%

적과종료후 착과수 조사

[적과후 착과수 조사]

품종	실제결과주수	조사대상주수	적정표본주수	표본주 착과수의 합계
A	240	240	(가)	560개
B	160	160	(나)	500개

*적과종료후 조사내용

재해종류	사고일자/조사일자	조사내용
태풍	8월15일/8월16일	- 총낙과수: 4,000개(낙과피해구성률: 65%)
조수해	9월10일/9월11일	- 나무피해조사: 고사주수, A품종: 10주, B품종: 10주 (무피해나무 과실수는 A품종: 70개, B품종: 90개)
우박	6월2일/9월20일	- 착과피해조사 사고당시 착과수=(다), 착과피해구성률: 25%

물음 1 착과감소 보험금(원)을 구하시오.

물음 2 과실손해 보험금(원)을 구하시오.

문제 51 적과전종합위험 떫은감 품목의 계약내용 및 조사내용을 참조하여 물음에 답하시오.
(단, 피해율은 % 단위로 소수점 아래 셋째자리에서 반올림)

*계약내용(적과전 5종한정 특약에 가입함)

품목	평년착과수	가입주수	가입과중	가입가격
떫은감	80,000개	400주	0.3kg/개	2,500원/kg
- 자기부담비율: 15% -보장수준: 50%				

*적과전과 적과후착과수 조사내용

구분	재해종류	사고일자/조사일자	조사내용
적과종료 이전 조사	우박	5월3일/5월4일	- 피해유과: 66개, 정상유과: 154개 - 미보상비율: 10%
	태풍	6월20일/6월21일	- 유실(고사): 20주, 일부침수: 60주(침수율: 50%) - 낙엽률: 40%(경과일수: 20일)
적과종료후 착과수 조사	- 적과후 착과수: 60,000개 - 실제결과주수: 400주		

*적과종료후 조사내용

<table>
<tr><th>재해종류</th><th>사고일자/조사일자</th><th colspan="5">조사내용</th></tr>
<tr><td>집중호우</td><td>8월10일/8월12일</td><td colspan="5">- 총낙과수: 5,000개(낙과피해구성률: 80%)
- 침수피해주수: 50주
(침수나무 1주당 평균침수착과수 60개)</td></tr>
<tr><td rowspan="3">가을동상해</td><td rowspan="3">10월27일/10월28일</td><td colspan="5">*착과피해조사 - 잎 피해율:60%, 잔여일수: 20일
사고당시 착과수: 10,000개</td></tr>
<tr><td>피해구분</td><td>정상</td><td>50%피해</td><td>80%피해</td><td>100%피해</td></tr>
<tr><td>과실수</td><td>40</td><td>30</td><td>20</td><td>10</td></tr>
</table>

물음 1 착과감소 보험금(원)을 구하시오.

물음 2 과실손해 보험금(원)을 구하시오.

문제 52 적과전종합위험방식 떫은감 상품에 관한 내용이다. 다음 조건을 참조하여 물음에 답하시오. (단 주어진 조건 외 다른 사항은 고려하지 않음)

*계약사항

- 보장내용: 과실손해보장(5종특약 미가입)	- 순보험요율: 10%
- 평년착과량(가입수확량): 12,000kg	- 지자체지원비율: 순보험료의 30%
- 가입일자: 2025년 2월 7일	- 부가보험료: 순보험료의 20%
- 가입주수: 300주	- 보장수준: 가입 가능한 최대수준
- 평균과중: 200g	- 자기부담비율: 가입 가능한 최소수준
- 가입가격(kg당): 2,500원	- 방재시설 할인율: 20%
- 보통약관 영업요율: 12%	- 과수원 할인.할증율: 없음

*조사사항

- 조사일자: 2025년 8월 2일	- 적과후 착과수: 45,000개
- 재해내용: 태풍, 집중호우 피해	- 미보상비율: 15%

*보험료 및 보험금 지급내용

(단위: 천원)

구분	영업보험료	순보험료	부가보험료	지급보험금	
				착과감소보험금	과실손해보험금
2020년	1,730	1,580	150		430
2021년	1,830	1,670	160	1,000	1,700
2022년	1,720	1,570	150	3,000	
2023년	1,930	1,760	170	1,800	
2024년	1,780	1,620	160		1,500

*정부의 농가부담보험료 지원 비율(%)

구분	품목	보장수준(%)				
		60	70	80	85	90
국고보조율(%)	사과.배.단감.떫은감	60	60	50	38	33

물음 1 정부보조보험료의 계산과정과 값을 쓰시오.

물음 2 계약자부담보험료의 계산과정과 값을 쓰시오.

물음 3 착과감소보험금의 계산과정과 값을 쓰시오.

문제 53 떫은감 과수원을 경작하는 갑(甲)은 적과전 종합위험방식에 가입한 후 적과 전에 냉해, 집중호우, 조수해 피해를 입고 2024년 7월 30일 적과후착과수 조사를 받았다.

다음의 계약사항과 조사내용을 참조하여 물음에 답하시오.

(단, 주어진 조건 외 다른 사항은 고려하지 않음)

*계약내용

품목	평년착과수	보험가입금액	실제결과주수	가입과중	자기부담비율
떫은감	40,000개	2,400만원	250주	0.3kg/개	10%

- 5종한정특약과 나무손해보장 특약에 가입함, -1주당 나무 가입금액: 100,000원

*적과전과 적과후착과수 조사내용

구분	조사내용	조사결과
적과종료 이전 조사	2024년 4월5일 냉해로 고사한 주수	10주
	2024년 6월1일 집중호우로 유실되거나 도복되어 고사한 주수	유실: 10주 도복: 40주
	2024년 6월25일 멧돼지 피해로 고사한 주수	10주
	병충해로 고사한 주수	10주
적과후 착과수 조사	조사대상 주수를 산정하여 착과수 조사 결과 적정 표본주 착과수의 총합	960개
	잡초 등 제초작업 불량으로 인한 미보상비율	10%

물음 1 착과감소과실수의 계산과정과 값을 쓰시오.

물음 2 미보상감수과실수의 계산과정과 값을 쓰시오.

물음 3 나무손해보험금의 계산과정과 값을 쓰시오.

문제 54 적과전종합위험방식 II 사과품목에 관한 사항이다. 다음 조건을 참조하여 물음에 답하시오. (주어진 조건 외에 다른 사항은 고려하지 않음)

*계약내용(적과전 5종한정 특약에 미가입)

품목	평년착과수	실제결과주수	가입과중	가입가격
사과	75,000개	650주	0.3kg/개	3,000원/kg

- 자기부담비율: 20%, -보장수준: 50%, -가을동상해부보장 특약에 가입함

*적과전과 적과후착과수 조사내용

구분	재해종류	사고일자/조사일자	조사내용			
적과종료 이전 조사	동상해	4월9일/4월10일	- 피해사실 확인 조사: 피해 발생 인정 - 미보상비율: 0%			
	우박	6월8일/6월9일	- 피해사실 확인 조사: 피해 발생 인정 - 미보상비율: 10%			
적과종료후 착과수 조사	-	6월25일	품종	실제결과주수	조사대상주수	표본주 1주당 착과수
			미얀마	320주	320주	75개
			후지	330주	330주	60개

*적과종료후 조사내용(적과이후 자연낙과 등은 감안하지 않음)

재해종류	사고일자/조사일자	조사내용
일소	9월10일/9월11일	- 총낙과수: 1,000개(전수조사) 낙과피해구성률: 50%(500개), 100%(500개) - 착과피해조사: 없음
태풍	9월25일/9월26일	- 총낙과수: 2,000개(전수조사) 낙과피해구성률: 정상(400개), 50%(1,000개), 100%(600개)
우박	6월8일/10월3일	- 착과피해조사(표본조사) 착과피해구성률: 정상(170개), 50%(80개), 100%(50개)

물음 1 착과감소보험금의 계산과정과 값(원)을 구하시오.

물음 2 과실손해보험금의 계산과정과 값(원)을 구하시오.

문제 55 단감 과수원을 경작하는 갑(甲)은 적과전 종합위험방식에 가입한 후 적과 전에 화재, 집중호우, 조수해 피해를 입고 2024년 7월30일 적과후 착과수조사를 받았다. 다음의 계약사항과 조사내용을 참조하여 물음에 답하시오.(단, 주어진 조건 외 다른 사항은 고려하지 않음)

*계약내용(적과전 5종한정특약과 나무손해보장 특약에 가입함)

품목	평년착과수	가입가격	실제결과주수	가입과중	자기부담비율
단감	60,000개	2,500원/kg	300주	0.2kg/개	10%

- 착과감소 보험금 보장수준: 50%, -1주당 나무 가입금액: 100,000원

*적과전과 적과후착과수 조사내용

구분	조사내용	조사결과
적과종료 이전 조사	2024년 4월5일 화재로 고사한 주수	30주
	2024년 6월1일 집중호우로 유실되거나 도복되어 고사한 주수	유실: 25주 도복: 20주
	2024년 6월25일 멧돼지 피해로 고사한 주수	5주
	병충해로 고사한 주수	10주
적과후 착과수 조사	조사대상 주수를 산정하여 착과수 조사 결과 적정 표본주 착과수의 총합	1,350개
	잡초 등 제초작업 불량으로 인한 미보상비율	10%
적과종료 이후 사고 조사	사고 없음	-
수확종료	2024년 12월 10일 수확종료 이후 조수해로 고사한 주수	10주

물음 1 착과감소과실수의 계산과정과 값(원)을 구하시오.

물음 2 착과감소보험금의 계산과정과 값(원)을 구하시오.

물음 3 나무손해보험금의 계산과정과 값(원)을 구하시오.

문제 56 적과전종합위험방식 떫은감 상품에 관한 내용이다. 다음 조건을 참조하여 물음에 답하시오. (단, 보험금 산정 시 원단위 미만은 절사하시오.)

*계약사항

- 보장내용: 과실손해보장(5종특약 미가입) - 평년착과량(가입수확량): 12,000kg - 가입일자: 2024년 2월 7일 - 가입주수: 300주 - 평균과중: 200g - 가입가격(kg당): 2,500원 - 보통약관 영업요율: 12%	- 순보험요율: 10% - 지자체지원비율: 순보험료의 30% - 부가보험료: 순보험료의 20% - 보장수준: 가입 가능한 최대수준 - 자기부담비율: 가입 가능한 최소수준 - 방재시설 할인율: 30% - 과수원 할인.할증율: 지급내용 참조

*조사사항

- 조사일자: 2024년 8월 2일 - 재해내용: 태풍, 집중호우 피해	- 적과후 착과수: 76,000개 - 미보상감수량: 0kg

*보험료 및 보험금 지급내용

(단위: 천원)

구분	영업보험료	순보험료	부가보험료	지급보험금	
				착과감소보험금	과실손해보험금
2019년	1,830	1,680	150		
2020년	1,820	1,660	160	1,000	2,000
2021년	1,730	1,580	150	1,300	
2022년	1,920	1,750	170	2,000	
2023년	1,780	1,620	160		1,500

물음 1 정부보조보험료의 계산과정과 값(원)을 구하시오.

물음 2 계약자부담보험료의 계산과정과 값(원)을 구하시오.

물음 3 착과감소보험금의 계산과정과 값(원)을 구하시오.

물음 4 적과종료 이후에 보상하는 재해로 인하여 누적감수과실수가 32,000개일 때, 과실손해보험금의 계산과정과 값(원)을 구하시오.(단, 원단위 미만은 절사)

문제 57 종합위험 수확감소방식 복숭아에 관한 내용이다. 다음의 계약사항과 조사내용을 참조하여 물음에 답하시오. (단, 피해율은 % 단위로 소수점 셋째자리에서 반올림. 예시: 12.345% → 12.35%)

○ 계약사항

품목	품종	가입주수	표준수확량	평년수확량	보험가입금액
복숭아	조생종	100주	8,000kg	25,000kg	7,000만원
	만생종	250주	12,000kg		

- 자기부담비율: 10%, - 수확감소추가보장 특약에 가입함

○ 조사내용 - 착과수조사 이전 사고 없음

- 착과수 조사(조사일자: 2024년 6월 20일)

품종	실제결과주수	미보상주수	표본주 1주당 착과수	미보상비율
조생종	100주	5주	100개	10%
만생종	250주	10주	180개	

- 2024년 8월 13일 우박 피해조사(조사일자: 2024년 8월 15일)

품종	금차착과수	낙과피해과실수	착과피해구성율	낙과피해구성율	과중
조생종	0개	0개	-	-	기수확
만생종	20,000개	6,000개	60%	80%	0.35kg

- 우박 피해는 만생종 품종 수확 중 발생한 피해임

물음 1 수확량의 계산과정과 값(kg)을 구하시오.

물음 2 수확감소보험금의 계산과정과 값(원)을 구하시오.

물음 3 수확감소 추가보장특약 보험금(원)의 계산과정과 값을 구하시오.

문제 58 종합위험 수확감소보장방식 포도 품목에 보상하는 재해로 피해가 발생하였다. 다음 계약내용 및 조사내용을 참조하여 물음에 답하시오.(단, 피해율은 % 단위로 소수점 아래 셋째자리에서 반올림)

*계약내용(수확감소 추가보장 특별약관에 가입함)

품목	보험가입금액	평년수확량	가입주수	자기부담비율
포도	1,500만원	6,000kg	300주	20%

*수확개시 이전 착과수 및 과중 조사내용(착과수조사 이전 사고의 피해사실이 인정된 경우)

실제결과주수	미보상주수	고사주수	표본조사(9주)	
			착과수의 합	착과피해구성률
300주	10주	10주	450개	20%

- 과중조사, 표본과실의 개수: 30개, 표본과실 중량의 합: 12kg

*착과피해 및 낙과피해 조사내용

사고일자 및 재해	조사내용
7월 30일 자연재해	*착과수는 이전 착과수 조사와 같음 - 착과피해조사(표본조사 30개), 착과피해구성, 100%피해:5개, 80%피해:5개, 정상:16개
8월 20일 태풍	- 낙과피해과실수:4,000개(전수조사) 낙과피해구성, 100%피해:80개, 80%피해:300개, 50%피해:360개, 정상: 260개
9월 30일 동상해	- 기수확 과실수 5,000개, 미보상비율: 10% - 착과피해조사(표본조사 30개), 착과피해구성, 100%피해:10개, 50%피해:10개, 정상:10개

물음 1 수확량(kg)을 구하시오.

물음 2 총 지급보험금의 계산과정과 값(원)을 쓰시오.

문제 59 종합위험 수확감소보장방식 복숭아 품목에 보상하는 재해로 피해가 발생하였다. 다음 계약내용 및 조사내용을 참조하여 물음에 답하시오.(단, 피해율은 % 단위로 소수점 아래 셋째자리에서 반올림)

*계약내용

품목	보험가입금액	평년수확량	가입주수	자기부담비율
복숭아	1,800만원	9,000kg	300주	15%

*착과수 및 과중 조사내용(착과수조사 이전 사고의 피해사실이 인정되지 않은 경우)

실제결과주수	미보상주수	고사주수	표본조사(9주)	
			착과수의 합	착과피해구성률
300주	20주	10주	1,080개	20%

- 과중조사, 표본과실의 개수: 60개, 표본과실 중량의 합: 18kg

*(8월 10일 자연재해) 착과피해, 낙과피해 조사내용

실제결과 주수	미보상주수 (누적)	고사주수 (누적)	표본조사(9주)		피해구성율	
			착과수 합계	낙과수 합계	착과	낙과
300주	20주	20주	720개	180개	30%	50%

- 미보상비율(최솟값 적용): 잡초가 과수원 전체 70%정도(매우 불량) 분포함.

*(8월 25일 강풍과 병충해)-낙과피해조사, 병충해(세균구멍병)확인 됨.

실제결과 주수	미보상주수 (누적)	고사주수 (누적)	1주당 낙과수	낙과피해구성조사(60개)				
				정상	50%	80%	100%	병충해
300주	30주	20주	30개	2개	4개	10개	20개	24개

- 미보상비율: 20%, -착과피해 없음

물음 1 수확량(kg)과 병충해감수량(kg)을 구하시오.

물음 2 수확감소 보험금의 계산과정과 값(원)을 쓰시오.

문제 60 종합위험 수확감소보장 감귤(만감류) 품목에 보상하는 재해로 피해가 발생하였다. 다음 계약내용 및 조사내용을 참조하여 물음에 답하시오.(단, 피해율은 % 단위로 소수점 아래 셋째자리에서 반올림)

*계약내용

품목	보험가입금액	평년수확량	가입주수	자기부담비율
감귤(만감류)	2,500만원	10,000kg	400주	20%

*착과수 및 과중 조사내용(착과수조사 이전 사고의 피해사실이 인정된 경우)

실제결과 주수	미보상 주수	고사 주수	표본조사		과중조사	
			적정표본주수	착과수 합계	표본과실수	표본과실중량
400주	20주	10주	(가)	800개	30개	9kg

*착과피해 및 낙과피해 조사내용

미보상주수 (누적)	고사주수 (누적)	표본조사		피해구성율		미보상 비율
		착과수 합계	낙과수 합계	착과	낙과	
30주	20주	500개	150개	30%	60%	20%

물음 1 수확량(kg)을 구하시오.

물음 2 수확감소 보험금의 계산과정과 값(원)을 쓰시오.

문제 61 종합위험 수확감소보장방식 자두 품목에 보상하는 재해로 피해가 발생하였다. 다음 계약내용 및 조사내용을 참조하여 물음에 답하시오.(단, 피해율은 % 단위로 소수점 아래 셋째자리에서 반올림)

*계약내용

품종	보험가입금액	평년수확량	가입주수	표준수확량	자기부담비율
자두(A)	1,600만원	8,000kg	100주	40kg/1주	10%
자두(B)			200주	30kg/1주	

*수확개시 이전 착과수 및 과중 조사내용(수확개시 이후 사고조사 없음)

품종	실제 결과주수	미보상 주수	고사 주수	표본조사		과중	미보상 비율
				적정표본주수	착과수합계		
A	100주	10주	5주	(가)	360개	200g	15%
B	200주	10주	15주	(나)	700개	150g	20%

물음 1 품종별 1주당 평년수확량(kg)을 산정하시오.

물음 2 수확감소 보험금의 계산과정과 값(원)을 쓰시오.

문제 62 종합위험 수확감소보장방식 복숭아 품목에 보상하는 재해로 피해가 발생하였다. 다음 계약내용 및 조사내용을 참조하여 수확감소 보험금(원)을 구하시오.
(단, 피해율은 % 단위로 소수점 아래 셋째자리에서 반올림)

*계약내용

품목	보험가입금액	평년수확량	가입주수	자기부담비율
복숭아	1,200만원	4,500kg	100주	15%

*착과수 및 과중 조사내용(착과수조사 이전 사고의 피해사실이 인정된 경우)

실제결과 주수	미보상 주수	고사 주수	표본조사(6주)		과중조사	
			착과수 합계	착과피해구성률	표본과실수	표본과실중량
100주	10주	-	900개	20%	60개	18kg

*착과피해 조사내용: 자연재해, 병충해(세균구멍병)확인 됨.

실제결과 주수	미보상 주수	고사 주수	1주당 착과수	착과피해구성조사(60개)				
				정상과실	50%	80%	100%	병충해
100주	10주	10주	120개	18개	8개	10개	6개	18개

- 미보상비율: 20%, -낙과피해는 없고 나무조사는 이전 사고조사와 누적됨.

문제 63 종합위험 수확감소보장방식 복숭아 품목에 보상하는 재해로 피해가 발생하였다. 다음 계약내용 및 조사내용을 참조하여 수확감소 보험금(원)을 구하시오.
(단, 피해율은 % 단위로 소수점 아래 셋째자리에서 반올림)

*계약내용

품목	보험가입금액	평년수확량	가입주수	자기부담비율
복숭아	1,200만원	4,500kg	100주	15%

*착과수 및 과중 조사내용(착과수조사 이전 사고의 피해사실이 인정되지 않은 경우)

실제결과 주수	미보상 주수	고사 주수	표본조사(6주)		과중조사	
			착과수 합계	착과피해구성률	표본과실수	표본과실중량
100주	10주	-	900개	10%	60개	18kg

*착과피해 조사내용: 자연재해, 병충해(세균구멍병)확인 됨.

실제결과 주수	미보상 주수	고사 주수	1주당 착과수	착과피해구성조사(60개)				
				정상과실	50%	80%	100%	병충해
100주	10주	10주	120개	18개	8개	10개	6개	18개

- 미보상비율: 20%, -낙과피해는 없고 나무조사는 이전 사고조사와 누적됨.

문제 64 종합위험 수확감소보장방식 복숭아 품목에 보상하는 재해로 피해가 발생하였다. 다음 계약내용 및 조사내용을 참조하여 총 지급 보험금(원)을 구하시오.
(단, 피해율은 % 단위로 소수점 아래 셋째자리에서 반올림)

계약내용	조사내용
*품목: 복숭아 (백도, 종합) *가입주수: 200주(수령 6년) *보험가입금액: 1,600만원 *평년수확량: 8,000kg *자기부담비율: 20% *수확감소추가보장 특약에 가입함	*사고접수(7월 5일): 강풍과 병충해 *조사일자(7월 6일) *병충해과실무게: 1,000kg (세균구멍병: 800kg, 복숭아순나방: 200kg) *수확량: 4,500kg *미보상비율: 10%

문제 65 종합위험 수확감소보장방식 호두 품목에 보상하는 재해로 피해가 발생하였다. 다음 계약내용 및 조사내용을 참조하여 수확감소 보험금(원)을 구하시오.
(단, 피해율은 % 단위로 소수점 셋째자리에서 반올림. 예시: 12.678%→12.68%)

*계약내용

품목	보험가입금액	평년수확량	가입주수	자기부담비율
호두	1,500만원	6,000kg	300주	20%

*수확개시 후 조사내용 (수확개시이전 사고 없음)

재해	실제결과 주수	미보상 주수	고사 주수	표본조사		피해구성율		기수확량
				착과수합계	낙과수합계	착과	낙과	
태풍	300주	20주	30주	1,080개	450개	20%	60%	200kg

- 조사대상주수에 따른 적정표본주수 선정,
- 과중조사: 표준과중 100g, -미보상율: 10%

문제 66 종합위험 수확감소 보장방식 밤 품목에 보상하는 재해로 피해가 발생하였다. 다음 계약내용 및 조사내용을 참조하여 물음에 답하시오.
(단, 피해율은 % 단위로 소수점 셋째자리에서 반올림. 예시: 12.678%→12.68%)

*계약내용

품목	보험가입금액	평년수확량	가입주수	자기부담비율
밤	800만원	S	200주	10%

*수확개시후 1차, 2차사고 조사내용(수확개시 전 사고조사 없음)

시기	금차수확량	금차감수량	기수확량	미보상비율
1차	1,500kg	400kg	200kg	10%
2차	900kg	300kg	400kg	10%

물음 1 평년수확량 S=2,500kg일 때, 수확감소 보험금의 계산과정과 값(원)을 구하시오.

물음 2 평년수확량 S=2,000kg일 때, 수확감소 보험금의 계산과정과 값(원)을 구하시오.

문제 67 종합위험 수확감소보장방식 밤 품목에 보상하는 재해로 피해가 발생하였다. 다음 계약내용 및 조사내용을 참조하여 물음에 답하시오.
(단, 피해율은 % 단위로 소수점 셋째자리에서 반올림. 예시: 12.678%→12.68%)

*계약내용

품목	보험가입금액	평년수확량	가입주수	자기부담비율
밤(단택)	800만원	3,000kg	200주	20%

*수확개시 전.후 조사내용

시기	실제결과 주수	미보상주수 (누적)	고사주수 (누적)	표본조사		피해구성율		기수확량
				착과수합	낙과수합	착과	낙과	
전	200주	20주	10주	1,200개	160개	30%	50%	-
후	200주	20주	30주	480개	80개	50%	60%	300kg

- 과중조사(60송이): 과립지름30mm초과(4.4kg), 과립지름30mm이하(2kg)
- 미보상율: 10%

물음 1 수확량(kg)을 구하시오.

물음 2 수확감소 보험금의 계산과정과 값(원)을 구하시오.
(단, 미보상감수량은 kg 단위로 소수점 첫째자리에서 반올림. 예시: 432.56kg→433kg)

문제 68 종합위험 수확감소보장방식 호두 품목에 보상하는 재해로 피해가 발생하였다. 다음 계약내용 및 조사내용을 참조하여 물음에 답하시오.
(단, 피해율은 % 단위로 소수점 셋째자리에서 반올림. 예시: 12.678%→12.68%)

*계약내용

품목	보험가입금액	평년수확량	가입주수	자기부담비율
호두	900만원	4,000kg	200주	20%

*수확개시이전 조사내용

실제결과 주수	미보상 주수	고사주수	표본조사		피해구성율		미보상비율
			착과수합	낙과수합	착과	낙과	
200주	10주	10주	1,200개	160개	20%	50%	10%

- 조사대상주수에 따른 적정표본주수 선정
- 과중조사, 표준과중:100g

*수확개시이후 조사내용

시기	금차수확량	금차감수량	기수확량(누적)	미보상비율
1차	1,600kg	500kg	200kg	20%

물음 1 수확량(kg)을 구하시오.

물음 2 수확감소 보험금의 계산과정과 값(원)을 구하시오.

문제 69 종합위험 수확감소보장방식 및 비가림과수 품목의 현지조사를 실시하고자 한다. ( ) 안에 들어갈 내용을 쓰시오.

계약사항			조사종류	최소표본 과실수(개)
농지	품목	품종 수		
A	복숭아	2	수확량조사 - 과중조사	(①)
B	포도	2	착과피해조사 - 피해구성조사	(②)
C	밤	1	수확량조사 - 과중조사	(③)
D	자두	4	착과피해조사 - 품종별 표본과실 선정 및 피해구성조사	(④)
E	참다래	2	수확량조사 - 과중조사	(⑤)

*조사당시 품종별 기 수확은 없는 조건임

문제 70 종합위험 수확감소보장방식 매실 품목에 보상하는 재해로 피해가 발생하여 나무조사와 착과피해조사를 하였다. 다음 조사내용을 참조하여 물음에 답하시오.

*조사내용

품종	나무조사			표본주의 착과피해구성율 조사		
	실제결과 주수	고사 주수	미보상 주수	적정표본주수	표본과실의 최소 개수	표본과실의 최소 무게
A	150	5	10	(가)	①	④
B	250	10	10	(나)	②	⑤
C	100	5	5	(다)	③	⑥

- 적정표본주수는 최소표본주수로 산정한다.
- 착과피해 조사에서 표본과실의 최소 개수와 최소 무게를 이용한다.

물음 1 품종별 적정표본주수, (가)+(나)+(다)의 값을 구하시오.

물음 2 ①+②+③의 값을 구하시오.

물음 3 ④+⑤+⑥의 값을 구하시오.

문제 71 비가림과수 손해방식 참다래 품목에 보상하는 재해(태풍)로 피해가 발생하였다. 다음 계약내용 및 조사내용을 참조하여 물음에 답하시오.(단, 피해율은 % 단위로 소수점 아래 셋째자리에서 반올림)

*계약내용

품목	보험가입금액	평년수확량	가입주수	재식면적		자기부담비율
				주간거리	열간거리	
참다래	1,500만원	5,000kg	200주	2.5m	4m	20%

- 보험가입일: 2024년 6월 25일

*수확개시 후 조사내용(수확개시 이전 조사 없음)

실제결과 주수	미보상 주수	고사 주수	표본조사(7주)		피해구성율		기수확량
			착과수합계	낙과수합계	착과	낙과	
200주	10주	10주	420개	105개	40%	60%	-

- 표본구간면적: 윗변:1.5m, 아랫변:2.5m, 높이:1.5m
- 과중조사(60송이): 50g초과(4.6kg), 50g이하(2.0kg) -미보상율: 10%,
- 농작물 비용손해, 잔존물제거비용: 50만원, 손해방지비용: 40만원

*비가림시설 계약내용 및 조사내용(태풍피해)

보험가입금액	피해액	잔존물제거비용
2,000만원	900만원	60만원
손해방지비용	**대위권보전비용**	**기타협력비용**
30만원	20만원	10만원

- 화재위험보장 특약에 가입함.
- 수리복구 완료 되었고 주어진 조건 이외 다른 조건은 고려하지 않음.

물음 1 비용손해보험금을 포함한 수확감소 보험금(원)을 구하시오.

물음 2 비가림시설 보험금(원)을 구하시오.

문제 72 종합위험 수확감소 보장방식 대추 품목에 보상하는 재해로 피해가 발생하였다. 다음 계약내용 및 조사내용을 참조하여 물음에 답하시오.

(단, 피해율은 % 단위로 소수점 셋째자리에서 반올림. 예시: 12.678%→12.68%)

*계약내용

품목	보험가입금액	평년수확량	가입주수	자기부담비율
대추	600만원	3,000kg	200주	20%

*조사내용(수확개시 이전 조사)

나무조사			표본주 조사(전체조사)		
실제결과주수	고사주수	미보상주수	표본주수	수확과실 무게	착과피해구성율
200	10	10	7주	98kg	20%

- 미보상비율: 10%

*수확개시 후 조사내용(표본조사 - 전체조사)

실제결과 주수	고사주수 (누적)	미보상주수 (누적)	표본주 조사(7주)		피해구성율		기수확량
			착과량합	낙과량합	착과	낙과	
200주	20주	10주	56kg	14kg	40%	60%	0kg

- 미보상율: 20%,

물음 1 수확량의 계산과정과 값(kg)을 구하시오.

(단, 수확량과 미보상감수량은 kg 단위로 소수점 첫째자리에서 반올림)

물음 2 수확감소 보험금의 계산과정과 값(원)을 구하시오.

문제 73 종합위험 수확감소보장방식 오미자 품목의 수확개시 이전의 조사이다. 다음 계약내용 및 조사내용을 참조하여 물음에 답하시오.
(단, 피해율은 % 단위로 소수점 셋째자리에서 반올림. 예시: 12.678%→12.68%)

*계약내용

품목	보험가입금액	평년수확량	가입길이	자기부담비율
오미자	500만원	5,000kg	2,500m	20%

*조사내용(수확개시이전 조사)-수확개시 이후 조사 없음

유인틀 길이 측정			표본구간 착과량 조사(전체조사)		
실제재배길이	고사길이	미보상길이	표본구간	표본구간 착과량의 합	착과피해구성율
2,500m	200m	300m	8구간	10kg	30%

- 미보상비율: 10%,

물음 1 수확량의 계산과정과 값(kg)을 구하시오.
(단, 수확량과 미보상감수량은 kg 단위로 소수점 첫째자리에서 반올림)

물음 2 수확감소 보험금의 계산과정과 값(원)을 구하시오.

문제 74 종합위험 수확감소보장방식 매실 품목의 수확개시이전 조사이다. 다음 계약내용 및 조사내용을 참조하여 수확감소 보험금(원)을 구하시오.
(단, 피해율은 % 단위로 소수점 셋째자리에서 반올림, 수확량과 미보상감수량은 kg 단위로 소수점 아래 첫째자리에서 반올림)

*계약내용

품종	보험가입금액	평년수확량	가입주수	표준수확량	자기부담비율
남고	1,000만원	6,000kg	100주	20kg/1주	20%
재래종			200주	15kg/1주	

*수확개시 이전 착과수 및 과중 조사내용

품종	실제결과 주수	미보상 주수	고사 주수	표본조사(전체조사)			미보상 비율
				표본주수	착과량합	착과피해구성율	
남고	100주	5주	5주	3주	30kg	20%	5%
재래종	200주	10주	10주	5주	50kg	30%	10%

- 매실 비대추정지수, (재래종)=1.6, (남고)=2.0

문제 75 종합위험 수확감소보장방식 매실 품목에 보상하는 재해로 피해가 발생하였다. 다음 계약내용 및 조사내용을 참조하여 물음에 답하시오.(단, 피해율은 % 단위로 소수점 아래 셋째자리에서 반올림)

*계약내용

품목	보험가입금액	평년수확량	가입주수	자기부담비율
매실(남고)	1,000만원	6,000kg	200주	20%

*수확개시 전. 후 조사내용(표본조사 - 전체조사)

시기	실제 결과 주수	미보상 주수 (누적)	고사 주수 (누적)	표본조사(7주)		피해구성율		기수확량
				착과량 합계	낙과량 합계	착과	낙과	
전	200주	10주	-	84kg	-	20%	-	-
후	200주	10주	10주	49kg	14kg	40%	60%	200kg

- 미보상율: 10%, -매실 비대추정지수, (재래종)=1.4, (남고)=2.0

물음 1 수확량(kg)을 구하시오.

(단, 수확량과 미보상감수량은 kg 단위로 소수점 아래 첫째자리에서 반올림)

물음 2 수확감소 보험금(원)을 구하시오.

문제 76 종합위험 수확감소보장방식 유자 품목에 보상하는 재해로 피해가 발생하였다. 다음 계약내용 및 조사내용을 참조하여 물음에 답하시오.(단, 피해율은 %단위로 소수점 아래 셋째자리에서 반올림)

*계약내용

품종	보험가입금액	평년수확량	가입주수	표준수확량	자기부담비율
유자(A품종)	1,500만원	12,000kg	200주	3,000kg	최저비율적용
유자(B품종)			300주	7,000kg	

*착과수 및 과중 조사내용

품종	실제 결과 주수	미보상 주수	고사 주수	표본조사			과중 조사	미보상 비율
				적정 표본주수	착과수 합계	착과피해 구성율		
A	200주	5주	-	(가)	600개	10%	없음	5%
B	300주	10주	10주	(나)	750개	30%	200g	10%

물음 1 수확량(kg)을 구하시오.
(단, 수확량과 미보상감수량은 kg 단위로 소수점 아래 첫째자리에서 반올림)

물음 2 수확감소 보험금의 계산과정과 값(원)을 구하시오.

문제 77 종합위험 수확감소보장방식 품목에 보상하는 재해로 피해가 발생하였다. 다음을 참조하여 오류 검증이 필요 없는 품목의 수확량의 계산과정과 값(kg)을 구하시오.

품목	수확전 조사내용	사고	평년수확량	금차수확량	금차감수량	기수확량
호두	무사고		3,000kg	1,600kg	1,000kg	200kg
밤	사고있음 수확량=2,600kg		3,000kg	1,600kg	800kg	200kg
매실	무사고	1차	3,000kg	1,800kg	1,000kg	300kg
		2차		1,000kg	600kg	100kg
대추	사고있음 수확량=3,000kg	1차	3,000kg	1,800kg	1,000kg	100kg
		2차		1,000kg	800kg	100kg
참다래	사고있음 수확량=3,000kg	1차	3,000kg	1,800kg	1,000kg	100kg
		2차		10,00kg	900kg	100kg

문제 78 수확전 종합위험 보장방식 무화과 품목에 보상하는 재해로 피해가 발생하였다. 다음 계약내용 및 조사내용을 참조하여 과실손해 보험금(원)을 구하시오.
(단, 피해율은 % 단위로 소수점 아래 셋째자리에서 반올림)

*계약내용

품목	보험가입금액	평년수확량	가입주수	자기부담비율
무화과	1,200만원	6,000kg	300주	20%

*특정위험과실손해 조사내용(수확개시이전 조사 없음)

표본주 3주의 결과지 피해조사				
사고조사	고사결과지수		정상결과지수	착과피해율
	보상고사결과지수	미보상고사결과지수		
8월25일(태풍)	6개	4개	10개	20%

- 잔여수확량비율(8월)=100-1.06x(사고발생일자)

문제 79 수확전 종합위험보장방식 무화과 품목에 보상하는 재해로 피해가 발생하였다. 다음 계약내용 및 조사내용을 참조하여 과실손해 보험금의 계산과정과 값(원)을 구하시오.
(단, 피해율은 % 단위로 소수점 아래 셋째자리에서 반올림)

*계약내용

품목	보험가입금액	평년수확량	가입주수	자기부담비율
무화과	800만원	4,000kg	200주	15%

*종합위험과실손해 조사내용

실제결과주수	미보상주수	고사주수	표본조사		미보상비율
			착과수합계	착과피해구성율	
200주	10주	-	1,200개	20%	10%

- 조사대상주수에 따른 최소 표본주수 선정할 것.
- 표준과중: 100g

*특정위험과실손해 조사내용

표본주 3주의 결과지 피해조사				
사고조사	고사결과지수		정상결과지수	착과피해율
	보상고사결과지수	미보상고사결과지수		
10월5일(태풍)	8개	2개	10개	20%

- 잔여수확량비율(10월)=33-0.84x(사고발생일자)

문제 80 수확전 종합위험보장방식 무화과 품목에 보상하는 재해로 피해가 발생하였다. 다음 계약내용 및 조사내용을 참조하여 과실손해 보험금(원)을 구하시오.
(단, 피해율은 % 단위로 소수점 아래 셋째자리에서 반올림)

*계약내용

품목	보험가입금액	평년수확량	가입주수	자기부담비율
무화과	1,000만원	4,000kg	250주	20%

*특정위험과실손해 조사내용(수확개시이전 조사 없음)

표본주 3주의 결과지 피해조사				
사고조사	고사결과지수(누적)		정상결과지수	착과피해율
	보상고사결과지수	미보상고사결과지수		
8월15일(태풍)	8개	2개	10개	10%
9월10일(강풍)	12개	5개	3개	20%

- 잔여수확량비율(8월)=100-1.06x(사고발생일자)
- 잔여수확량비율(9월)=67-1.13x(사고발생일자)

문제 81 수확전 종합위험 과실손해보장 복분자에 보상하는 재해로 피해가 발생하였다. 다음 계약내용 및 조사내용을 참조하여 과실손해 보험금(원)을 구하시오.
(단, 피해율은 % 단위로 소수점 아래 셋째자리에서 반올림)

*계약내용

품목	보험가입금액	가입포기수	평년결과모지수	자기부담비율
복분자	900만원	1,800포기	8	15%

*조사내용(6월 1일 이후 사고조사 없음)

사고일자	표본포기수	살아있는 결과모지수의 총합	표본송이(10x6=60송이)		미보상비율
			피해 열매수	정상 열매수	
5월 25일	(가)	300	135	165	20%

문제 82 수확전 종합위험 과실손해보장 복분자에 보상하는 재해로 피해가 발생하였다. 다음 계약내용 및 조사내용을 참조하여 과실손해 보험금(원)을 구하시오.
(단, 피해율은 % 단위로 소수점 아래 셋째자리에서 반올림)

*계약내용

품목	보험가입금액	가입포기수	평년결과모지수	자기부담비율
복분자	600만원	1,500	7	20%

*조사내용(종합위험과 특정위험 조사)

표본포기수	살아있는 결과모지수의 총합	표본송이(10x6=60송이)		누적수확 감소환산계수
		피해 열매수	정상 열매수	
(가)	250	105	195	40%

- 미보상비율(종합위험): 10%, 미보상비율(특정위험): 20%

문제 83 수확전 종합위험 과실손해보장 복분자에 보상하는 재해로 피해가 발생하였다. 다음 계약내용 및 조사내용을 참조하여 물음에 답하시오.(단, 피해율은 % 단위로 소수점 아래 셋째자리에서 반올림)

*계약내용

품목	보험가입금액	가입포기수	평년결과모지수	자기부담비율
복분자	1,200만원	2,500	8	20%

*종합위험 과실손해 조사내용

사고일자	표본포기수	살아있는 결과모지수의 총합	표본송이(12x6=72송이)		미보상비율
			피해 열매수	정상 열매수	
5월 25일	(가)	360	126	234	20%

*특정위험 과실손해 조사내용

사고일자	잔여수확량비율	미보상비율	결실율
6월 8일	(나)%	20%	50%
6월 15일	(다)%	15%	30%

물음 1 종합위험 과실손해보장 고사결과모지수(개)를 구하시오.

물음 2 특정위험 과실손해보장 고사결과모지수(개)를 구하시오.

물음 3 과실손해 보험금(원)을 구하시오.

물음 4 5월 25일 사고가 없다고 가정할 때 피해율(%)을 구하시오.

문제 84 종합위험 과실손해보장방식 감귤(온주밀감) 품목에 피해가 발생하였다. 다음 계약내용 및 조사내용을 참조하여 물음에 답하시오.(단, 피해율은 % 단위로 소수점 아래 셋째자리에서 반올림)

*계약내용

품목	보험가입금액	가입면적	가입주수	자기부담비율
감귤(온주밀감)	3,000만원	6,000m²	500주	15%

- 동상해과실손해보장 특별약관에 가입함.

*과실손해조사(9월 28일 강풍, 표본조사)-수확전 과실손해조사 없음

표본 주수 2주 (300)	- 과피전체 표면 면적의 10%미만 피해가 있는 과실의 수: 78개 - 과육은 피해가 없고 과피전체 표면 면적의 30%이상 50%미만 피해가 있는 과실의 수: 60개 - 과피전체 표면 면적의 80%이상 피해가 있거나 과육의 부패 및 무름등의 피해가 있는 과실의 수: 20개 - 등급외 크기이면서 과피 및 과육 피해가 없는 과실의 수: 80개 - 등급외 크기이면서 과육은 피해가 없고 과피 전체 표면 면적의 10% 이상 피해가 있고 과실 횡경의 크기가 49mm 미만인 과실의 수: 30개 - 등급외 크기이면서 과육의 부패 및 무름등의 피해가 있어 가공용으로 공급이 될 수 없는 과실의 수: 32개
	- 미보상비율: 20%

*동상해과실손해조사(1월 10일, 표본조사)

표본주수	기수확 과실수	100%피해	80%피해	정상	병충해
2주(200개)	100	20	25	40	15

- 미보상비율: 10%
- 수확기잔존비율: (1월)=32-(0.8x사고발생일자)

물음 1 과실손해 보험금(원)을 구하시오.

물음 2 동상해과실손해 보험금(원)을 구하시오.

문제 85 종합위험 과실손해 보장방식 감귤(온주밀감) 품목에 보상하는 재해로 피해가 발생하였다. 다음 계약내용 및 조사내용을 참조하여 물음에 답하시오.
(단, 피해율은 % 단위로 소수점 아래 셋째자리에서 반올림)

*계약내용 및 과실손해 조사내용

품목	보험가입금액	주계약 피해율	주계약 미보상비율	이전동상해 과실피해율	자기부담 비율
감귤(온주밀감)	2,000만원	32%	20%	10%	20%

특약: 동상해과실손해 특약에 가입

*동상해과실손해조사(12월 28일, 표본조사)

표본주수	기수확 과실수	100% 피해과실수	80% 피해과실수	정상 과실수	병충해 과실수
2주(200개)	100	21	30	30	19

- 미보상비율: 10%
- 수확기잔존비율(12월): 62-1x사고발생일자, (1월)=32-0.8x사고발생일자

물음 1 과실손해 보험금(원)을 구하시오.

물음 2 동상해과실손해 보험금(원)을 구하시오.

문제 86 종합위험 과실손해보장방식 감귤(온주밀감) 품목에 보상하는 재해로 피해가 발생 하였다. 다음 계약내용 및 조사내용을 참조하여 물음에 답하시오.
(단, 피해율은 % 단위로 소수점 아래 셋째 자리에서 반올림)

*계약내용

품목	보험가입금액	가입면적	가입주수	자기부담비율
감귤(온주밀감)	4,000만원	8,000m²	600주	20%

특약: 동상해과실손해, 과실손해추가보장 특약에 가입함.

*수확전 과실손해조사(8월 20일 태풍, 표본조사)

표본주수 (3주)	100% 피해과실수	80% 피해과실수	생리적 낙과개수	태풍 낙과개수	정상 과실수	미보상 비율
600개	80	100	120	100	200	10%

*과실손해조사(10월 25일 강풍, 표본조사)

표본 주수	피해과실수								정상 과실수
	등급내 피해과실수				등급외 피해과실수				
	30%	50%	80%	100%	30%	50%	80%	100%	
2주 (300)	50	30	20	20	20	20	60	20	60
	- 미보상비율: 20%								

*동상해과실손해조사(1월 15일, 표본조사)

표본주수	기수확과실수	100%피해	80%피해	정상	병충해
2주(200개)	80	36	30	40	14

- 미보상비율: 10%
- 수확기잔존비율:(1월)=32-(0.8x사고발생일자)

물음 1 과실손해 보험금(원)을 구하시오.

물음 2 과실손해추가보장 보험금(원)을 구하시오.

물음 3 동상해과실손해 보험금(원)을 구하시오.

문제 87 종합위험 과실손해 보장방식 오디 품목에 보상하는 재해로 피해가 발생하였다. 다음 계약내용 및 조사내용을 참조하여 물음에 답하시오.(단, 피해율은 % 단위로 소수점 아래 셋째자리에서 반올림)

*계약내용

품목	보험가입금액	평년결실수	가입주수	자기부담비율
오디	800만원	150개/m	350주	10%

*조사내용

나무조사			표본주 결실수 조사		
실제결과주수	고사주수	미보상주수	표본주수	표본가지 결실수 합계	표본가지 길이 합계
350	10	20	(가)	2,000개	20m

- 미보상비율: 20%, 적정표본주수는 최소표본주수로 산정한다.

물음 1 조사결실수(개)를 구하시오.

(단, 조사결실수와 미보상결실수는 소수점 아래 첫째자리에서 반올림)

물음 2 과실손해 보험금(원)을 구하시오.

문제 88 종합위험 과실손해 보장방식 오디 품목에 보상하는 재해로 피해가 발생하였다. 다음 계약내용 및 조사내용을 참조하여 물음에 답하시오.(단, 피해율은 % 단위로 소수점 아래 셋째자리에서 반올림)

*계약내용

품목	보험가입금액	평년결실수	가입주수		자기부담비율
			A품종	B품종	
오디	800만원	66,000개	150주	250주	20%

- 표준결실수, A품종: 160개/m, B품종: 144개/m
- 평년결실수는 전체 400주에서 1m당 결실수의 총합

*조사내용

품종	나무조사			표본주 조사			
	실제결과주수	고사주수	미보상 주수	표본 주수	표본 가지수	표본가지 결실수 합	표본가지 길이 합
A	150	5	10	(가)	(다)	1,440개	12m
B	250	10	10	(나)	(라)	1,800개	18m

- 미보상비율: 0%

물음 1 품종별 1주 m당 평년결실수(개)를 구하시오.
(단, 품종별 1주 m당 평년결실수는 소수점 아래 첫째자리에서 반올림)

물음 2 1주 m당 조사결실수(개)를 구하시오. (단, 1주 m당 조사결실수는 소수점 아래 첫째자리에서 반올림)

물음 3 과실손해 보험금(원)을 구하시오.

문제 89 종합위험 과실손해 보장방식 오디 품목에 보상하는 재해로 피해가 발생하였다. 다음 계약내용 및 조사내용을 참조하여 물음에 답하시오.(단, 피해율은 % 단위로 소수점 아래 셋째자리에서 반올림)

*계약내용

품목	보험가입금액	평년결실수	가입주수			자기부담 비율
			A품종	B품종	C품종	
오디	1,500만원	75,000개	150주	250주	100주	10%

- 표준결실수, A품종: 160개, B품종: 140개, C품종: 130개
- 평년결실수는 전체 500주에서 1m당 결실수의 총합

*조사내용

품종	나무조사			표본주 조사		
	실제결과주수	고사주수	미보상주수	표본주수	표본가지 결실수 합	표본가지 길이 합
A	150	5	10	(가)	1,750개	14m
B	250	10	10	(나)	2,420개	22m
C	100	5	5	(다)	810개	9m

- 미보상 비율: 10%, 적정표본주수는 최소표본주수로 산정한다.

물음 1 품종별 1주 m당 평년결실수(개)를 구하시오

(단, 품종별 1주 m당 평년결실수는 소수점 아래 첫째자리에서 반올림)

물음 2 과실손해 보험금(원)을 구하시오.

(단, 조사결실수와 미보상결실수는 소수점 아래 첫째자리에서 반올림)

문제 90 다음은 종합위험 수확감소 보장방식에 가입한 벼(메벼) 품목에 관한 내용이다. 계약사항 및 조사내용을 참조하여 다음 물음에 답하시오.
(단, 피해율은 % 단위로 소수점 아래 셋째자리에서 반올림)

*계약내용

품목	보험가입금액	가입수확량	평년수확량	자기부담비율
벼(메벼)	최대가입금액	최대가입수확량	4,000kg	최소비율적용

- 재배방식: 친환경재배, 직파재배, -보험가입일: 2025년 5월 8일

*시. 군별 농협 RPC 계약재배 수매가격(원/kg), 민간 RPC(양곡처리장) 지수: 1.25

구분	2019년	2020년	2021년	2022년	2023년	2024년
수매가격	1,700	1,750	1,850	2,000	2,150	2,250

*과거 순보험료 및 수령보험금 현황

가입년도	2022년(최초가입)	2023년	2024년
순보험료	75만원	90만원	85만원
수령보험금	150만원	50만원	100만원

*가입조건

순보험요율	친환경재배할증율	직파재배할증율	지자체지원비율
10%	5%	5%	36%

- 손해율에 따른 할인.할증율: +7%
- 주어진 조건 이외 다른 조건은 고려하지 않음.

물음 1 보험가입금액(원)을 구하시오.

물음 2 계약자부담 보험료(원)를 구하시오.(단, 보험료 산정 시 원단위 미만은 절사)

문제 91 다음은 종합위험 수확감소 보장방식에 가입한 벼(조생종) 품목에 관한 내용이다. 계약사항 및 조사내용을 참조하여 다음 물음에 답하시오.
(단, 가입년도 보정계수는 소수점 아래 셋째자리에서 반올림)

*계약내용(보험가입일: 2025년 5월 8일)

품목	보험가입금액	순보험요율	지자체지원율	자기부담비율
벼(조생종)	최대가입금액	10%	34%	10%
- 재배방식: 친환경재배, -재배양식: 기계이앙, -손해율에 따른 할인.할증율: +8%				

*시. 군별 농협 RPC 계약재배 수매가격(원/kg), 민간 RPC(양곡처리장) 지수: 1.2

구분	2019년	2020년	2021년	2022년	2023년	2024년
수매가격	1,700	1,800	1,900	2,000	2,100	2,200

*과거 수확량 자료

연도	2020년	2021년	2022년	2023년	2024년
평년수확량	2,000	-	2,300	2,500	2,600
표준수확량	2,000	2,400	2,200	2,400	2,500
조사수확량	1,700	-	무사고	1,200	2,120
보험가입여부	가입	미가입	가입	가입	가입
- 2025년도 표준수확량: 2,700kg, 가입연도 해당지역 기준수확량: 2,500kg					

*보정계수자료(2025년 및 과거평균보정계수)

친환경재배	직파재배	품종(조생종)	이앙시기	과거평균보정계수
0.98	0.95	0.98	0.99	0.95

물음 1 2025년도 평년수확량(kg)을 구하시오.(단, 평년수확량은 kg 단위로 소수점 이하는 절사)

물음 2 계약자부담 보험료(원)를 구하시오.(각 보험료 산정 시 원단위 미만은 절사)

문제 92 다음은 종합위험 수확감소 보장방식에 가입한 벼(메벼) 품목에 관한 내용이다. 계약사항 및 조사내용을 참조하여 물음에 답하시오. (단, 피해율은 % 단위로 소수점 아래 셋째자리에서 반올림)

*계약내용(보험가입일: 2025년 5월 10일)

품목	보험가입금액	표준수확량	평년수확량	자기부담비율
벼(메벼)	최대가입금액	3,200kg	3,000kg	최저비율적용

- 재배방식: 친환경재배, -재배양식: 기계이앙재배,

*시. 군별 농협 RPC 계약재배 수매가격(원/kg), 민간 RPC(양곡처리장) 지수: 1.15

구분	2019년	2020년	2021년	2022년	2023년	2024년
수매가격	1,900	1,800	2,100	2,000	1,900	2,200

*과거 순보험료 및 수령보험금 현황

가입년도	2022년	2023년	2024년
순보험료	80만원	95만원	105만원
수령보험금	65만원	90만원	175만원

*가입조건

영업보험요율	친환경재배할증율	직파재배할증율	손해율에 따른 할인율
15%	5%	5%	(가)

- 최근 5년 중에서 4년을 보험에 가입하고 손해율이 118%임.
- 순보험료: 적용보험료의 80%,
- 지자체지원비율: 30%

물음 1 보험가입금액(원)을 구하시오.

물음 2 계약자부담 보험료(원)를 구하시오.(단, 보험료 산정 시 원단위 미만은 절사)

문제 93 종합위험 수확감소보장 벼(메벼) 품목에 관한 내용이다. 다음 조건으로 가입한 농가가 보상하는 재해로 100만원의 수확감소 보험금을 지급 받았다. 계약사항 및 조사내용을 참조하여 수확량(kg)과 피해면적 보정계수을 구하시오.

*계약내용(가입면적과 실제경작면적은 같음)

품목	보험가입금액	평년수확량	표준수확량	표준가격	자기부담비율
벼	최대가입금액	2,500kg	2,400kg	2,000원/kg	20%

*조사내용(수량요소조사)

* 조사종류: 수확량 조사(수량요소조사)
* 조사수확비율: 50%
* 미보상감수량: 60kg

문제 94 종합위험 수확감소보장방식에 가입한 벼(메벼) 품목에 관한 내용이다. 계약사항 및 조사내용을 참조하여 수확감소 보험금(원)을 구하시오.
(단, 피해율은 % 단위로 소수점 셋째자리에서 반올림하고 수확량과 미보상감수량은 kg 단위로 소수점 아래 첫째자리에서 반올림)

*계약내용

품목	보험가입금액	평년수확량	표준수확량	가입면적	자기부담비율
벼(메벼)	720만원	3,600kg	3,400kg	4,000m²	15%

*조사내용(수량요소조사)

실제경작 면적	피해 면적	포기당 이삭수(4포기)				이삭당 완전낟알수			
		1번 포기	2번 포기	3번 포기	4번 포기	1번 이삭	2번 이삭	3번 이삭	4번 이삭
4,000m²	400m²	16개	14개	15개	17개	68개	50개	53개	71개

- 미보상비율: 10%
- 조사수확비율: 해당구간의 최댓값 적용
 (14점~15점: 51%~60%, 16점~18점: 61%~70%, 19점~21점: 71%~80%)

문제 95 다음은 종합위험 수확감소 보장방식에 가입한 벼(메벼) 품목에 관한 내용이다. 계약사항 및 조사내용을 참조하여 다음 물음에 답하시오.(단, 피해율은 % 단위로 소수점 아래 셋째자리에서 반올림)

*계약내용

품목	보험가입금액	평년수확량	표준수확량	가입면적	자기부담비율
벼(메벼)	640만원	3,200kg	3,000kg	4,000m²	20%

*재배면적 조사내용

실제경작면적	도열병 고사면적	잎집무늬마름병 고사면적	멧돼지 고사면적	타작물 면적	기수확 면적
4,000m²	500m²	300m²	300m²	400m²	-

- 함수율 3회 평균: 32%
- 병충해보장 특별약관에 가입함
- 농지전체 잡초가 65%정도 분포되어 미보상비율을 최솟값으로 적용함.

*표본구간(4구간 4포기 면적조사와 작물중량조사)

표본구간	4포기길이	포기당 간격	작물중량
1구간	90cm	30cm	160g
2구간	80cm	30cm	150g
3구간	70cm	30cm	140g
4구간	80cm	30cm	150g

물음 1 수확감소 보험금(원)을 구하시오.
(단, 표본구간 m^2당 유효중량은 kg 단위로 소수점 아래 셋째자리에서 반올림)

물음 2 병충해보장 특별약관에 가입하지 않은 경우 수확감소 보험금(원)을 구하시오.

물음 3 수확감소보험금의 지급거절사유를 서술하시오.

문제 96 다음은 종합위험방식 수확감소보장보험에 가입한 보리 품목에 관한 내용이다. 계약사항 및 조사내용을 참조하여 수확감소 보험금(원)을 구하시오.
(단, 피해율은 % 단위로 소수점 아래 셋째자리에서 반올림)

*계약내용

품목	보험가입금액	평년수확량	표준수확량	가입면적	자기부담비율
보리	400만원	2,500kg	2,200kg	2,500m²	20%

*조사내용(전수조사)

실제경작 면적	고사면적	미보상면적	작물중량합계	조사 함수율
2,500m²	500m²	-	1,200kg	21.7%

- 미보상비율: 20%
- 주어진 조건 이외 다른 조건은 고려하지 않음.

문제 97 다음은 종합위험방식 수확감소보장보험에 가입한 귀리 품목에 관한 내용이다. 계약사항 및 조사내용을 참조하여 물음에 답하시오.(단, 피해율은 % 단위로 소수점 아래 셋째자리에서 반올림)

*계약내용(귀리 품목은 2025년도 신규가입)

품목	보험가입금액	가입가격	표준수확량	가입면적	자기부담비율
귀리	최대가입금액	1,200원/kg	4,000kg	5,000m²	최저비율적용

*조사내용(표본조사)

실제경작면적	고사면적	미보상면적	표본구간(6구간) 작물중량합계	조사 함수율 (3회 평균)
5,000m²	500m²	500m²	750g	21.7%

- 산파농지이며 표본구간 면적조사 - 미보상비율: 10%
- 주어진 조건 이외 다른 조건은 고려하지 않음.

물음 1 표본구간 m²당 유효중량(g)을 구하시오.
(단, 표본구간 m²당 유효중량은 g 단위로 소수점 아래 첫째자리에서 반올림)

물음 2 수확감소 보험금(원)을 구하시오.
(단, 수확량과 미보상감수량은 kg 단위로 소수점 아래 첫째자리에서 반올림)

문제 98 다음은 종합위험 수확감소 보장방식에 가입한 벼(메벼) 품목에 관한 내용이다. 계약사항 및 조사내용을 참조하여 수확감소 보험금(원)을 구하시오.
(단, 표본구간 m^2당 유효중량은 kg 단위로 소수점 아래 셋째자리에서 반올림)

*계약내용

품목	보험가입금액	평년수확량	표준수확량	가입면적	자기부담비율
벼(메벼)	800만원	4,000kg	3,800kg	5,000m²	20%

*재배면적 조사내용(병충해와 자연재해 피해)

실제경작면적	이삭도열병 고사면적	목도열병 고사면적	잎짚무늬마름병 고사면적	벼멸구 고사면적	타작물 면적
5,000m²	1,000m²	500m²	500m²	300m²	200m²

- 함수율 3회 평균: 23.5%
- 병충해보장 특별약관에 가입함
- 농지전체 잡초가 65%정도 분포되어 미보상비율을 최솟값으로 적용함.

*표본구간(4구간 4포기 면적조사와 작물중량조사)

표본구간	4포기길이	포기당 간격	작물중량
1,2구간	90cm	30cm	340g
3,4구간	70cm	30cm	332g

문제 99 다음은 종합위험 수확감소보장방식에 가입한 벼(찰벼) 품목에 관한 내용이다. 계약사항 및 조사내용을 참조하여 수확감소 보험금(원)을 구하시오.
(단, 표본구간 m^2당 유효중량은 kg 단위로 소수점 아래 셋째자리에서 반올림)

*계약내용(병충해보장 특별약관에 미가입)

품목	보험가입금액	평년수확량	표준수확량	가입면적	자기부담비율
벼(찰벼)	800만원	4,000kg	3,800kg	5,000m^2	15%

*재배면적 조사내용

실제경작면적	잎도열병 고사면적	목도열병 고사면적	잎짚무늬마름병 고사면적	맷돼지 고사면적
5,000m^2	1,200m^2	1,000m^2	800m^2	500m^2

- 표본구간 전체면적: 0.8m^2
- 표본구간 작물중량의 합: 360g
- 함수율 3회 평균: 21.7%
- 미보상비율: 10%

문제 100 종합위험방식 수확감소보장 벼(찰벼) 품목에 보험기간 내에 보상하는 재해로 피해가 발생하였다. 다음 계약사항 및 조사내용을 참조하여 물음에 답하시오.

(A농가) 이앙(직파)불능조사(계약체결일 24시~7월 31일)

조사일자	보험가입금액	실제경작면적	조사결과	자기부담비율
8월 1일	400만원	3,000m²	전체 이앙하지 못함	20%

(B농가) 재이앙(재직파)조사(이앙(직파)완료일~7월 31일)

조사일자	보험가입금액	실제경작면적	피해면적	재이앙면적	자기부담비율
8월 1일	400만원	4,000m²	2,000m²	1,800m²	20%

(C농가) 경작불능조사(이앙(직파)완료일~출수기전)

조사일자	보험가입금액	실제경작면적	고사면적	자기부담비율
9월 21일	400만원	5,000m²	3,500m²	20%

(D농가) 수확불능조사(이앙(직파)완료일~수확기종료시점)

조사일자	보험가입금액	실제경작면적	제현율	자기부담비율
10월 3일	400만원	5,000m²	50%	20%

물음 1 A농가의 이앙(직파)불능보험금(원) 산정 및 보험금 지급 거절사유를 서술하시오.

물음 2 B농가의 재이앙(재직파)보험금(원) 산정 및 피해면적의 판정기준을 서술하시오.

물음 3 C농가의 경작불능보험금(원) 산정 및 보험금 지급 거절사유를 서술하시오.

물음 4 D농가의 수확불능보험금(원) 산정 및 보험금 지급 거절사유를 서술하시오.

문제 101 종합위험 수확감소보장방식 벼 품목의 다음 계약사항과 조사내용을 참조하여 물음에 답하시오.

○ 계약사항

품목	가입면적	보험가입금액	자기부담비율	평년수확량	가입 특약
벼	4,000m²	400만원	10%	3,000kg	병충해보장특약

○ 조사내용

조사종류	조사내용	조사결과
수확량조사 (표본조사)	실제경작면적	4,000m²
	벼멸구로 피해를 입어 고사한 면적	300m²
	이화명충으로 고사한 면적	100m²
	목도열병으로 고사한 면적	200m²
	집중호우로 도복되어 고사한 면적	100m²
	고추가 식재된 하우스 시설 면적	400m²
	표본구간 m²당 유효중량	350g/m²

물음 1 수확량의 계산과정과 값을 쓰시오.

(단, 수확량은 kg 단위로 소수점 둘째자리에서 반올림하여 다음 예시와 같이 구하시오. 예시: 123.45kg → 123.5kg)

물음 2 피해율의 계산과정과 값을 쓰시오.

(단, 피해율은 % 단위로 소수점 셋째자리에서 반올림하여 다음 예시와 같이 구하시오. 예시: 12.345% → 12.35%)

문제 102 다음은 종합위험 수확감소보장방식에 가입한 벼(메벼) 품목에 관한 내용이다. 계약사항 및 조사 내용을 참조하여 수확감소 보험금(원)을 구하시오.
(단, 표본구간 m^2당 유효중량은 kg 단위로 소수점 아래 셋째자리에서 반올림)

*계약내용

품목	보험가입금액	평년수확량	표준수확량	가입면적	자기부담비율
벼(메벼)	800만원	4,000kg	3,800kg	5,000m²	20%

*재배면적 조사내용

실제경작면적	이삭도열병 고사면적	목도열병 고사면적	잎집무늬마름병 고사면적	벼멸구 고사면적	타작물 면적
5,000m²	1,000m²	500m²	500m²	300m²	200m²

- 함수율 3회 평균=23.5%
- 병충해보장 특별약관에 가입하지 않음.
- 농지전체 잡초가 65%정도 분포되어 미보상비율을 최솟값으로 적용함.

*표본구간(4구간 4포기 면적조사와 작물중량조사)

표본구간	4포기길이	포기당 간격	작물중량
1,2구간	90cm	30cm	340g
3,4구간	70cm	30cm	332g

문제 103 다음은 종합위험 수확감소보장방식에 가입한 벼(찰벼) 품목에 관한 내용이다. 계약사항 및 조사내용을 참조하여 수확감소 보험금(원)을 구하시오.
(단, 표본구간 m^2당 유효중량은 kg 단위로 소수점 아래 셋째자리에서 반올림)

*계약내용(병충해보장 특별약관에 가입함)

품목	보험가입금액	평년수확량	표준수확량	가입면적	자기부담비율
벼(찰벼)	800만원	4,000kg	3,800kg	5,000m^2	20%

*재배면적 조사내용(병충해와 자연재해 피해)

실제경작면적	잎도열병 고사면적	목도열병 고사면적	잎집무늬마름병 고사면적	균핵병 고사면적
5,000m^2	1,800m^2	1,600m^2	300m^2	300m^2

- 표본구간 전체면적: 0.8m^2
- 표본구간 작물중량의 합: 360g
- 함수율 3회 평균: 21.7%
- 미보상비율: 20%

문제 104 다음은 종합위험 수확감소보장방식에 가입한 벼(찰벼) 품목에 관한 내용이다. 계약사항 및 조사내용을 참조하여 수확감소 보험금(원)을 구하시오.
(단, 표본구간 m^2당 유효중량은 kg 단위로 소수점 아래 셋째자리에서 반올림)

*계약내용(병충해보장 특별약관에 가입함)

품목	보험가입금액	평년수확량	표준수확량	가입면적	자기부담비율
벼(찰벼)	800만원	4,000kg	3,800kg	5,000m^2	20%

*재배면적 조사내용

실제경작면적	미보상면적	고사면적	타작물면적	기수확면적
5,000m^2	200m^2	3,800m^2	-	-

- 표본구간 전체면적: 0.8m^2,
- 표본구간 작물중량의 합: 320g
- 함수율 3회 평균: 21.7%,
- 미보상비율: 20%

물음 1 병충해(목도열병)와 자연재해 복합사고일 때, 수확감소 보험금(원)을 구하시오.

물음 2 병충해(목도열병) 단독사고일 때, 수확감소 보험금(원)을 구하시오.

문제 105 다음은 종합위험 수확감소 보장방식에 가입한 벼(메벼) 품목에 관한 내용이다. 계약사항 및 조사 내용을 참조하여 수확감소 보험금(원)을 구하시오.
(단, 표본구간 m^2당 유효중량은 kg 단위로 소수점 아래 셋째자리에서 반올림)

*계약내용(병충해보장 특별약관에 가입함)

품목	보험가입금액	평년수확량	표준수확량	가입면적	자기부담비율
벼(메벼)	1,280만원	8,000kg	8,200kg	10,000m²	20%

*재배면적 조사내용(병충해 단독 피해)

실제경작면적	이삭도열병 고사면적	목도열병 고사면적	잎짚무늬마름병 고사면적	도열병 고사면적	미보상비율
10,000m²	2,500m²	1,700m²	500m²	1,300m²	10%

- 함수율 3회 평균: 32%

*표본구간(6구간 각 4포기 면적조사와 작물중량조사)

표본구간	4포기길이	포기당 간격	작물중량
1,2구간	90cm	30cm	296g
3,4구간	70cm	30cm	280g
5,6구간	80cm	30cm	288g

문제 106 다음은 종합위험 수확감소보장방식에 가입한 벼(찰벼) 품목에 관한 내용이다. 계약사항 및 조사내용을 참조하여 수확감소 보험금(원)을 구하시오.
(단, 표본구간 m^2당 유효중량은 kg 단위로 소수점 아래 셋째자리에서 반올림)

*계약내용(병충해보장 특별약관에 미가입)

품목	보험가입금액	평년수확량	표준수확량	가입면적	자기부담비율
벼(찰벼)	1,280만원	8,000kg	7,800kg	10,000m^2	15%

*재배면적 조사내용

실제경작면적	이삭도열병 고사면적	목도열병 고사면적	잎집무늬마름병 고사면적	조수해 고사면적	미보상비율
10,000m^2	2,500m^2	2,000m^2	500m^2	1,000m^2	10%

- 표본구간 전체면적: 1.44m^2
- 표본구간 작물중량의 합: 1,152g
- 함수율 3회 평균: 21.7%

문제 107 종합위험방식 수확감소보장방식 보험에 가입한 밀 품목에 관한 내용이다. 계약사항 및 조사내용을 참조하여 다음 물음에 답하시오.(단, 피해율은 % 단위로 소수점 아래 셋째자리에서 반올림)

*계약내용

품목	보험가입금액	평년수확량	표준수확량	가입면적	자기부담비율
밀	600만원	3,600kg	3,400kg	4,500m²	20%

*조사내용(표본조사)

실제경작면적	고사면적	기수확 면적	표본구간(6구간) 작물중량합계	조사 함수율 (3회 평균)
4,500m²	500m²	-	0.8kg	21.7%

- 산파재배 방식 - 미보상비율: 10%
- 주어진 조건 이외 다른 조건은 고려하지 않음.

물음 1 표본구간 m²당 유효중량(kg)을 구하시오.
(단, 표본구간 m²당 유효중량은 kg 단위로 소수점 아래 셋째자리에서 반올림)

물음 2 수확량(kg)을 구하시오. (단, 수확량은 kg 단위로 소수점 아래 첫째자리에서 반올림)

물음 3 수확감소 보험금(원)을 구하시오.

문제 108 다음은 종합위험방식 수확감소보장보험에 가입한 보리 품목에 관한 내용이다. 계약사항 및 조사내용을 참조하여 수확감소 보험금(원)을 구하시오.
(단, 피해율은 % 단위로 소수점 셋째자리에서 반올림)

*계약내용

품목	보험가입금액	평년수확량	표준수확량	가입면적	자기부담비율
보리	500만원	2,500kg	2,200kg	2,500m²	20%

*조사내용(전수조사)

실제경작 면적	기수확 면적	미보상 면적	작물중량합계	조사 함수율 (3회 평균)
2,500m²	200m²	300m²	1,200kg	21.7%

- 미보상비율: 20%
- 주어진 조건 이외 다른 조건은 고려하지 않음.

문제 109 보상하는 재해로 인하여 종합위험 수확감소보장 콩 작물에 피해가 발생하였다. 다음 계약내용 및 조사내용을 참조하여 수확감소 보험금(원)을 구하시오.
(단, 피해율은 % 단위로 소수점 아래 셋째자리에서 반올림)

*계약내용 및 조사내용

품목	보험가입금액	평년수확량	가입면적	자기부담비율
콩	1,200만원	3,000kg	5,000m²	20%

*조사내용(표본조사: 산파농지로서 규격의 원형 1m²를 이용하여 표본조사)

실제경작면적	고사면적	타작물 및 기수확면적	표본구간		미보상비율
			수확량합계	함수율(3회평균)	
5,000m²	500m²	500m²	1,200g	22.6%	10%

문제 110 보상하는 재해로 인하여 종합위험 수확감소보장 팥 작물에 피해가 발생하였다. 다음 계약내용 및 조사내용을 참조하여 수확감소 보험금(원)을 구하시오.
(단, 피해율은 % 단위로 소수점 아래 셋째자리에서 반올림)

*계약내용(6월 10일 신규가입)

품목	보험가입금액	표준수확량	가입면적	가입가격	자기부담비율
팥	최소가입금액	2,000kg	4,000m²	6,000원/kg	최저비율적용

*조사내용(표본조사: 산파농지로서 규격의 원형 1m²를 이용하여 표본조사)

실제경작면적	고사면적	타작물 및 기수확 면적	표본구간		미보상비율
			수확량합계	함수율(3회평균)	
4,000m²	300m²	500m²	1,500g	18.3%	20%

문제 111 종합위험 수확감소보장 양파 품목이 보상하는 재해로 피해가 발생하였다. 다음의 계약내용과 조사내용을 참조하여 물음에 답하시오.(단, 피해율은 % 단위로 소수점 아래 셋째자리에서 반올림)

*계약내용 및 조사내용

품목	가입면적	보험가입금액	평년수확량	자기부담비율
양파	2,500m²	1,500만원	10,000kg	20%

실제경작면적	타작물면적	미보상면적	표본구간 수확량 조사			일수별 비대추정지수
			정상	80%피해	100%피해	
2,500m²	300m²	200m²	11kg	20kg	8kg	2.2%

- 표본구간(공통), 이랑폭: 1.0m, 이랑길이: 2.0m, -미보상비율: 10%
- 수확적기까지 잔여일수: 10일, -주어진 조건 이외 다른 조건은 고려하지 않음.

물음 1 수확량(kg)을 구하시오. (단, 표본구간 m²당 수확량은 kg 단위로 소수점 아래 셋째자리에서 반올림)

물음 2 수확감소 보험금(원)을 구하시오.

문제 112 종합위험 농업수입감소 보장방식 보험에 가입한 양파 품목에 관한 내용이다. 계약사항 및 조사내용을 참조하여 다음 물음에 답하시오.(단, 피해율은 % 단위로 소수점 아래 셋째자리에서 반올림)

*계약내용

품목	보험가입금액	평년수확량	가입면적	기준가격	자기부담비율
양파	900만원	7,500kg	3,000m²	1,500원/kg	20%

*조사내용(표본조사)

실제경작 면적	미보상 면적	타작물 및 기수확 면적	적정 표본 구간수	표본구간 무게 합계		
				양파 최대 지름 6cm미만		정상
				80%피해	100%피해	
3,000m²	300m²	200m²	(가)	5kg	8kg	10kg

- 미보상비율: 10%, 누적비대추정지수: 22%, 수확기가격: 1,200원
- 표본구간 이랑폭: 1.0m, 이랑길이: 2m,

물음 1 수확량(kg)을 구하시오. (단, 표본구간 m²당 수확량은 kg 단위로 소수점 아래 셋째자리에서 반올림)

물음 2 농업수입감소보장 보험금(원)을 구하시오.

문제 113 종합위험 수확감소보장방식 마늘 품목에 관한 내용이다. 다음 조건을 참고하여 물음에 답하시오.(단, 주어진 조건 외에 다른 사항은 고려하지 않고, 피해율은 소수점 둘째자리 미만 절사. 예시: 12.678% →12.67%)

○ 계약자 甲은 제주특별자치도 서귀포시 대정읍 소재에서 마늘 농사를 짓고 있다.
○ 계약자 甲은 2023년 10월 11일 농지 5,000m²에 의성품종 마늘을 파종하여 보험 가입금액 1,500만원, 평년수확량 10,000kg, 최저자기부담비율로 농작물재해보험 계약을 체결하였다.
○ 이후 통상적인 영농활동을 하며 농사를 짓던 중 2023년 10월 20일 집중호우피해가 발생하여 보험회사에 사고 접수하였고 조사결과 농지 전체면적에서 75,000주가 출현 되어 2023년 10월 31일에 160,000주를 재파종하였다.

물음 1 보험회사에서 계약자 甲에게 지급하여야 할 보험금의 지급사유를 쓰시오.(3점)

물음 2 보험회사에서 계약자 甲에게 지급하여야 할 보험금의계산과정과 값을 쓰시오.

문제 114 종합위험 수확감소보장방식 보험에 가입한 마늘(남도종) 품목에 관한 내용이다. 계약사항 및 조사내용을 참조하여 물음에 답하시오.

*계약내용

품목명	보험가입금액	가입가격	가입면적	자기부담비율
마늘(난지형)	최소가입금액	6,000원/kg	3,000m²	최소비율적용

- 10a당 지역별 표준수확량=3,000kg
- 신규가입, 2023년 9월 10일, 조기파종 특약에 가입함.
- 한지형마늘 보험 최초판매개시일: 2023년 10월 28일

*조기파종 조사내용(2023년 10월 15일)(표본구간수 산정은 최소 표본구간수)

재해	표본구간		재파종전(1차) 조사	재파종후(2차) 조사
	표본구간수	표본구간 넓이합계	출현주수	출현주수
한해	(가)	(나)m²	162주	288주

- 조사대상면적: 3,000m²이고 이랑폭=1m, 이랑길이=1.5m

*경작불능 조사내용(2023년 10월 25일)

- 2023년 10월 25일 냉해 피해 발생
- 고사면적: 1,950m²
- 계약자가 경작불능 보험금을 신청함.(산지폐기 확인됨)

물음 1 조기파종의 재파종 보험금 지급사유를 쓰시오.

물음 2 재파종 보험금의 계산과정과 값(원)을 구하시오.

물음 3 경작불능 보험금의 계산과정과 값(원)을 구하시오.

문제 115 종합위험 수확감소보장방식 보험에 가입한 마늘(한지형) 품목에 관한 내용이다. 계약사항 및 조사내용을 참조하여 다음 물음에 답하시오.

*계약내용

품목	보험가입금액	평년수확량	가입면적	자기부담비율
마늘(한지형)	1,000만원	12,000kg	4,000m^2	20%

*조사내용(표본조사)

조사내용	실제경작면적	재파종 전(1차) 조사		재파종 후(2차) 조사	
		일시	출현주수	일시	출현주수
재파종 조사	4,000m^2	10월 22일	162주	10월 27일	N

- 조사대상면적: 4,000m^{2}이고 표본구간(공통), 이랑폭: 1m, 이랑길이: 1.5m

물음 1 N=252주일 때, 마늘(한지형) 재파종 보험금(원)을 구하시오.

물음 2 N=288주일 때, 마늘(한지형) 재파종 보험금(원)을 구하시오.

문제 116 종합위험 수확감소 보장방식 보험에 가입한 마늘(한지형)품목에 관한 내용이다. 다음 계약사항 및 조사내용을 참조하여 수확감소 보험금(원)을 구하시오.
(단, 피해율은 % 단위로 소수점 아래 셋째자리에서 반올림)

*계약내용

품목	보험가입금액	평년수확량	가입면적	자기부담비율
마늘(한지형)	1,200만원	10,000kg	5,000m^2	15%

*조사내용(표본조사)

- 실제경작면적: 5,000m^2
- 기수확 면적: 200m^2
- 타작물 면적: 300m^2
- 수확불능 면적: 500m^2
- 미보상비율: 10%
- 비대추정지수 1일: 0.8%
- 수확 적기까지 잔여일수: 20일

- 적정 표본구간 수: (가)
- 표본구간(공통), 이랑길이: 0.8m, 이랑폭: 2.5m

- 표본구간 조사내용

구분	정상	80%피해	100%피해
작물중량	14kg	5kg	6kg

문제 117 종합위험 수확감소 보장방식 보험에 가입한 마늘(남도종) 품목에 관한 내용이다. 다음 계약사항 및 조사내용을 참조하여 물음에 답하시오.(단, 피해율은 % 단위로 소수점 아래 셋째자리에서 반올림)

*계약내용(조기파종 특별약관에 가입함)

품목	보험가입금액	평년수확량	가입면적	자기부담비율
마늘(난지형)	1,800만원	7,200kg	3,000m²	20%

- 보험가입일: 2024년 9월 10일에 파종하여 9월 13일에 보험(특약) 가입
- 한지형마늘 보험상품 최초 판매개시일: 10월 20일

*재파종 조사내용(표본조사)(표본구간수 산정은 최소표본구간수)

재해	표본구간		재파종전(1차) 조사 (10월12일)	재파종후(2차) 조사 (10월18일)
	표본구간수	표본구간 넓이합계		
한해	(가)	(나)m²	출현주수: 216주	출현주수: 384주

- 조사대상면적: 3,000m²이고 표본구간(공통), 이랑폭: 0.8m, 이랑길이: 2.5m

*수확량조사 조사내용(표본조사)(표본구간수 산정은 최소표본구간수)

- 실제경작면적: 3,000m²
- 타작물 면적: 300m²
- 미보상 면적: 500m²
- 수확불능 면적: 200m²
- 1일 비대추정지수: 0.8%
- 수확 적기까지 잔여일수: 10일
- 미보상 비율: 15%

- 적정 표본구간 수: (다)
- 이랑길이: 0.8m, 이랑폭: 2.5m

- 표본구간 수확량 조사내용

구분	정상	80%피해	100%피해
작물중량	14kg	5kg	4kg

물음 1 조기파종 특별약관의 보험기간의 날짜를 쓰시오.

물음 2 재파종 보험금(원)을 구하시오.

물음 3 표본구간 m²당 수확량(kg)을 구하시오.
(단, 표본구간 m²당 수확량은 kg 단위로 소수점 아래 셋째자리에서 반올림)

물음 4 수확감소 보험금(원)을 구하시오.

문제 118 종합위험 수확감소보장방식 보험에 가입한 양배추 품목에 관한 내용이다. 계약사항 및 조사내용을 참조하여 물음에 답하시오. (단, 피해율은 % 단위로 소수점 아래 셋째자리에서 반올림)

*계약사항

품목	보험가입금액	평년수확량	가입면적	자기부담비율
양배추	1,500만원	12,000kg	4,000m²	15%

*재정식 조사내용

재정식 전 조사내용			재정식 후 조사내용	
실제경작면적	피해면적	조사일자	재정식 면적	조사일자
4,000m²	1,200m²	10월 10일	1,000m²	10월 13일

*조사내용(수확량조사-표본조사)

실제경작 면적	고사면적	타작물 및 미보상 면적	적정표본 구간수	표본구간 무게 합계		
				80%피해	100%피해	정상
4,000m²	500m²	500m²	(가)	5kg	4kg	17kg

- 미보상비율: 15%,
- 표본구간 면적조사(공통), 이랑폭: 1m, 이랑길이: 1.5m

물음 1 재정식 보험금(원)을 구하시오.

물음 2 수확감소 보험금(원)을 구하시오.

문제 119 종합위험 수확감소보장방식 고구마 품목이 보상하는 재해로 피해가 발생하였다. 다음의 계약내용과 조사내용을 참조하여 수확감소 보험금(원)을 구하시오.
(단, 피해율은 % 단위로 소수점 아래 셋째자리에서 반올림)

*계약내용 및 조사내용

품목	보험가입금액	가입면적	평년수확량	자기부담비율
고구마	720만원	3,000m²	6,000kg	20%

실제경작면적	고사면적	미보상면적	표본구간 수확량 조사			
			정상	50%피해	80%피해	100%피해
3,000m²	300m²	700m²	5kg	4kg	5kg	2kg

- 표본구간 면적(공통), 이랑폭: 0.8m, 이랑길이: 2.0m　　- 미보상비율: 10%
- 주어진 조건 이외 다른 조건은 고려하지 않음.

문제 120 종합위험 수확감소보장 보험에 가입한 감자(가을재배) 품목에 관한 내용이다. 다음 계약사항 및 조사내용을 참조하여 수확감소 보험금(원)을 구하시오.
(단, 피해율은 % 단위로 소수점 아래 셋째자리에서 반올림)

*계약사항

품목	보험가입금액	평년수확량	가입면적	자기부담비율
감자(가을재배)	1,500만원	10,000kg	2,500m²	20%

*조사내용: 병충해(탄저병)로 인한 피해 확인됨

실제 경작 면적	고사 면적	타작물 및 미보상 면적	표본구간 수확량 조사					
			표본 구간수	정상	최대지름 5cm미만	50%이상 피해감자	병충해 감자(탄저병)	
							괴경무게	손해정도
2,500m²	200m²	300m²	(가)	15kg	4kg	6kg	6kg	55%

- 미보상비율: 20%, -표본구간 면적(공통), 이랑폭: 1.0m, 이랑길이: 2.5m
- 주어진 조건 이외 다른 조건은 고려하지 않음.

문제 121 종합위험 수확감소보장방식 보험에 가입한 감자(봄재배) 품목에 관한 내용이다. 다음 계약사항 및 조사내용을 참조하여 물음에 답하시오.(단, 피해율은 % 단위로 소수점 아래 셋째자리에서 반올림)

*계약사항

품목	보험가입금액	평년수확량	가입면적	자기부담비율
감자(봄재배)	1,200만원	9,000kg	3,000m²	15%

*조사내용: 병충해(둘레썩음병)로 인한 피해 확인됨

실제경작면적	고사면적	미보상 및 타작물면적	표본구간 면적(공통)		
			표본구간수	이랑폭	이랑길이
3,000m²	500m²	300m²	(가)	1m	2m

표본구간 수확한 감자의 무게				미보상비율
정상	최대지름 5cm미만	50%이상 피해	병충해 괴경의 무게	
9kg	5kg	5kg	6kg	15%

병충해 감자(6kg, 둘레썩음병) 손해정도					미보상비율
1~20%	21~40%	41~60%	61~80%	81~100%	
-	1kg	2kg	2kg	1kg	20%

물음 1 병충해 감수량(kg)을 구하시오. (단, 병충해감수량은 kg 단위로 소수점 아래 첫째자리에서 반올림)

물음 2 수확감소 보험금(원)을 구하시오.

문제 122 종합위험 수확감소보장방식 보험에 가입한 감자(봄재배) 품목에 관한 내용이다. 다음 계약사항 및 조사내용을 참조하여 수확감소 보험금(원)을 구하시오.
(단, 피해율은 % 단위로 소수점 아래 셋째자리에서 반올림)

*계약사항

품목	보험가입금액	평년수확량	가입면적	자기부담비율
감자(봄재배)	1,500만원	13,500kg	4,500m²	20%

*조사내용: 병충해로 인한 피해 확인됨

실제 경작면적	고사 면적	미보상 및 타작물면적	표본구간 면적(공통)			미보상비율
			표본구간수	이랑폭	이랑길이	
4,500m²	1,000m²	500m²	(가)	0.8m	2.0m	10%

표본구간 감자의 무게				미보상비율
정상	최대지름 5cm미만	50%이상 피해	병충해 괴경의 무게	
6kg	5kg	5kg	9kg	5%

표본구간	병충해명	병충해 감자 괴경의 무게	손해정도
1구간	역병	2kg	25%
2,3구간	탄저병	3kg	35%
4,5구간	무름병	4kg	65%

문제 123 종합위험방식 수확감소보장방식 감자(가을재배) 품목에 관한 내용이다. 다음 계약사항 및 조사내용을 참조하여 물음에 답하시오.(단, 피해율은 % 단위로 소수점 아래 셋째자리에서 반올림)

*계약내용

품목	보험가입금액	평년수확량	표준수확량	가입면적	자기부담비율
감자	1,000만원	8,000kg	7,800kg	4,000m²	15%

*재배면적 조사내용

실제경작면적	잎말림병 고사면적	홍색부패병 고사면적	미보상면적	타작물면적	기수확면적
4,000m²	200m²	300m²	500m²	200m²	300m²

- 표본구간수는 적정 최소 표본구간수이고 이랑폭: 0.8m, 이랑길이: 2.5m
- 농지전체 잡초가 65%정도 분포되어 미보상비율을 최솟값으로 적용함.

*조사내용: 병충해(잎말림병과 홍색부패병)로 인한 피해 확인됨

표본구간 감자의 무게				미보상비율
정상	최대지름 5cm미만	50%이상 피해	병충해 괴경의 무게	
5kg	6kg	4kg	3kg	10%

표본구간	병충해명	병충해 감자 괴경의 무게	손해정도
1,2,3구간	잎말림병	2kg	35%
4,5구간	홍색부패병	1kg	65%

물음 1 병충해 등급인정비율 70%에 해당하는 병해충 5가지를 쓰시오.

물음 2 수확감소 보험금(원)을 구하시오.

문제 124 종합위험 수확감소보장보험에 가입한 옥수수(미백2호) 품목에 관한 내용이다. 계약사항 및 조사내용을 참조하여 수확감소 보험금(원)을 구하시오.
(단, 표본구간 m^2당 피해수확량은 kg 단위로 소수점 아래 셋째자리에서 반올림)

*계약내용(옥수수, 미백2호)

품목	보험가입금액	표준수확량	표준가격	가입면적	자기부담비율
옥수수	최소가입금액	6,000kg	1,800원/kg	5,000m²	20%

*조사내용(표본조사)

실제경작 면적	고사면적	미보상 면적	표본구간 면적합계	표본구간내 수확한 작물 착립장의 길이			
				13cm	16cm	17cm	18cm
5,000m²	2,000m²	500m²	(가)m²	15개	20개	5개	5개

- 재식밀도지수: 0.95, 재식시기지수: 1, -미보상비율: 10%
- 표본구간, 이랑폭: 1.25m, 이랑길이: 1.6m

문제 125 종합위험 수확감소보장방식 옥수수(연농2호) 품목에 관한 내용이다. 계약사항 및 조사내용을 참조하여 수확감소 보험금(원)을 구하시오.

품목	가입면적	가입가격	가입수확량	표준수확량	자기부담비율
옥수수	2,500m²	1,500원/kg	최대가입	3,000kg	20%

연농2호, 표준중량=0.16kg, 보험가입일: 2024년 5월 10일

*조사내용

사고	피해주수	재식시기지수	재식밀도지수	미보상비율
조수해	2주재배 계약인수가능 최저 정식주수 전체피해	0.96	1	10%

- 사고원인: 착립장의 길이 하품의 개수 전체 100% 피해

문제 126 종합위험 수확감소 옥수수(연농2호) 품목이 보상하는 재해로 인하여 피해가 발생하였다. 다음의 계약내용과 조사내용을 참조하여 물음에 답하시오.

*계약내용

품목	보험가입금액	가입면적	표준수확량	가입가격	자기부담비율
옥수수	최소가입금액	5,000m²	6,000kg	2,000원/kg	20%

- 5월12일 보험가입, 표준중량(연농2호): 160g

*조사내용(표본조사)

실제경작면적	고사면적	미보상면적	표본구간(공통)		표본구간 착립장의 길이		
			이랑폭	이랑길이	14cm	16cm	17cm
5,000m²	1,000m²	1,000m²	0.8m	2.5m	20	10	10

- 미보상비율: 10%, -재식시기지수: 0.95, 재식밀도지수: 0.96,

*보험가입 계약내용

보통약관보험요율	전기울타리설치	지자체지원율	정부지원율	순보험료
15%	5%	30%	50%	적용보험료의80%

- 손해율에 따른 할인율=13% (최근 2년 연속 가입하고 무사고임)
- 주어진 조건 이외 다른 조건은 고려하지 않음.

물음 1 수확감소 보험금(원)을 구하시오.

물음 2 보험가입금액을 최소로 가입하였을 때, 계약자부담 보험료(원)를 구하시오.
(단, 각 보험료 산정 시 원단위 미만은 절사)

문제 127 종합위험방식 수확감소보장방식 옥수수(박사찰) 품목에 관한 내용이다. 계약내용 및 조사내용을 참조하여 계약자부담 보험료(원)을 구하시오.(단, 각 보험료 산정 시 원단위 미만은 절사)

*계약내용 및 조사내용

품목	보험가입금액	가입가격	재배면적	표준수확량
옥수수	최대가입금액	1,500원/kg	4,000m²	5,000kg

* 재식시기지수=0.9, 재식밀도지수=0.95, 표준중량(박사찰)=190g/개
* 보험가입금액: 최대 보험가입금액, 자기부담비율: 최저자기부담비율 적용

순보험료율	할인.할증율	방재시설	지자체지원율
10%	(가)	관수시설, 경음기, 전기울타리 설치 옥수수 해당 항목에 5%씩 할인율 적용	30%

- 최근 3년간 순보험료와 수령 보험금

구분	2022년(최초가입)	2023년	2024년
순보험료	80만원	100만원	100만원
수령보험금	무사고	120만원	90만원

문제 128 다음은 종합위험방식 수확감소보장보험에 가입한 옥수수 품목에 관한 내용이다. 계약사항 및 조사내용을 참조하여 물음에 답하시오.
(단, 표본구간 m^2당 피해수확량은 kg 단위로 소수점 아래 셋째자리에서 반올림)

*계약내용

품목명	보험가입금액	표준수확량	표준가격	가입면적	자기부담비율
옥수수 (미백2호)	1,000만원	10,000kg	2,500원/kg	5,000m^2	20%

*조사내용(표본조사)

실제경작 면적	고사 면적	미보상 면적	표본구간 면적합계	표본구간내 수확한 작물 착립장의 길이			
				13cm	16cm	17cm	18cm
5,000m^2	2,000m^2	500m^2	(가)m^2	20개	20개	5개	5개

- 재식밀도지수: 0.98,　재식시기지수: 1　　　- 미보상비율: 10%
- 표보구간, 이랑폭=1.25m, 이랑길이=1.6m

물음 1 옥수수 표본구간 수확량조사 방법을 서술하시오.

물음 2 수확감소 보험금의 계산과정과 값(원)을 구하시오.

문제 129 종합위험 수확감소보장방식 보험에 가입한 밭작물 차(茶) 품목에 관한 내용이다. 계약사항 및 조사내용을 참조하여 다음 물음에 답하시오.(단, 피해율은 % 단위로 소수점 아래 셋째자리에서 반올림)

*계약내용

품목	보험가입금액	평년수확량	가입면적	자기부담비율
차(茶)	1,500만원	3,000kg	3,000m²	20%

*조사내용(표본조사)

면적확인				표본조사		
실제경작 면적	고사 면적	미보상 면적	기수확 면적	기수확 새싹수	수확한 새싹수	수확한 새싹무게
3,000m²	500m²	200m²	300m²	80개	100개	100g

- 미보상비율: 10%, -수확면적율: 90%
- 기수확비율, 10%미만 ⇨ 기수확지수=1.0
- 기수확비율, 40%이상 50%미만 ⇨ 기수확지수=0.966
- 기수확비율, 50%이상 60%미만 ⇨ 기수확지수=0.958

물음 1 표본구간 m²당 수확량(kg)을 구하시오.

(단, 표본구간 m²당 수확량은 kg 단위로 소수점 아래 셋째 자리에서 반올림)

물음 2 수확감소 보험금(원)을 구하시오.

문제 130 종합위험 수확감소보장방식 보험에 가입한 밭작물 차(茶) 품목에 관한 내용이다. 계약사항 및 조사내용을 참조하여 다음 물음에 답하시오.(단, 피해율은 % 단위로 소수점 아래 셋째자리에서 반올림)

*계약내용

품목	보험가입금액	평년수확량	가입면적	자기부담비율
차(茶)	1,000만원	2,000kg	4,000m²	15%

*조사내용(표본조사)

면적확인				표본조사		
실제경작 면적	고사 면적	미보상 면적	기수확 면적	기수확 새싹수	수확한 새싹수	수확한 새싹무게
4,000m²	1,000m²	500m²	500m²	100개	100개	100g

- 미보상비율: 10%, -수확면적율: 80%
- 기수확비율, 40%이상 50%미만 ⇨ 기수확지수=0.966
- 기수확비율, 50%이상 60%미만 ⇨ 기수확지수=0.958
- 기수확비율, 60%이상 70%미만 ⇨ 기수확지수=0.949

물음 1 표본구간 m²당 수확량(kg)을 구하시오.
(단, 표본구간 m²당 수확량은 kg 단위로 소수점 아래 셋째자리에서 반올림)

물음 2 수확감소 보험금(원)을 구하시오.

물음 3 차(茶)의 수확량 조사가능 일에 대한 설명이다. ( ) 안에 알맞은 내용을 쓰시오.

> 차(茶)의 수확량 조사가능일: 대상농지에 식재된 차나무의 대다수 신초가 (①)의 형태를 형성하며 수확이 가능할 정도의 크기 [신초장 (②)cm 이상, 엽장 (③)cm 이상, 엽폭 (④)cm이상]로 자란 시기를 의미하며, 해당연도 (⑤)을 초과하는 경우에는 수확년도 (⑤)을 기준으로 함.

문제 131 특정위험방식 보험에 가입한 인삼농가 A, B에 보상하는 재해로 손해가 발생하여 조사를 하였다. 다음 조사내용을 참조하여 A, B농가의 보험금(원)을 구하시오.
(단, 피해율은 % 단위로 소수점 아래 셋째자리에서 반올림)

*** A농가 계약내용 및 조사내용(표본조사)**

- 보험가입: 2024년 11월 - 가입당시 연근: 3년근 - 보험가입금액: 5,360만원 - 재배면적: 4,000m² - 자기부담비율: 15%	- 사고발생: 2025년 7월 - 표본구간(4칸) 수확량의 합: 3.2kg - 피해칸수: 490칸 - 미보상비율: 10% - 기지급보험금: 300만원

- 칸넓이 조사(공통): 지주목간격(2m), 두둑폭(1.5m), 고랑폭(0.5m)
- 연근별 기준수확량(kg/m²), 2년근=0.55, 3년근=0.7, 4년근=0.78

*** B농가 계약내용 및 조사내용(전수조사)**

- 보험가입: 2024년 11월 - 가입당시 연근: 4년근 - 보험가입금액: 3,000만원 - 재배면적: 2,000m² - 자기부담비율: 20%	- 사고발생: 2025년 7월 - 조사수확량 수확량의 합: 240kg - 금차 수확칸수: 400칸 - 미보상비율: 10% - 기지급보험금: 300만원

- 칸넓이 조사(공통): 지주목간격(2m), 두둑폭(1.5m), 고랑폭(0.5m)
- 연근별 기준수확량(kg/m²), 2년근=0.55, 3년근=0.7, 4년근=0.78

문제 132 특정위험방식 인삼손해보험에 가입한 인삼농가에 태풍과 집중호우로 인하여 손해가 발생하였다. 계약사항 및 조사내용을 참조하여 물음에 답하시오.
(단, 피해율은 % 단위로 소수점 아래 셋째자리에서 반올림)

*계약내용

품목	가입면적	보험가입금액	전체경작면적	기준수확량	자기부담비율
인삼	4,000m²	2,680만원	4,000m²	0.64	20%

*조사내용

사고	사고일자	조사내용	금차수확칸수	총조사수확량	미보상비율
1차 태풍	8월 5일	전수조사	500칸	480kg	10%
2차 집중호우	9월 6일	전수조사	700칸(누적)	280kg	10%

- 칸넓이 조사(공통): 지주목간격(2m), 두둑폭(1.5m), 고랑폭(0.5m)
- 같은 해에 발생한 사고로서 중복사고에 해당됨

물음 1 1차사고 지급 보험금(원)을 구하시오.

물음 2 2차사고 지급 보험금(원)을 구하시오.

문제 133 종합위험 생산비보장방식 보험에 가입된 고추가 수확기 이전에 보상하는 재해로 피해가 발생하였다. 다음 조사결과를 참조하여 생산비보장 보험금(원)을 구하시오.
(단, 보험금 산정 시 원단위 미만은 절사하시오.)

<table>
<tr><th>계약내용</th><th colspan="7">조사내용</th></tr>
<tr><td rowspan="6">품목: 고추(터널재배)
보험가입금액: 1,200만원
가입면적: 5,000m²
자기부담비율: 5%</td><td colspan="7">- 재해종류: 탄저병 - 피해면적: 3,000m² - 준비기생산비계수: 0.495
- 생장일수: 70일 - 기지급 보험금: 200만원</td></tr>
<tr><td colspan="7">표본구간(6구간) 내 작물상태조사</td></tr>
<tr><td>손해정도</td><td>정상</td><td>15%</td><td>35%</td><td>55%</td><td>75%</td><td>95%</td></tr>
<tr><td>주수</td><td>20</td><td>-</td><td>10</td><td>20</td><td>40</td><td>30</td></tr>
<tr><td colspan="7">- 보험가입후 추가 정식주수: 36주</td></tr>
<tr><td colspan="7">미보상비율: 10%</td></tr>
</table>

문제 134 종합위험 생산비보장방식 고추의 터널재배 및 노지재배에 피해가 발생하였다. 다음 계약내용 및 조사내용을 참조하여 생산비보장 보험금(원)을 구하시오.
(단, 피해구성율은 % 단위로 소수점 아래 셋째자리에서 반올림)

*계약내용(2025년 5월 10일 신규가입 농지)

품목	보험가입금액	가입면적	m²당 보장생산비	자기부담비율
고추	(가)	2,000m²(터널재배)	4,500원/m²	최저비율적용
		1,000m²(노지재배)	4,000원/m²	

*조사내용(준비기생산비계수: 0.495)

시기	재배면적	피해면적	손해정도비율	생장일수 수확일수	표준생장일수 표준수확일수
수확기이전(역병)	3,000m²	1,500m²	60%	50일	100일
수확기 중(태풍)	3,000m²	2,100m²	55%	30일	50일

- 미보상비율: 10%,

물음 1 1차 사고발생 생산비보장 보험금(원)을 구하시오. (단, 보험금 산정 시 원단위 미만은 절사)

물음 2 2차 사고발생일 경우 생산비보장 보험금(원)을 구하시오.
(단, 보험금과 자기부담금액 산정 시 원단위 미만은 절사)

문제 135 종합위험 생산비보장방식 고추의 터널재배 및 노지재배에 피해가 발생하였다. 다음 계약내용 및 조사내용을 참조하여 생산비보장 총 지급 보험금(원)을 구하시오.
(단, 피해율은 % 단위로 소수점 아래 셋째자리에서 반올림하고 보험금 산정 시 원단위 미만은 절사할 것)

*계약내용

품목	보험가입금액	가입면적	m^2당 보장생산비	자기부담비율
고추	(가)	2,000m^2(노지재배)	5,000원/m^2	3%
		1,000m^2(터널재배)	5,500원/m^2	

*수확기이전 조사내용(시들음병, 역병, 준비기생산비계수: 0.495)

재해	재배면적	피해면적	표준생장일수	생장일수	미보상비율
병충해	3,000m^2	1,500m^2	100일	50일	10%

*수확기이전 조사(손해정도비율)

손해정도	추가정식	타작물	15%	33%	55%	90%	합계
식물체 수	120	80	50	40	60	150	500

*수확기 중 조사내용(한해-가뭄)

재해	재배면적	피해면적	손해정도	수확일수	미보상비율
가뭄	3,000m^2	2,400m^2	55%	20일	10%

문제 136 보상하는 재해로 인하여 생산비보장방식 브로콜리 품목에 피해가 발생하였다. 다음 계약내용 및 조사내용을 참조하여 생산비보장 보험금(원)을 구하시오.

*계약내용 및 조사내용

품목	보험가입금액	가입면적	자기부담비율	표준생장일수
브로콜리	1,250만원	2,500m²	3%	130일

*조사내용(준비기생산비계수: 0.492)

사고시기	재배면적	피해면적	작물피해율	생장일수	미보상비율
수확기이전	2,500m²	1,250m²	(가)	65일	10%

*작물상태조사(표본조사-표본구간: 4구간)

50% 피해	80% 피해	100% 피해	정상
12송이	5송이	10송이	13송이

문제 137 보상하는 재해로 인하여 생산비보장방식 브로콜리 품목에 피해가 발생하였다. 다음 계약내용 및 조사내용을 참조하여 물음에 답하시오.

*계약내용 및 조사내용

품목	보험가입금액	m² 당 보장생산비	가입면적	자기부담비율
브로콜리	1,500만원	7,500원	2,000m²	5%

*조사내용(준비기생산비계수: 0.492)

시기	사고시기	재배면적	피해면적 (누적)	생장일수 수확일수	작물피해율
1차(집중호우)	수확기이전	2,000m²	800m²	78일	50%
2차(태풍)	수확기중		1,200m²	15일	60%

- 미보상비율: 10%

(1) 1차 사고의 생산비보장 보험금(원)을 구하시오.

(2) 2차 사고의 생산비보장 보험금(원)을 구하시오.(단, 보험금과 자기부담금액 산정 시 원단위 미만은 절사)

문제 138 보상하는 재해로 인하여 생산비보장방식 고추 품목에 피해가 발생하였다. 다음 계약내용 및 조사내용을 참조하여 물음에 답하시오.(단, 피해율은 %단위로 소수점 셋째자리에서 반올림)

*계약내용

품목	보험가입금액	m^2 당 보장생산비	가입면적	자기부담비율
고추	3,000만원	10,000원	3,000m^2	5%

*조사내용(수확기이전 조사: 6월 20일 집중호우로 사고접수가 되었고 6월 26일 호우종료)(준비기생산비계수: 0.495)

정식일자	조사일자	재배면적	피해면적	손해정도	미보상비율
4월 25일	6월 24일	3,000m^2	1,500m^2	50%	10%

*조사내용(수확기 중 조사: 8월 22일 병충해 탄저병으로 인한 사고접수)

수확개시일	수확종료일	재배면적	피해면적(누적)	손해정도비율	미보상비율
8월 2일	9월 20일	3,000m^2	2,400m^2	70%	20%

물음 1 최초 조사시 생장일수와 사고일자를 구하고 근거를 쓰시오.
(단, 생장일수와 수확일수 계산은 한편 넣기로 함)

물음 2 최초 조사 생산비보장 보험금(원)을 구하시오.

물음 3 2차조사 보험금(원)을 구하시오.(단, 보험금은 원 단위 미만은 절사)

문제 139 종합위험 생산비보장방식 고추의 터널재배 및 노지재배에 피해가 발생하였다. 계약내용 및 조사내용을 참조하여 다음 물음에 답하시오.
(단, 피해율과 경과비율은 % 단위로 소수점 아래 셋째자리에서 반올림)

*계약내용

품목	보험가입금액	가입면적	m²당 총생산비	m²당 수확기 생산비
고추	(가)	2,200m²(터널재배)	4,850원	1,350원
		1,800m²(노지재배)	4,600원	950원

- 보험계약 가입일: 2025년 5월, -자기부담비율: 최저비율적용

*과거 순보험료 및 수령보험금 현황

가입년도	2022년	2023년	2024년
순보험료	55만원	60만원	65만원
수령보험금	60만원	50만원	100만원

*보험 가입내용

순보험요율	할인. 할증율	관수시설설치	방조망설치	지자체지원율
10%	(가)	5%	5%	30%

- 방재시설 할인은 고추 품목에 해당되는 항목만 적용할 것.
- 할인.할증율은 5년 중에 3년 가입하였고 손해율에 따른 할인. 할증율 적용할 것.
- 부가보험료: 순보험료의 15%

물음 1 계약자부담 보험료(원)를 구하시오.

물음 2 정부지원 보험료(원)를 구하시오.

문제 140 종합위험 생산비보장방식 고추에 관한 내용이다. 다음 조건을 참조하여 물음에 답하시오. (단, 주어진 조건 외에 다른 사항은 고려하지 않음)

○ 조건1

- 갑(甲)은 2024년 5월 10일 고추를 노지재배 방식으로 정식하고 보험가입금액을 1,000만원(자기부담비율 5%, 재배면적 3,000m²)으로 가입함.
- 2024년 7월 9일 태풍으로 피해가 발생하여 사고접수 후 조사를 받고 생산비보장 보험금을 수령함.
- 갑(甲)이 정식일로부터 100일 후 수확을 시작하였으나 수확을 하던 중 시들음병이 발생한 것을 확인 후 병충해로 사고접수를 함.
- 이후 갑(甲)의 요청에 의해 시들음병 피해에 대한 생산비보장 손해조사(수확개시일로 부터 경과일수 10일)를 받았음.

○ 조건2

- 2024년 7월 9일 태풍피해가 발생함.(정식일로부터 경과일수 60일)
- 실제경작면적 3,000m², 피해면적 1,500m²
- 준비기생산비계수: 0.527
- 손해정도비율 조사(표본이랑 합계임)

구분	정상	20%피해	40%피해	60%피해	80%피해	100%피해	합계
주수	25주	60주	50주	35주	40주	40주	250주

○ 조건3

- 수확기 중 시들음병 피해 발생
- 실제경작면적 3,000m², 피해면적 2,400m²
- 표준수확일수 50일, 손해정도비율 70%, 미보상비율 10%

○ 조건4

- 수확개시일로부터 30일 경과 후 시들음병에 의한 피해면적이 농지 전체(재배면적 3,000m²)으로 확대됨.
- 손해정도비율, 미보상비율은 조건3과 같음.

물음 1 조건1~조건2를 참조하여 조건2의 생산비보장보험금의 계산과정과 값을 구하시오.

물음 2 조건1~조건3를 참조하여 조건3의 생산비보장보험금의 계산과정과 값을 구하시오. (단, 계산과정에서 산출되는 금액은 소수점이하를 절사, 예시 1,234.56원→1,234원)

문제 141 보상하는 재해로 인하여 생산비보장방식 메밀 품목에 피해가 발생하였다. 다음 계약내용 및 조사내용을 참조하여 물음에 답하시오. (단, 피해율은 % 단위로 소수점 아래 셋째자리에서 반올림)

*계약내용(보험 가입일자: 2024년 9월 10일)

품목	보험가입금액	가입면적	재배면적	자기부담비율
메밀	600만원	9,200m²	9,200m²	20%

*조사내용(표본조사이고 산파형식의 재배방식)

실제경작면적	도복으로 인한 피해면적	도복이외 피해면적	표본구간 면적	미보상비율
9,200m²	4,000m²	3,000m²	6m²	15%

*도복이외 면적 표본구간 피해정도 면적합계(6m²)

구분	정상	20%형	40%형	60%형	80%형	100%형	타작물
면적(m²)	0.5	0	1	1	2	1	0.5

물음 1 손해정도비율(%)과 피해면적(m²)을 구하시오.

물음 2 생산비보장 보험금(원)을 구하시오.

문제 142 생산비보장방식 보험에 가입한 가을배추 품목에 보상하는 재해로 피해가 발생하였다. 다음 계약사항 및 조사내용을 참조하여 물음에 답하시오.(단, 피해율은 % 단위로 소수점 아래 셋째자리에서 반올림)

*계약사항(보험 가입일자: 2024년 9월 5일)

품목	보험가입금액	가입면적	재배면적	자기부담비율
가을배추	600만원	4,000m²	4,000m²	최저비율적용

*조사내용(재정식 조사)

사고발생	재해	피해면적	재정식 일자	재정식 면적
9월12일	냉해	1,200m²	9월18일	1,200m²

*조사내용(최초수확 직전 조사)

품목	재배면적	피해면적	손해정도	미보상비율
가을배추	4,000m²	2,400m²	70%	10%

- 주어진 조건 이외의 사항은 고려하지 않음

물음 1 가을배추의 재정식 보험금(원)을 구하시오.

물음 2 가을배추의 생산비보장 보험금(원)을 구하시오.

문제 143 생산비보장방식 보험에 가입한 양상추 품목에 보상하는 재해로 피해가 발생하였다. 다음 계약사항 및 조사내용을 참조하여 물음에 답하시오.(단, 피해율은 % 단위로 소수점 아래 셋째자리에서 반올림)

*계약사항(보험 가입일자: 2024년 8월 23일)

품목	보험가입금액	가입면적	재배면적	자기부담비율
양상추	800만원	4,000m²	4,000m²	최저비율적용

- 정식완료일자: 2024년 8월 20일

*조사내용(재정식 조사)

사고발생	재해	피해면적	재정식 일자	재정식 면적
9월5일	냉해	1,500m²	9월8일	1,500m²

*조사내용(최초수확 직전 조사)

품목	재배면적	피해면적	손해정도	미보상비율
양상추	4,000m²	2,400m²	70%	10%

- 주어진 조건 이외의 사항은 고려하지 않음

물음 1 양상추의 재정식 보험금(원)을 구하시오.

물음 2 양상추의 생산비보장 보험금(원)을 구하시오.

문제 144 종합위험 생산비보장방식 보험에 가입한 월동무 품목에 보상하는 재해로 피해가 발생하였다. 다음 계약사항 및 조사내용을 참조하여 물음에 답하시오.
(단, 피해율은 % 단위로 소수점 아래 셋째자리에서 반올림)

*계약사항(보험 가입일자: 2024년 10월 11일)

품목	보험가입금액	가입면적	재배면적	자기부담비율
월동무	800만원	4,000m²	4,000m²	20%

- 정식완료일자: 2023년 10월 10일

*조사내용(재파종 조사)

사고발생	재해	피해면적	재파종 일자	재파종 면적
10월18일	냉해	800m²	10월20일	800m²

*조사내용(최초수확 직전 조사)

품목	재배면적	피해면적	손해정도	미보상비율
월동무	4,000m²	2,400m²	55%	10%

- 주어진 조건 이외의 사항은 고려하지 않음

물음 1 월동무의 재파종 보험금(원)을 구하시오.

물음 2 월동무의 생산비보장 보험금(원)을 구하시오.

문제 145 생산비보장방식 단호박 품목에 보상하는 재해로 인하여 피해가 발생하였다. 다음 계약내용 및 조사내용을 참조하여 생산비보장 보험금(원)을 구하시오.

*계약내용 및 조사내용

품목	보험가입금액	재배면적	피해면적	미보상비율	자기부담비율
단호박	800만원	4,000m²	2,600m²	10%	최저비율적용

*작물상태조사(표본조사-표본구간: 4구간)

표본구간 작물상태 조사							
손해정도	정상	1~20%	21~40%	41~60%	61~80%	81~100%	합계
표본구간1	1	1	2	2	7	2	15
표본구간2	0	1	2	3	3	1	10
표본구간3	1	1	1	3	3	5	14
표본구간4	4	2	0	2	2	1	11
합계	6	5	5	10	15	9	50

문제 146 보상하는 재해로 인하여 종합위험 생산비보장 원예시설작물 시설에 피해가 발생하였다. 계약내용 및 조사내용을 참조하여 각 품목별 생산비보장 보험금(원)을 구하시오.
(단, 각 보험금 산정 시 원단위 미만은 절사)

*계약내용

시설명	품목	보험가입금액	m^2 당 보장생산비	가입면적	표준생장일수 표준수확일수
시설A	국화(재절화)	1,030만원	10,300원	1,000m^2	120일(생장)
시설B	딸기	1,384만원	17,300원	1,000m^2	90일(생장)
시설C	토마토	1,430만원	14,300원	1,000m^2	50일(수확)
시설D	쑥갓	260만원	2,600원	1,000m^2	50일(생장)
시설E	멜론	600만원	9,000원	1,000m^2	30일(수확)

*조사내용(모든 시설에 미보상비율: 10%)

시설명	품목	사고시기	재배면적	피해면적	생장일수 수확일수	손해정도 비율
시설A	국화(재절화)	수확기이전	1,000m^2	400m^2	36일(생장)	50%
시설B	딸기	수확기이전	900m^2	540m^2	27일(생장)	50%
시설C	토마토	수확기중	1,000m^2	500m^2	10일(수확)	40%
시설D	쑥갓	수확기이전	800m^2	400m^2	15일(생장)	60%
시설E	멜론	수확기중	1,000m^2	600m^2	15일(수확)	40%

문제 147 생산비보장방식 버섯품목에 보상하는 재해로 인하여 피해가 발생하였다. 다음 계약내용 및 조사내용을 참조하여 생산비보장 보험금(원)을 구하시오.
(단, 피해율은 %단위로 소수점 아래 셋째자리에서 반올림)

(시설A) 느타리버섯(병재배)-미보상비율: 10%(단, 보험금은 원단위 미만은 절사)

보험 가입금액	가입병수	보장 생산비	재배병수	사고 발생시기	피해병수	손해정도
240만원	5,000병	480원/병	5,000병	수확기 중	3,000병	30%

(시설B) 느타리버섯(균상재배)-미보상비율: 20%

보험 가입금액	재배면적	보장 생산비	피해면적	사고 발생시기	생장일수	손해정도
3,380만원	2,000m²	16,900원/m²	1,000m²	수확기이전	14일	50%

(시설C) 양송이버섯(균상재배)-미보상비율: 15%(단, 보험금은 원단위 미만은 절사)

보험 가입금액	재배면적	보장 생산비	피해면적	사고 발생시기	생장일수	손해정도
2,050만원	1,000m²	20,500원/m²	500m²	수확기이전	15일	35%

(시설D) 양송이버섯(균상재배)-미보상비율: 20%

보험 가입금액	재배면적	보장 생산비	피해면적	사고 발생시기	수확일수	손해정도
1,640만원	1,000m^2	20,500원/m^2	500m^2	수확기 중	12일	35%

(시설E) 새송이버섯(병재배)-미보상비율: 10%(단, 보험금은 원단위 미만은 절사)

보험 가입금액	가입병수	보장 생산비	재배병수	사고 발생시기	피해병수	손해정도
368만원	10,000병	460원/병	9,000병	수확기 중	4,500병	50%

(시설F) 표고버섯(톱밥배지재배)-미보상비율: 10%

보험 가입금액	재배 배지수	배지당 보장생산비	피해 배지수	사고 발생시기	생장일수	손해정도
480만원	2,000개	2,400원/개	500개	수확기 이전	45일	70%

문제 148 생산비보장방식 표고버섯(원목재배) 품목에 보상하는 재해로 피해가 발생하였다. 다음 계약내용 및 조사내용을 참조하여 생산비보장보험금(원)을 구하시오.
(단, 피해율은 % 단위로 소수점 아래 셋째자리에서 반올림)

*계약내용

품목	보험가입금액	원목(본)당 보장생산비	가입원목(본)수
표고(원목재배)	2,490만원	8,300원	5,000본

*조사내용(표본조사)

재배원목(본수)	피해원목(본수)	표본원목 피해면적	표본원목 전체면적
4,500본	2,700본	13m²	26m²

- 미보상비율: 10%

문제 149 생산비보장방식 시설작물인 장미 품목에 보상하는 재해로 피해가 발생하였다. 다음 계약내용 및 조사내용을 참조하여 생산비보장 보험금(원)을 구하시오.
(단, 피해율은 % 단위로 소수점 아래 셋째자리에서 반올림)

*계약내용 및 m²당 보장생산비

시설명	계약사항			m²당 보장생산비	
	수령	가입면적	보험가입금액	나무 생존시	나무 고사시
시설 A	4년생	1,000m²	최저가입금액	6,500원	19,400원

*조사내용

시설명	조사내용(태풍피해)				
	고사나무 여부	재배면적	피해면적	손해정도비율	미보상비율
시설 A	(가)	800m²	400m²	60%(100%)	10%

물음 1 장미가 고사했을 때, 생산비보장 보험금(원)을 구하시오.

물음 2 장미가 고사되지 않은 경우 생산비보장 보험금(원)을 구하시오.

문제 150 생산비보장방식 버섯작물에 보상하는 재해로 인하여 피해가 발생하였다. 다음 계약내용 및 조사내용을 참조하여 물음에 답하시오. (단, 각 보험금 산정 시 원단위 미만은 절사)

*계약내용 및 조사내용

품목	보험가입금액	m^2 당 보장생산비	가입면적	표준생장일수
느타리(균상)	2,028만원	16,900원	2,000m^2	28일

*조사내용

시기	사고시기	재배면적	피해면적	생장일수	손해정도	미보상비율
1차	수확기이전	1,800m^2	900m^2	7일	48%	10%
2차	수확기이전		1,080m^2	14일	67%	20%

물음 1 1차 사고의 생산비보장 보험금(원)을 구하시오.

물음 2 2차 사고의 생산비보장 보험금(원)을 구하시오.

문제 151 보상하는 재해로 인하여 종합위험 생산비보장방식 원예시설작물인 장미 품목에 피해가 발생하였다. 다음 계약내용 및 조사내용을 참조하여 시설 A와 시설 B의 생산비보장 보험금(원)을 구하시오. (단, 피해율은 % 단위로 소수점 아래 셋째자리에서 반올림)

*계약내용 및 m^2당 보장생산비

시설명	계약사항			m^2당 보장생산비		
	수령	가입면적	보험가입금액	나무 생존시	나무 고사시	
					2년생	4년생
시설 A	4년생	1,200m^2	702만원	6,500원	19,400원	15,800원
시설 B	2년생	500m^2	485만원			

*조사내용

시설명	조사내용(태풍피해)			
	고사나무 여부	재배면적	피해면적	손해정도
시설 A	생존	1,200m^2	600m^2	50%
시설 B	고사	500m^2	150m^2	100%

문제 152 보상하는 재해로 인하여 종합위험 생산비보장 메밀 품목에 피해가 발생하였다. 다음 계약내용 및 조사내용을 참조하여 물음에 답하시오.(단, 피해율은 %단위로 소수점 아래 셋째자리에서 반올림)

*계약내용

품목	보험가입금액	m^2 당 보장생산비	가입면적	자기부담비율
메밀	1,000만원	1,000원	10,000m^2	최저비율적용

*조사내용(표본조사: 산파농지로서 규격의 원형 1m^2를 이용하여 표본조사)

실제경작면적	도복으로 인한 피해면적	도복이외 피해면적	무피해 면적	표본구간 손해정도비율
10,000m^2	5,000m^2	3,000m^2	2,000m^2	40%

물음 1 피해율(%)을 구하시오.

물음 2 생산비보장 보험금(원)을 구하시오.

물음 3 위 조사내용을 기준으로 표본구간수와 표본구간 면적을 산출하시오.

문제 153 다음 조건을 참조하여 농업수입감소 보장방식 양배추 품목의 기준가격(원)과 수확기가격(원)을 구하시오.

* 서울가락도매시장 양배추 연도별 평균가격(원/kg)

연도	2019년	2020년	2021년	2022년	2023년	2024년	2025년
중품	3,500	3,000	3,100	3,200	3,200	3,500	3,000
상품	4,500	4,000	-	4,000	4,200	4,500	4,000

- 2025년 수확하는 양배추이고 2024년 8월에 보험 가입함
- 농가수취비율이 적용가능하면 80%를 적용한다.

문제 154 다음 조건을 참조하여 농업수입감소 보장방식 고구마 품목의 기준가격(원)과 수확기가격(원)을 구하시오.

* 서울시 농수산식품공사 가락도매시장 연도별(밤고구마와 호박고구마) 평균가격(원/kg)

품종	재배면적	2020년	2021년	2022년	2023년	2024년	2025년
밤고구마	2,800m²	3,700	3,600	3,500	3,800	3,400	3,000
호박고구마	1,200m²	3,900	3,800	3,600	3,700	3,500	3,500

- 2025년 수확하는 품종이고 2025년 5월에 보험 가입함
- 농가수취비율이 적용가능하면 80%를 적용한다.

문제 155 농업수입보장 감자(가을재배) 품목의 기준가격(원)과 수확기가격(원)을 구하시오.

* 서울시 농수산식품공사 가락도매시장 연도별(감자) 평균가격(원/kg)

품종	2019년	2020년	2021년	2022년	2023년	2024년	2025년
하품	2,500	2,500	2,700	2,200	2,300	2,500	2,300
중품	3,700	3,800	3,500	3,600	-	3,600	3,000
상품	4,200	4,400	4,500	4,800	4,300	4,200	3,400

- 2025년 수확하는 품종이고 2025년 8월에 보험 가입함
- 농가수취비율이 적용가능하면 80%를 적용한다.

문제 156 종합위험 농업수입보장방식 콩 품목의 기준가격과 수확기가격(원)을 구하시오.

* 서울시 양곡 도매시장 연도별(콩) 서리태, 흑태, 백태 평균가격(원/kg)

품종	재배면적	2020년	2021년	2022년	2023년	2024년	2025년
백태	2,000m²	7,300	6,900	7,000	6,800	7,100	6,000
흑태	3,000m²	7,700	7,300	7,500	7,000	7,400	7,000
서리태	5,000m²	8,000	8,300	8,200	8,400	8,600	8,000

- 2025년 11월에 수확하는 품종이고 2025년 6월에 보험 가입함)
- 농가수취비율이 적용가능하면 80%를 적용한다.

문제 157 농업수입감소보장 나물용 콩 품목의 기준가격(원)과 수확기가격(원)을 구하시오.

*제주도지역 농협 연도별 수매현황(2025년 6월에 보험 가입하고 2025년 11월에 수확)

구분	A농협		B농협	
	수매량(kg)	수매가격(만원)	수매량(kg)	수매가격(만원)
2020년	14,000	7,200	16,000	7,800
2021년	15,000	7,600	17,000	8,400
2022년	13,000	6,840	15,000	8,000
2023년	15,000	8,200	15,000	8,000
2024년	16,000	7,500	16,000	7,860
2025년	15,500	7,000	16,500	7,400

문제 158 종합위험 농업수입보장방식 마늘(한지형) 품목의 기준가격과 수확기가격(원)을 구하시오.

*경북 의성군 지역농협 수매가격(원/kg)(2024년 10월 보험에 가입하고 2025년도 수확)

연도	의성	새의성	금성	의성중부
2019년	6,500	6,400	6,300	6,400
2020년	6,600	6,300	6,400	6,700
2021년	6,300	6,400	6,200	6,300
2022년	6,600	6,600	6,700	6,700
2023년	6,600	6,600	6,500	6,700
2024년	6,500	6,400	6,300	6,400
2025년	6,000	5,900	6,100	5,800

문제 159 다음 조건을 참조하여 농업수입보장방식 마늘 품목의 기준가격과 수확기가격의 계산과정과 값(원)을 쓰시오.

*경북 의성군 지역농협 수매가격(원/kg)

(단위: 수매량(kg), 수매가격(만원))

구분	의성농협		금성농협		새의성농협	
	수매량	수매가격	수매량	수매가격	수매량	수매가격
2020년	18,000	7,800	20,000	8,000	22,000	8,200
2021년	19,000	7,900	20,000	8,000	21,000	8,100
2022년	20,000	8,000	21,000	8,200	19,000	7,800
2023년	20,000	8,000	21,000	8,000	19,000	7,400
2024년	19,000	8,200	20,000	8,800	21,000	8,800
2025년	22,500	8,100	21,000	8,000	19,500	7,840

- 보험가입일: 24년 11월 1일이고 25년도 수확하는 품목
- 농가수취비율이 적용가능하면 78%를 적용한다.

문제 160 종합위험 농업수입감소보장 콩 품목에 보상하는 재해로 피해가 발생하였다. 계약내용 및 조사 내용을 참조하여 농업수입감소 보험금(원)을 구하시오.
(단, 피해율은 % 단위로 소수점 아래 셋째자리에서 반올림)

* 제주도 지역 농협의 연도별 나물용콩과 서리태 평균수매 가격(원/kg)

품종	재배면적	2020년	2021년	2022년	2023년	2024년	2025년
A(백태)	2,400m²	5,300	5,600	5,500	5,400	5,800	5,000
B(서리태)	1,600m²	5,700	6,200	5,800	6,000	6,500	4,500

- 2025년 11월에 수확하는 품종이고 2025년 6월에 보험 가입함.
- 농가수취비율이 적용가능하면 80%를 적용한다.

*계약내용 및 수확량 조사내용

보험가입금액	평년수확량	수확량	미보상비율	자기부담비율
최대가입금액	2,000kg	1,200kg	15%	최저비율적용

문제 161 종합위험 농업수입감소 보장방식 보험에 가입한 양배추 품목에 관한 내용이다. 계약사항 및 조사내용을 참조하여 농업수입감소 보험금의 계산과정과 값(원)을 구하시오.
(단, 피해율은 % 단위로 소수점 아래 셋째자리에서 반올림)

*계약사항

품목	보험가입금액	평년수확량	가입면적	기준가격	자기부담비율
양배추	최대가입금액	8,000kg	2,000m²	1,000원/kg	최소비율적용

*조사내용

실제경작 면적	고사 면적	타작물 및 미보상면적	적정표본 구간수	표본구간 무게 합계		
				80%피해	100%피해	정상
2,000m²	-	500m²	(가)	10kg	4kg	10kg

- 미보상비율: 10%, -수확기가격: 600원/kg
- 표본구간면적(공통), 이랑폭: 0.8m, 이랑길이: 1.5m
- 주어진 조건 이외 다른 조건은 고려하지 않음.

문제 162 농업수입감소 보장방식 포도 품목에 보상하는 재해로 피해가 발생하였다. 다음 계약내용 및 조사내용을 참조하여 농업수입감소보장 보험금(원)을 구하시오.
(단, 피해율은 % 단위로 소수점 아래 셋째자리에서 반올림)

*계약내용

품목	보험가입금액	평년수확량	가입주수	기준가격	자기부담비율
포도	최대가입금액	4,000kg	200주	3,000원/kg	최소비율적용

*착과수 및 과중 조사내용(착과수조사 이전 사고의 피해사실이 인정된 경우)

실제결과 주수	미보상 주수	고사 주수	표본조사		과중조사	
			적정표본주수	착과수 합계	표본과실수	표본과실중량
200주	10	-	(가)	320개	30개	12kg

*수확개시 이후 착과피해 조사내용(8월 10일)
- 착과수 변동이 없어서 이전 조사값으로 대체함, -착과피해구성율: 20%,

*낙과피해 조사내용(8월 25일)

실제결과 주수	미보상주수 (누적)	고사주수 (누적)	표본주 조사(8주)		
			1주당 낙과수	낙과피해구성율	1주당 착과수
200주	10주	10주	10개	50%	20개

- 수확기가격: 2,500원/kg, -미보상비율: 20%

문제 163 농업수입감소보장 포도 품목에 관한 내용이다. 다음 조건을 참고하여 물음에 답하시오.
(단, 주어진 조건 외에 다른 사항은 고려하지 않고, 피해율은 소수점 둘째자리 미만 절사. 예시: 12.678% →12.67%)

○ 계약사항	○ 조사사항
- 품종: 캠벨얼리(시설) - 평년수확량: 10,000kg - 가입수확량: 6,000kg - 가입일자: 2024년 12월 18일 - 가입주수: 300주 - 자기부담비율: 20%	- 조사일자: 2025년 6월 12일 - 재해내용: 냉해피해 - 수확량: 6,500kg - 미보상감수량: 200kg

○ 기타사항
- 기준가격과 수확기 가격 산출 시 동일한 농가수취비율 적용
- 기준가격 산출 시 보험가입 직전 5년(2020년~2024년) 적용
- 보험가입금액은 천원 단위 절사

○ 연도별 농가수취비율

구분	2020년	2021년	2022년	2023년	2024년
농가수취비율	78%	72%	76%	80%	74%

○ 서울시 농수산식품공사 가락시장 연도별 가격(원/kg)

구분	2020년	2021년	2022년	2023년	2024년	2025년
중품	4,600	5,000	5,300	5,100	5,100	5,400
상품	5,300	5,600	5,800	5,300	5,700	5,900

물음 1 20025년도 기준가격의 계산과정과 값(원)을 구하시오.

물음 2 2025년도 수확기가격의 계산과정과 값(원)을 구하시오.

물음 3 2025년 농업수입감소보장 보험금의 계산과정과 값(원)을 구하시오.

문제 164 농업수입감소 보장방식 콩(나물용) 품목에 보상하는 재해로 피해가 발생하였다. 다음 조건을 참조하여 물음에 답하시오.(단, 피해율은 % 단위로 소수점 아래 셋째자리에서 반올림)

*계약내용 및 조사내용

품목	보험가입금액	가입면적	평년수확량	자기부담비율	보험가입일
콩	최대가입금액	3,000m²	2,000kg	최저비율선택	25년 6월13일

*수확량 조사내용
- 조사일: 2025년 11월 10일
- 수확량: 1,200kg, 미보상비율: 10%

*제주도지역 농협 연도별 수매현황

구분	A농협		B농협		C농협	
	수매량 (kg)	수매가격 (만원)	수매량 (kg)	수매가격 (만원)	수매량 (kg)	수매가격 (만원)
2020년	18,000	9,000	20,000	8,700	22,000	9,300
2021년	19,000	8,900	20,000	9,000	21,000	9,100
2022년	20,000	9,000	21,000	8,800	19,000	9,200
2023년	21,000	9,000	20,000	9,000	19,000	8,400
2024년	18,000	9,300	20,000	9,400	22,000	9,500
2025년	18,000	8,200	21,000	8,000	21,000	7,800

물음 1 기준가격(원)과 수확기가격(원)을 구하시오.

물음 2 농업수입감소보장 보험금(원)을 구하시오.

문제 165 농업수입감소 보장방식 콩 품목에 보상하는 재해로 피해가 발생하였다. 계약내용 및 조사내용을 참조하여 다음 물음에 답하시오.(단, 피해율은 % 단위로 소수점 아래 셋째 자리에서 반올림)

* 서울시 농수산식품공사 가락도매시장 연도별 백태와 서리태 평균가격(원/kg)

품종	재배면적	2020년	2021년	2022년	2023년	2024년	2025년
A(백태)	1,800m²	4,300	4,600	4,500	4,400	4,800	4,000
B(서리태)	1,200m²	4,700	5,200	4,800	5,000	5,300	4,500

- 2025년 수확하는 품종이고 2025년 6월에 보험 가입함.
- 농가수취비율이 적용가능하면 80%를 적용한다.

*계약내용 및 수확량 조사내용

보험가입금액	평년수확량	수확량	미보상비율	자기부담비율
최대가입금액	3,000kg	1,600kg	20%	최저비율적용

물음 1 기준가격(원)과 수확기가격(원)을 구하시오.(단, 원단위 미만은 절사)

물음 2 농업수입감소 보험금(원)을 구하시오.

문제 166 종합위험 농업수입감소 보장방식 보험에 가입한 양배추 품목에 관한 내용이다. 계약사항 및 조사내용을 참조하여 물음에 답하시오.(단, 피해율은 % 단위로 소수점 아래 셋째자리에서 반올림)

*계약사항

품목	보험가입금액	평년수확량	가입면적	기준가격	자기부담비율
양배추	최소가입금액	9,000kg	3,000m²	2,000원/kg	최저비율적용

*조사내용

실제경작 면적	고사면적	타작물 및 미보상 면적	적정 표본 구간수	표본구간 무게 합계		
				80%피해	100%피해	정상
3,000m²	500m²	300m²	(가)	10kg	2kg	7kg

- 미보상비율: 20%, 수확기가격: 1,200원
- 표본구간 면적조사(공통), 이랑폭: 1m, 이랑길이: 1.2m

물음 1 보상하는 재해로 인한 피해가 확인되지 않은 경우 농업수입감소 보험금(원)을 구하시오.

물음 2 자연재해 피해로 인한 농업수입감소 보험금(원)을 구하시오.

문제 167 종합위험 농업수입감소보장 고구마 품목에 관한 내용이다. 보험가입금액은 최대가입금액(천원 단위 절사)이고 계약자부담보험료(원)(원단위 미만 절사)와 정부지원 보험료(원)를 구하시오.

* 서울시 농수산식품공사 가락도매시장 연도별(고구마) 평균가격(원/kg)							
품종	재배면적	2020년	2022년	2022년	2023년	2024년	2025년
호박고구마	1,200m²	2,800	2,500	2,600	2,400	2,700	2,000
밤고구마	1,800m²	3,500	3,400	3,300	3,000	3,200	2,500

- 2025년 수확하는 품종이고 2025년 4월에 보험 가입함
- 농가수취비율이 적용가능하면 80%를 적용한다.

*과거 수확량

(단위: kg)

구분	2020년	2021년	2022년	2023년	2024년	2025년
표준수확량	2,000	2,150	2,200	2,300	2,700	2,760
평년수확량	2,000	2,250	2,300	2,400	2,400	-
조사수확량	무사고	-	1,960	무사고	1,150	
보험가입여부	O	X	O	O	O	-

*보험 가입 내용

영업보험요율	할인. 할증율	전기울타리설치	관수시설	지자체지원율	정부지원율
15%	- 8%	5%	5%	30%	50%

- 방재시설은 고구마 품목에 해당되는 것만 적용할 것. -부가보험료=143,860원

문제 168 농업수입감소보장 마늘에 관한 내용이다. 계약사항 및 조사내용을 참조하여 다음 물음에 답하시오. (단, 주어진 조건 외에 다른 사항은 고려하지 않음)

*계약사항

품종	보험가입금액	평년수확량	가입면적	기준가격	자기부담비율
대서(난지형)	1,500만원	6,000kg	2,000m²	2,500원/kg	20%

*면적조사 및 표본구간 면적 조사내용-재해종류: 한해(가뭄)

실제경작 면적	타작물 및 미보상 면적	표본구간수	표본구간 수확량의 합계		
			80%피해	100%피해	정상
2,000m²	200m²	5	10kg	2kg	18kg

- 미보상비율: 10%, - 수확기가격: 1,800원/kg
- 일일비대추정지수: 1%, 잔여일수: 10일
- 표본구간 면적(공통), 이랑폭: 2m, 이랑길이: 1m

물음 1 표본구간 단위면적당 수확량(kg/m²)의 계산과정과 값을 구하시오.
(단, 단위면적당 수확량은 kg 단위로 소수점 둘째자리에서 반올림하여 다음 예시와 같이 구하시오. 예시: 123.45kg → 123.5kg)

물음 2 농업수입감소 보험금의 계산과정과 값을 구하시오.
(단, 피해율은 % 단위로 소수점 셋째자리에서 반올림하여 다음 예시와 같이 구하시오. 예시: 12.345% → 12.35%)

물음 3 만약 위 계약사항 및 조사내용으로 감소된 수확량이 보상하는 재해로 인한 것이 아니라면 이 때의 농업수입 감소 보험금의 계산과정과 값을 구하시오.
(단, 피해율은 % 단위로 소수점 셋째자리에서 반올림하여 다음 예시와 같이 구하시오. 예시: 12.345% → 12.35%)

문제 169 종합위험 농업수입감소보장 보험에 가입한 옥수수 품목에 관한 내용이다. 다음 내용을 참조하여 농업수입감소 보험금의 계산과정과 값(원)을 쓰시오.

품종	가입면적	기준가격	가입수확량	표준수확량	자기부담비율
연농2호	2,500m²	2,000원/kg	최대가입	3,000kg	최저비율적용

연농2호 표준중량: 0.16kg, 미백2호 표준중량: 0.18kg, 보험가입일: 5월 10일,

*조사내용

사고	피해주수	재식시기지수	재식밀도지수	미보상비율
조수해	2주재배 계약인수가능 최소 정식주수 전체피해	0.95	1	10%

- 사고원인: 조수해 피해로 인한 농지 전체 100% 피해
- 수확기가격: 1,500원

문제 170 농작물재해보험 대추과수원에 보상하는 재해(태풍)로 비가림시설에 피해가 발생하였다. 계약내용 및 조사내용을 참조하여 비가림시설물 보험금의 계산과정과 값(원)을 구하시오.

*비가림시설 조사내용

보험가입금액	재조달가액(피해액)		감가상각률	
	구조체	피복재	피복재	구조체
2,500만원	1,200만원	400만원	40%	30%

잔존물제거비용	손해방지비용	대위권보전비용	기타협력비용	수리여부
80만원	30만원	20만원	10만원	수리복구되지 않음

- 주어진 조건 이외 다른 조건은 고려하지 않음.

문제 171 포도 비가림시설을 A, B 보험회사에 중복으로 가입한 M농가가 태풍으로 인하여 비가림시설에 피해가 발생하였다. 다음 계약내용 및 조사내용을 참조하여 물음에 답하시오.

*비가림시설 계약내용 및 조사내용

A보험회사	- 보험가입금액: 3,600만원 - 보험가액: 5,000만원	- 손해액(재조달가액): 1,200만원
B보험회사	- 보험가입금액: 2,400만원 - 보험가액: 5,000만원	

- 주어진 조건 이외 다른 조건은 고려하지 않음.
- A, B 보험회사의 보험금 계산방법이 같음.

물음 1 중복보험으로 A, B회사에 모두 가입한 경우 A보험회사의 지급보험금을 구하시오.

물음 2 중복보험으로 A, B회사에 모두 가입한 경우 B보험회사의 지급보험금을 구하시오.

물음 3 A회사에만 가입한 경우 A보험회사의 지급보험금(원)을 구하시오.

문제 172 포도 비가림 시설물에 태풍으로 인하여 비가림시설에 피해가 발생하였다. 다음 계약내용 및 조사내용을 참조하여 물음에 답하시오.(A, B동 보험가입금액을 하나의 금액으로 일괄 가입함)

*비가림시설 계약내용 및 조사내용

보험목적	보험가입금액	동별 보험가액		손해액
포도 비가림시설 A, B동	5,000만원	A동	4,000만원	1,400만원
		B동	2,400만원	600만원

물음 1 A동 보험금의 계산과정과 값(원)을 구하시오.

물음 2 B동 보험금의 계산과정과 값(원)을 구하시오.

문제 173 인삼재해보험을 가입한 5개 농가가 태풍으로 인하여 해가림시설에 일부피해가 발생하였다. 다음 계약내용 및 조사내용을 참조하여 물음에 답하시오.

구분	A농가	B농가	C농가	D농가	E농가
보험가액	3,000만원	3,000만원	3,000만원	3,000만원	3,000만원
보험가입금액	3,000만원	2,000만원	4,000만원	2,500만원	3,000만원
피해액	700만원	12,00만원	700만원	500만원	2,000만원
감가피해액	300만원	900만원	400만원	300만원	1,200만원

- 재조달가액보장 특약에 미가입

물음 1 각 농가의 손해액의 계산과정과 값(원)을 구하시오.

물음 2 각 농가의 해가림시설 보험금의 계산과정과 값(원)을 구하시오.

문제 174 인삼재해보험을 가입한 농가가 화재로 인하여 해가림시설에 일부피해가 발생하였다. 다음 계약내용 및 조사내용을 참조하여 해가림시설 보험금의 계산과정과 값(원)을 구하시오. (단, 보험가입금액과 보험가액은 천원단위 절사)

해가림시설 계약내용					
가입면적	칸넓이	m^2당 시설비	시설재료	경과년수	보험가입금액
6,000m^2	4m^2	6,000원	목재	2년	2,640만원

해가림시설 조사내용

*피해칸수 조사

전체파손	20%파손	40%파손	60%파손	80%파손
100	-	50	100	150

- 잔존물제거비용: 50만원, 손해방지비용: 30만원
- 재조달가액보장 특약에 미가입

문제 175 인삼재해보험을 가입한 농가가 화재로 인하여 해가림시설에 일부피해가 발생하였다. 다음 계약내용 및 조사내용을 참조하여 물음에 답하시오.(단, 보험가입금액과 보험가액은 천원단위 절사)

<table>
<tr><th>해가림시설 계약내용</th><th colspan="5">해가림시설 조사내용</th></tr>
<tr><td rowspan="5">- 가입면적: 3,240m²(1,000칸)
- m²당 시설비: 6,000원
- 설치년도: 2020년 11월
- 보험가액: (가), (천원단위 절사)
- 구조체 목재(내용연수 6년)
- 가입년도: 2023년 12월
- 보험가입금액: (나), (천원단위 절사)
- 칸넓이: 3.24m²</td><td colspan="5">- 피해칸수: 370칸
- 사고발생시기: 2024년 2월
*피해칸수 조사</td></tr>
<tr><td rowspan="2">전체 파손</td><td colspan="4">부분파손</td></tr>
<tr><td>20%</td><td>40%</td><td>60%</td><td>80%</td></tr>
<tr><td>120</td><td>-</td><td>-</td><td>100</td><td>150</td></tr>
<tr><td colspan="5">- 화재 피해발생,</td></tr>
<tr><td colspan="6">- 재조달가액보장 특약에 미가입</td></tr>
</table>

물음 1 손해액의 계산과정과 값(원)을 구하시오.(원단위 미만은 절사)

물음 2 해가림시설 보험금의 계산과정과 값(원)을 구하시오.(원단위 미만은 절사)

문제 176 종합위험 농업용 시설물에 대한 계약사항 및 보상하는 재해로 인한 조사내용을 참조하여 각동별 지급보험금의 지급보험금을 구하시오.
(단, 원단위 미만은 절사) (3개동은 각각의 단동하우스와 연동하우스로 구성된 원예시설단지임)

*농업용시설물 계약내용 및 조사내용

<table>
<tr><th>보험목적</th><th>보험가입금액</th><th colspan="2">동별 보험가액</th><th>피해액</th><th>경년감가율</th><th>경과월수</th></tr>
<tr><td rowspan="3">A, B, C동</td><td rowspan="3">3,000만원</td><td>A동</td><td>900만원</td><td>800만원</td><td>10%</td><td>90개월</td></tr>
<tr><td>B동</td><td>1,500만원</td><td>1,000만원</td><td>5.3%</td><td>120개월</td></tr>
<tr><td>C동</td><td>1,600만원</td><td>1,600만원</td><td>수정잔가율 최댓값적용</td><td>150개월</td></tr>
<tr><td colspan="7">- 태풍피해이고 180일 이내 수리복구 완료되지 않음</td></tr>
</table>

물음 1 A동 보험금(원)을 구하시오.

물음 2 B동 보험금(원)을 구하시오.

물음 3 C동 보험금(원)을 구하시오.

문제 177 종합위험 보장방식 보험에 가입된 농업용시설물 및 부대시설이 보상하는 재해로 손해가 발생하였다. 다음 조사결과를 참조하여 물음에 답하시오.

구분	농업시설물		부대시설
	단동하우스	피복재	
보험가입금액	24,000,000원	8,000,000원	8,000,000원
내용연수	10년	고정감가율 40%	8년
경과월수	60개월	-	24개월
m^2당 재조달 가격	80,000원	10,000원	-
피해면적	150m^2	300m^2	재조달가격: 500만원

- 재조달가액 보장 특별약관: 미가입
- 주어진 조건 이외 다른 조건은 고려하지 않음.

물음 1 농업용시설물 보험금(원)을 구하시오.(원단위 미만은 절사)

물음 2 부대시설물 보험금(원)을 구하시오.(원단위 미만은 절사)

문제 178 보상하는 재해로 축사에 피해가 발생하였다. 다음 계약내용과 조사내용을 참조하여 물음에 답하시오.

보험 가입금액	재해	사고조사 내용		
		구조	재조달가격	잔가율
2,400만원	지진	보온덮개, 쇠파이프 조인 구조	8,000만원	최댓값
손해액 산정	- 지진피해로 인해 지붕틀 1개 수리비용: 100만원			
	- 지진피해로 인해 지붕재 30m² 수리비용: 250만원			
	- 지진피해로 인해 기둥과 벽에 생긴 균열 20m 수리비용: 200만원			
	- 지진피해로 인해 긴급피난 5일째 발생한 손해비용: 150만원			
잔존물 제거비용	- 잔존물 청소비용: 10만원			
	- 잔존물 해체비용: 25만원			
	- 잔존물을 폐기물로 처리하는 비용: 30만원			
	- 잔존물을 차에 싣는 비용: 15만원			

- 자기부담비율: 10%, 손해방지비용; 40만원
- 보험목적물이 지속적인 개.보수가 이루어져 보험목적물의 가치증대가 인정된 경우

물음 1 보험가액의 계산과정과 값(원)을 구하시오.

물음 2 지급보험금(비용포함)의 계산과정과 값(원)을 구하시오.

문제 179 보상하는 재해로 인하여 원예시설의 농업용시설물에 피해가 발생하였다. 조사내용을 참조하여 농업용시설물의 보험금과 부대시설 보험금의 계산과정과 값(원)을 각각 구하시오.

구분	재해	보험가입금액		수리복구 여부
		농업용시설물	부대시설	
단동하우스	태풍	3,000만원	1,000만원	수리복구 되지 않음
농업용시설물 재조달가액 및 피해액산정	- 가입면적: 500m^2			
	- m^2당 재조달가액: 10만원			
	- 피해면적: 200m^2			
	- 내용연수: 10년, 경과년수: 4년 3개월			
부대시설 재조달가액 산정	- 시설재배를 위하여 농업용시설물 내부구조체에 연결 부착되어 외부에 노출되지 않은 시설물: 300만원			
	- 시설재배를 위한 시설물 내부에 이동 가능한 관수시설: 250만원			
	- 시설재배를 위하여 농업용시설물 내부에 고정되어 이동이 불가능한 시설물: 500만원			
	- 부대시설 전체 파손, 내용연수: 8년, 경과년수: 2년 6개월			

- 잔존물제거비용: 100만원

문제 180 종합위험 농업용시설물에 대한 계약사항 및 보상하는 재해로 인한 조사내용을 참조하여 각동별 지급보험금을 구하시오.
(단, 보험금 산정 시 원단위 미만은 절사) (3개동은 각각의 단동하우스와 연동하우스로 독립된 원예시설임)

*농업용시설물 계약내용 및 조사내용

보험목적	보험가입금액	동별 보험가액	피해액	경년감가율	경과월수
A동(갑)	900만원	900만원	800만원	10%	90개월
B동(을)	1,500만원	1,500만원	1,000만원	5.3%	120개월
C동(병)	1,600만원	1,600만원	1,600만원	수정잔가율 최댓값적용	150개월

- 태풍피해이고 180일 이내 수리복구되지 않음
- 잔존물제거비용, A동: 30만원, B동: 40만원, C동: 50만원

물음 1 A동 보험금의 계산과정과 값(원)을 구하시오.

물음 2 B동 보험금의 계산과정과 값(원)을 구하시오.

물음 3 C동 보험금의 계산과정과 값(원)을 구하시오.

문제 181 농작물재해보험 종합위험보장방식 농업용시설물 및 부대시설, 시설작물에 대한 보험가입 내용이다. 다음을 참조하여 각각의 물음에 답하시오.

농업용시설물 및 부대시설	시설작물
- 농업용시설물 보험가입면적: 1,000m^2 - 농업용시설물 설치비용: 80,000원/m^2 - 관수시설 계약자 고지금액: 600만원 - 난방시설 계약자고지금액: 1,400만원 - 농업용시설물 보통약관 영업요율: 10% - 부대시설 보통약관 영업요율: 8% - 경량철골조 건물(1종) - 화재위험보장 특별약관 영업요율: 2% - 보험가입금액: 최소가입금액	- 시설작물 가입면적: 800m^2 - 재배 예정 작물(호박, 수박) - m^2당 보장생산비(호박: 4,600원, 수박: 8,200원) - 시설작물 보통약관 영업요율: 10% - 보험가입금액: 최대가입금액 - 지자체지원비율: 35%(공통) - 정부지원비율: 50%(공통) - 순보험료: 적용보험료의 80%(공통)
- 보험가입기간: 2025년 2월 1일 ~ 2025년 6월 30일 - 재조달가액 보장 특약에 가입함 - 수재위험 부보장 특약 미가입 - 화재위험보장 특약 및 화재대물배상책임보장 특약 가입(배상한도액 5억원, LOL계수: 5.23) - 화재위험보장 특약 및 화재대물배상책임보장 특약 보험가입금액은 주계약과 동일	

물음 1 농업용시설물과 시설작물의 보험가입금액(원)을 구하시오.

물음 2 농업용시설물. 부대시설 주계약 적용보험료(원)를 구하시오.

물음 3 농업용시설물. 부대시설 화재위험보장 특약 보험료(원)를 구하시오.

물음 4 화재대물배상책임보장 특약 보험료(원)를 구하시오.

문제 182 각 농가에 보상하는 재해로 인하여 축사에 피해가 발생하였다. 보험목적물이 지속적인 개.보수가 이루어져 보험목적물의 가치증대가 인정된 경우 다음 조사내용을 참조하여 각 농가의 보험금(원)을 구하시오.

농가	보험 가입금액	재해	보험가액		손해액
			구조	재조달가액	
A	2,400만원	지진	보온덮개, 쇠파이프 조인 구조	1억원	2,000만원
B	2,800만원	풍재	보온덮개, 쇠파이프이외 구조	1억원	2,400만원
C	2,400만원	화재	보온덮개, 쇠파이프 조인 구조	1억원	1,200만원

- 자기부담비율(공통): 10%
- B농가: 잔존물제거비용: 200만원, 손해방지비용: 80만원
- C농가(180일 이내 수리복구되지 않음): 잔존물제거비용: 150만원
- 각 축사의 내용연수가 모두 경과하여 수정잔가율의 최댓값을 이용함.

물음 1 각 농가의 보험가액(원)을 구하시오.

물음 2 지급보험금(비용포함)을 구하시오.

문제 183 가축 축사에 보상하는 재해(태풍)로 피해가 발생하였다. 다음 계약내용 및 조사내용을 참조하여 총 지급보험금(비용포함)의 계산과정과 값(원)을 구하시오.

*계약내용 및 조사내용

재해종류	보험가입금액	구조체	재조달가격
태풍	1,400만원	보온덮개. 쇠파이프 이외의 축사구조물	5,000만원

손해액	잔존물제거비용	손해방지비용	자기부담비율	잔가율
900만원	80만원	60만원	10%	최댓값적용

- 보험목적물이 지속적인 개.보수가 이루어져 보험목적물의 가치증대가 인정됨.
- 수리복구 되었고 내용연수가 지나서 잔가율의 최댓값을 적용함.

문제 184 농가에 보상하는 재해로 축사에 중복사고 피해가 발생하였다. 계약내용과 조사내용을 참조하여 농가의 1차, 2차 보험금(원)의 총합을 구하시오.(단, 각 보험금 산정 시 원단위 미만은 절사)

*계약내용 및 조사내용

재조달가액	보험가입금액	구조체	잔가율	자기부담비율
1억원	3,200만원	보온덮개. 쇠파이프 조인 축사구조물	최댓값적용	10%

1차 사고	손해액	잔존물제거비용	손해방지비용
수재	1,200만원	150만원	107만원

- 보험목적물이 지속적인 개.보수가 이루어져 보험목적물의 가치증대가 인정됨.
- 수리복구 되었고 내용연수가 지나서 잔가율의 최댓값을 적용함.

2차 사고	손해액	잔존물제거비용	손해방지비용
화재	1,800만원	120만원	100만원

- 보험목적물이 지속적인 개.보수가 이루어져 보험목적물의 가치증대가 인정됨.
- 수리복구 되었고 내용연수가 지나서 잔가율의 최댓값을 적용함.

문제 185 농작물재해보험 대추과수원에 보상하는 재해로 비가림 시설에 피해가 발생하였다. 계약내용 및 조사내용을 참조하여 비가림 시설물 보험금의 계산과정과 값(원)을 쓰시오.

*비가림시설의 계약내용 및 조사내용

보험가입금액	재조달 가액(피해액)		감가상각률	
	구조체	피복재	피복재	구조체
3,000만원	1,200만원	500만원	40%	25%

잔존물제거비용	손해방지비용	대위권보전비용	기타협력비용	수리여부
60만원	30만원	20만원	10만원	수리복구되지 않음

- 화재위험보장 특약에 가입하였고 주어진 조건 이외 다른 조건은 고려하지 않음.

물음 1 태풍 피해로 인한 사고인 경우 지급보험금(원)을 구하시오.

물음 2 화재 피해로 인한 사고인 경우 지급보험금(원)을 구하시오.

문제 186 농작물재해보험을 가입한 농가가 화재로 해가림시설에 일부피해가 발생하였다. 다음 계약내용 및 조사내용을 참조하여 해가림시설 보험금의 계산과정과 값(원)을 쓰시오. (단, 보험가입금액과 보험가액은 천원 단위 절사)

해가림시설 계약내용					
가입면적	칸넓이	m^2당 시설비	시설재료	가입당시 경과년수	보험가입금액
5,000m^2	4m^2	6,000원	목재	2년	(가)

해가림시설 조사내용(사고당시 경과년수: 3년)

*피해칸수 조사				
전체파손	20%파손	40%파손	60%파손	80%파손
300	-	50	100	150

- 잔존물제거비용: 598,800원, 손해방지비용: 258,800만원
- 주어진 조건 이외 다른 조건은 고려하지 않음.

문제 187 농작물재해보험에 가입된 농업용 시설물 및 부대시설이 보상하는 재해로 피해가 발생하였다. 다음 조사결과를 참조하여 물음에 답하시오.(단, 보험금과 자기부담금액 산정 시 원단위 미만은 절사)

구분	농업시설물		부대시설
	단동하우스	피복재	
보험가입금액	36,000,000원		10,000,000원
내용연수	10년	고정감가율 40%	8년
경과월수	60개월	-	60개월
m²당 재조달 가격	80,000원	10,000원	-
피해면적	300m²	500m²	피해액: 870만원

- 재조달가액 보장 특별약관: 미가입
- 잔존물제거비용: 280만원, 주어진 조건 이외 다른 조건은 고려하지 않음.

물음 1 농업용시설물 보험금의 계산과정과 값(원)을 구하시오.

물음 2 부대시설물 보험금의 계산과정과 값(원)을 구하시오.

문제 188 가축 축사에 보상하는 재해(태풍)로 인하여 피해가 발생하였다. 다음 계약내용 및 조사내용을 참조하여 총 지급보험금(비용포함)의 계산과정과 값(원)을 쓰시오.

(단, 보험금과 자기부담금액 산정 시 원단위 미만은 절사)

*계약내용 및 조사내용

재해종류	보험가입금액	구조체	재조달가격
태풍	4,368만원	보온덮개. 쇠파이프 이외의 축사구조물	12,000만원

손해액	잔존물제거비용	손해방지비용	자기부담비율	잔가율
5,400만원	500만원	60만원	0%	최댓값적용

- 보험목적물이 지속적인 개.보수가 이루어져 보험목적물의 가치증대가 인정됨.
- 수리복구 되었고 내용연수가 지나서 잔가율의 최댓값을 적용함.

문제 189 보상하는 재해로 원예시설의 농업용시설물에 피해가 발생하였다. 계약내용 및 조사내용을 참조하여 농업용시설물 보험금과 부대시설 보험금을 각각 구하시오.
(단, 보험금과 자기부담금액 산정 시 원단위 미만은 절사)

구분	재해	보험가입금액		수리복구 여부
		농업용시설물	부대시설	
단동하우스	화재	최저가입금액	1,500만원	수리복구 되지 않음
농업용시설물 재조달가액 및 피해액산정	- 가입면적: 500m²			
	- m²당 재조달가액: 10만원			
	- 피해면적: 400m²			
	- 내용연수: 10년, 경과년수: 48개월			
부대시설 재조달가액 산정	- 시설재배를 위하여 농업용시설물 내부구조체에 연결 부착되어 외부에 노출되지 않은 시설물: 450만원			
	- 시설재배를 위한 시설물 내부에 이동 가능한 관수시설: 400만원			
	- 시설재배를 위하여 농업용시설물 내부에 고정되어 이동이 불가능한 시설물: 400만원			
	- 부대시설 전체 파손, 내용연수: 8년, 경과년수: 24개월			

- 잔존물제거비용: 350만원
- 재조달가액보장 특별약관과 화재위험보장 특별약관에 가입함

문제 190 농작물재해보험에 가입한 축사에 지진 피해가 발생하였다. 다음 계약내용 및 조사내용을 참조하여 축사농가의 지급보험금(원)(비용포함)을 구하시오.
(단, 보험금과 자기부담금액 산정 시 원단위 미만은 절사)

<table>
<tr><th rowspan="2">보험
가입금액</th><th rowspan="2">재해</th><th colspan="3">사고조사 내용</th></tr>
<tr><th>구조</th><th>재조달가액</th><th>잔가율</th></tr>
<tr><td>3,200만원</td><td>지진</td><td>보온덮개, 쇠파이프 조인 구조</td><td>10,000만원</td><td>최댓값 적용</td></tr>
<tr><td rowspan="4">손해액 산정</td><td colspan="4">지진 피해로 인해 지붕틀 2개 수리비용: 250만원</td></tr>
<tr><td colspan="4">지진 피해로 인해 지붕재 10m² 수리비용: 150만원</td></tr>
<tr><td colspan="4">지진 피해로 인해 기둥과 벽에 생긴 균열 8m 수리비용: 300만원</td></tr>
<tr><td colspan="4">지진 피해로 인한 긴급피난 5일째 발생한 손해비용 : 200만원</td></tr>
<tr><td rowspan="4">잔존물제거비용</td><td colspan="4">잔존물 청소비용: 5만원</td></tr>
<tr><td colspan="4">잔존물 해체비용: 25만원</td></tr>
<tr><td colspan="4">잔존물을 폐기물로 처리하는 비용: 35만원</td></tr>
<tr><td colspan="4">잔존물을 차에 싣는 비용: 10만원</td></tr>
</table>

- 자기부담비율: 0%, -손해방지비용: 25만원
- 보험목적물이 지속적인 개.보수가 이루어져 보험목적물의 가치증대가 인정된 경우

문제 191 가축재해보험에 가입한 젖소 수컷(육우)가 보상하는 재해로 인하여 폐사하였다. 다음 계약내용 및 조사내용을 참조하여 물음에 답하시오.

축종	보험가입금액	자기부담비율	월령(사고당시)
젖소 수컷	348만원	20%	26개월

- 전전월 전국도매시장 kg당 지육평균가격: 20,000원

*계약내용 및 조사내용

잔존물처리비용	손해방지비용	잔존물보전비용	대위권보전비용	기타협력비용
80만원	30만원	50만원	20만원	10만원

물음 1 지급보험금(비용포함)의 계산과정과 값(원)을 구하시오.

물음 2 잔존물처리비용의 보상하는 비용 3가지를 서술하시오.

문제 192 가축재해보험에 가입한 젖소 수컷(육우)을 사육하는 농가에서 보상하는 재해로 피해(폐사)가 발생하였다. 비용포함 총 지급보험금의 계산과정과 값(원)을 구하시오.

* 계약사항 및 조사내용

축종	보험가입금액	자기부담비율	사고당시 월령
젖소 수컷	783만원	20%	28개월

- 사고전전월 젖소수컷 500kg 해당 전국 산지평균가격: 725만원

잔존물처리비용	손해방지비용	잔존물보전비용	대위권보전비용	기타협력비용
80만원	30만원	50만원	20만원	10만원

문제 193 가축재해보험에 가입한 젖소 수컷(육우)가 보상하는 재해로 폐사하였다. 다음 계약내용 및 조사내용을 참조하여 물음에 답하시오.

물음 1 보상하는 재해로 젖소수컷(육우) 1마리가 폐사하였다. 계약내용 및 조사내용을 참조하여 지급 보험금(비용포함)의 계산과정과 값(원)을 쓰시오.

*계약내용 및 조사내용

축종	보험가입금액	자기부담비율	사고당시 월령	잔존물처리비용
육우	696원	20%	28개월	30만원

- 전전월 전국도매시장 kg당 지육평균가격: 25,000원

물음 2 보상하는 재해로 젖소수컷(육우) 1마리가 폐사하였다. 계약내용 및 조사내용을 참조하여 지급 보험금(비용포함)의 계산과정과 값(원)을 쓰시오.

* 계약사항 및 조사내용

축종	보험가입금액	자기부담비율	사고당시 월령	잔존물처리비용
육우	588만원	20%	30개월	30만원

- 보험사고 전전월 젖소수컷 500kg 해당 전국산지 평균가격: 700만원

문제 194 다음은 2024년도 한우 월별 산지가격 동향표이다. 가축재해보험에 가입한 농가에서 2024년 11월 8일에 보상하는 재해로 피해가 발생하였다. 다음 표를 참조 하여 물음에 답하시오.
(단, 보험가액 산정 시 천원 미만은 절사)

*2024년도 한우 월별 산지가격동향

구분	한우 (단위: 천원)							
	송아지 (4~5월령)		송아지 (6~7월령)		350kg		600kg	
	암컷	수컷	암컷	수컷	암컷	수컷	암컷	수컷
8월	-	-	2,700	2,680	4,550	4,300	7,220	6,980
9월	-	-	2,800	2,700	4,550	4,200	7,120	6,880
10월	-	-	3,000	2,800	4,826	4,456	7,060	6,880

물음 1 한우 암송아지(월령2개월) 질병폐사 보험가액(원)을 구하시오.

물음 2 한우 숫송아지(월령2개월) 부상폐사 보험가액(원)을 구하시오.

물음 3 한우 암송아지(월령4개월) 질병폐사 보험가액(원)을 구하시오.

물음 4 한우 숫송아지(월령5개월) 부상폐사 보험가액(원)을 구하시오.

물음 5 한우 암송아지(월령3개월) 질병폐사 보험가액(원)을 구하시오.

물음 6 한우 숫송아지(월령6개월) 부상폐사 보험가액(원)을 구하시오.

물음 7 한우 수컷(월령25개월)의 보험가액(원)을 구하시오.

물음 8 한우 암컷(월령40개월)의 보험가액(원)을 구하시오.

물음 9 한우 수컷(월령20개월)의 보험가액(원)을 구하시오.(단, 한우 수컷 20월령 체중:555kg)

물음 10 한우 암컷(월령25개월)의 보험가액(원)을 구하시오.(단, 한우 암컷 25월령 체중:380kg)

문제 195 다음은 2024년도 젖소 월별 산지가격 동향표이다. 가축재해보험에 가입한 농가 에서 2024년 11월 8일에 보상하는 재해로 피해가 발생하였다. 다음 표를 참조하여 물음에 답하시오.
(단, 보험가액 산정 시 천원 단위 미만은 절사)

*2024년도 젖소 월별 산지가격동향

구분	분유떼기 (1~7개월)		수정단계 (13~18개월)	초산우 (24~31개월)	다산우 (40~55개월)	노산우 (67개월이상)
	암컷	수컷	젖소 (단위: 천원)			
8월	1,300	1,250	3,780	5,450	6,950	5,000
9월	1,400	1,300	3,800	5,500	6,850	4,850
10월	1,480	1,400	3,780	5,330	6,900	4,950

물음 1 젖소(월령2개월) 질병폐사 보험가액(원)을 구하시오.

물음 2 젖소(월령1개월) 부상폐사 보험가액(원)을 구하시오.

물음 3 젖소(월령3개월) 질병폐사 보험가액(원)을 구하시오.

물음 4 젖소(월령5개월) 질병폐사 보험가액(원)을 구하시오.

물음 5 젖소(월령11개월)의 보험가액(원)을 구하시오.

물음 6 젖소(월령21개월)의 보험가액(원)을 구하시오.

물음 7 젖소(월령34개월)의 보험가액(원)을 구하시오.

물음 8 젖소(61개월)의 보험가액(원)을 구하시오.

물음 9 육우(월령2개월) 질병폐사 보험가액(원)을 구하시오.

물음 10 육우(월령30개월) 폐사 보험가액(원)을 구하시오.
(단, 2024년 9월 전국도매시장 지육 평균가격: 18,000원/kg)

문제 196 다음은 2025년도 한우 월별 산지가격동향표이다. 가축재해보험에 가입한 농가에 2025년 4월 28일에 보상하는 재해로 피해가 발생하였다. 다음 산지가격동향표를 참조하여 물음에 답하시오. (농협축산정보센터에 등재된 (4~5월령) 송아지가격이 있는 경우)

*2025년도 농협축산정보센터 한우 월별 산지가격동향

구분	한우 (단위 천원)						
	송아지 (4~5월령)	송아지(6~7월령)		350kg		600kg	
		암컷	수컷	암컷	수컷	암컷	수컷
2월	2,340	2,600	2,800	4,900	4,200	7,120	6,880
3월	2,200	2,850	2,870	4,824	4,345	7,050	6,678
4월	2,078	2,800	2,878	4,826	4,456	7,060	6,880

물음 1 한우 송아지(월령1개월) 부상폐사 보험가액

물음 2 한우 송아지(월령2개월) 질병폐사 보험가액

물음 3 한우 송아지(월령2개월) 부상폐사 보험가액

물음 4 한우 송아지(월령3개월) 부상폐사 보험가액

물음 5 한우 송아지(월령4,5개월) 보험가액

물음 6 한우수컷(월령26개월) 질병폐사 보험가액

물음 7 한우암컷(월령42개월) 질병폐사 보험가액

문제 197 다음은 2025년도 한우 월별 산지가격동향표이다. 가축재해보험에 가입한 농가에 2025년 4월 28일에 보상하는 재해로 피해가 발생하였다. 다음 산지가격동향표를 참조하여 물음에 답하시오.

(농협축산정보센터에 등재된 (4~5월령) 송아지가격이 없는 경우)

*2025년도 농협축산정보센터 한우 월별 산지가격동향

구분	한우 (단위 천원)						
	송아지 (4~5월령)	송아지(6~7월령)		350kg		600kg	
		암컷	수컷	암컷	수컷	암컷	수컷
2월	-	2,600	2,800	4,900	4,200	7,120	6,880
3월	-	2,850	2,870	4,824	4,345	7,050	6,678
4월	-	2,800	2,878	4,826	4,456	7,060	6,880

물음 1 한우 암송아지(월령4개월) 부상폐사 보험가액

물음 2 한우 숫송아지(월령5개월) 질병폐사 보험가액

물음 3 한우 암송아지(월령6개월) 질병폐사 보험가액

물음 4 한우 숫송아지(월령6개월) 긴급도축 보험가액

물음 5 한우암컷(월령42개월) 긴급도축 보험가액

물음 6 한우수컷(월령28개월) 질병폐사 보험가액

문제 198 다음은 2025년도 젖소 월별 산지가격동향표이다. 가축재해보험에 가입한 농가에 2025년 3월 8일에 보상하는 재해로 피해가 발생하였다. 다음 산지가격동향표를 참조하여 물음에 답하시오.

*2025년도 농협축산정보센터 젖소 월별 산지가격동향

구분	젖소 (단위: 천원)					
	분유떼기 (1~7개월)		수정단계 (13~18개월)	초산우 (24~31개월)	다산우 (40~55개월)	노산우 (67개월이상)
	암컷	수컷				
1월	1,240	1,150	2,800	4,600	4,900	3,800
2월	1,220	1,140	2,900	4,850	4,860	3,860
3월	1,280	1,150	2,780	4,830	4,830	3,815

물음 1 젖소(월령2개월) 질병폐사 보험가액

물음 2 젖소(월령2개월) 부상으로 폐사 보험가액

물음 3 육우(월령2개월) 질병폐사 보험가액

물음 4 젖소(월령11개월) 보험가액

물음 5 젖소(월령21개월) 보험가액

물음 6 젖소(월령34개월) 보험가액

물음 7 젖소(월령61개월) 보험가액

물음 8 육우(월령30개월) 폐사 보험가액 (단, 2025년 1월 전국도매시장 지육 평균가격: 15,000원/kg)

문제 199 소 도체결함보장 특약에 가입한 경우 다음 계약내용 및 조사내용을 참조하여 물음에 답하시오.

*계약내용 및 조사내용

보험가입금액	사고소의 도체중	사고소 1두의 경락가격	잔존물처리비용
504만원	450kg	420만원	-

- 자기부담비율: 소 도체결함보장 특약에 정해진 비율
- 사고 전월 전국지육경매평균가격: 16,000원/kg

물음 1 보험가액과 손해액의 계산과정과 값(원)을 구하시오.

물음 2 소도체결함 보험금의 계산과정과 값(원)을 구하시오.

물음 3 소도체결함 유형 6가지를 서술하시오.

문제 200 가축재해보험에 가입한 A농가에서 한우 1마리가 인근농장 주인 B의 과실 (보상하는 손해)로 폐사하여 보험회사에 사고보험금을 청구하였다. 다음 내용을 참조하여 A농가에서 청구한 지급보험금의 계산과정과 값(원)을 구하시오.

A농가의 보험청구 항목		보험회사의 조사내용
보험금	소(한우)	폐사 시점의 한우 보험가액은 720만원이고 보험가입금액은 648만원으로 전부보험에 해당됨. - 자기부담비율: 20%
기타 비용	잔존물처리비용	사고현장에서 잔존물을 해체하여 견인하여 차에 싣는 비용이 60만원 지출된 것으로 확인됨.
	손해방지비용	A농가에서 보험목적물의 관리(예방접종, 정기검진등)를 위해 지출한 유익한 비용이 30만원으로 확인됨.
	대위권보전비용	A농가에서 B에게 손해배상을 받을 수 있는 권리를 행사하기 위해 지출한 유익한 비용이 20만원으로 확인됨.
	기타협력비용	A농가에서 보험회사의 요구 또는 협의 없이 단독으로 지출한 비용이 10만원으로 확인됨

문제 201 돼지(비육돈, 육성돈, 후보돈)를 사육하는 축산농가에 보상하는 재해로 축사 내 돼지가 일부 폐사하여 돼지 한 마리당 보험가액을 산정하려고 다음과 같이 조사를 하였다. 조사내용을 참조하여 물음에 답하시오.(단, 소수점 미만은 절사하시오.)

보험가입금액	자기부담비율	110kg 비육돈 지육율	자돈가격 (30kg 기준)
3,000만원	20%	76.8%	30만원

- 사고당일 포함 직전 5영업일 평균돈육 대표가격(전체. 탕박): 8,000원
- 전국도매시장 비육돈 평균지육단가(탕박): 5,400원/kg
- 비육돈 지육단가에 의한 종빈돈의 가격(5,350원 이상: 70만원)

*계약내용 및 조사내용

생육단계	종빈돈	육성돈	비육돈	후보돈
생체중량	112kg	60kg	97kg	88kg

- 종빈돈(임신,포유 불가능), 육성돈(31~60kg인 돼지), 후보돈(교배경험이 없는 암퇘지)

물음 1 110kg 비육돈 수취가격의 계산과정과 값(원)을 구하시오.

물음 2 종빈돈(임신,포유 불가능)의 보험가액의 계산과정과 값(원)을 구하시오.

물음 3 육성돈의 보험가액의 계산과정과 값(원)을 구하시오.

물음 4 비육돈의 보험가액의 계산과정과 값(원)을 구하시오.

물음 5 후보돈의 보험가액의 계산과정과 값(원)을 구하시오.

문제 202 가축재해보험에 가입한 돼지 사육농가에 수재로 인한 피해가 발생하였다. 다음 계약내용 및 조사내용을 참조하여 사육농가의 모든 돼지가 폐사 하였을 때, 지급 보험금액의 계산과정과 값(원)을 구하시오.(단, 보험금은 원 단위 미만 절사)

*계약내용 및 조사내용

종모돈	종빈돈		비육돈 (111kg이상)	자돈가격 (30kg기준)
	임신. 분만. 포유 가능 (81~86kg)	임신. 분만. 포유 불가능(94~100kg)		
5마리	10마리	5마리	20마리	20만원

- 주계약 보험가입금액: 2,500만원, 자기부담비율: 20%
- 사고당일 포함 직전 5영업일 평균돈육대표가격(전체, 탕박): 6,000원/kg
- 전국도매시장 비육돈 평균지육단가(탕박): 5,400원/kg
- 비육돈 지육단가에 의한 종빈돈의 가격(5,350원 이상: 70만원)
- 잔존물처리비용: 200만원

문제 203 돼지질병위험보장 특약에 가입한 농가가 보상하는 재해로 피해가 생겼다. 다음 계약내용 및 조사내용을 참조하여 돼지질병위험보장 보험금의 계산과정과 값(원)을 구하시오.

*계약내용 및 조사내용

질병특약 계약내용		조사내용			
보험가입금액	자기부담비율	사고원인	손해액	사고당시 모돈수	자돈가격 (30kg기준)
1,200만원	20%	질병폐사	800만원	20마리	30만원

- 잔존물처리비용: 90만원

문제 204 가축재해보험 돼지 품목에서 축산휴지위험보장 특별약관에 가입한 경우 다음 계약내용 및 조사내용을 참조하여 물음에 답하시오.

*계약내용 및 조사내용

종모돈	종빈돈		자돈가격 (30kg기준)	경영비 (두당)
	임신. 분만. 포유 가능(모돈)	임신. 분만. 포유 불가능		
5	10	3	30만원	35만원

- 특약 보험가입금액: 850만원,
- 사고당일 포함 직전 5영업일 평균돈육대표가격(전체, 탕박): 6,000원/kg
- 주어진 조건 이외 다른 조건은 고려하지 않음.

물음 1 110kg 비육돈 수취가격의 계산과정과 값(원)을 구하시오.

물음 2 1두당 100kg 비육돈 평균가격의 계산과정과 값(원)을 구하시오.

물음 3 이익율의 계산과정과 값(%)을 구하시오.(단, 이익률은 % 단위로 소수점 아래 절사. 예시: 12.345%→12%)

물음 4 축산휴지위험보장 보험금의 계산과정과 값(원)을 구하시오.(단, 보험금 산정 시 원단위 미만은 절사)

문제 205 돼지(비육돈, 육성돈, 후보돈)를 사육하는 축산농가에 보상하는 재해로 축사 내 돼지가 일부 폐사하여 돼지 한 마리당 보험가액을 산정하려고 다음과 같이 조사를 하였다. 조사내용을 참조하여 물음에 답하시오.

*계약내용 및 조사내용

보험가입금액	자기부담비율	110kg 비육돈 지육율	자돈가격 (30kg 기준)
3,000만원	20%	76.8%	30만원

- 사고당일 포함 직전 5영업일 평균돈육 대표가격(전체. 탕박): 9,000원
- 전국도매시장 비육돈 평균지육단가(탕박): 5,800원/kg
- 비육돈 지육단가에 의한 종빈돈의 가격(5,350원 이상: 70만원)

생육단계	종빈돈	육성돈	비육돈	후보돈
생체중량	102kg	60kg	97kg	88kg

- 종빈돈(임신,포유 불가능), 육성돈(31~60kg인 돼지), 후보돈(교배경험이 없는 암퇘지)

물음 1 110kg 비육돈 수취가격의 계산과정과 값(원)을 쓰시오.

물음 2 종빈돈(임신,포유 가능)의 보험가액의 계산과정과 값(원)을 쓰시오.

물음 3 종빈돈(임신,포유 불가능)의 보험가액의 계산과정과 값(원)을 쓰시오.

물음 4 육성돈의 보험가액의 계산과정과 값(원)을 쓰시오.

물음 5 비육돈의 보험가액의 계산과정과 값(원)을 쓰시오.

물음 6 후보돈의 보험가액의 계산과정과 값(원)을 쓰시오.

물음 7 종모돈의 보험가액의 계산과정과 값(원)을 쓰시오.

문제 206 가축재해보험에 가입한 돼지 사육농가에 수재로 인한 피해가 발생하였다. 다음 계약내용 및 조사내용을 참조하여 사육농가의 모든 돼지가 폐사 하였을 때, 지급 보험금의 계산과정과 값(원)을 쓰시오. (단, 각 보험금 산정 시 원 단위 미만은 절사)

*계약내용 및 조사내용

종모돈	종빈돈		비육돈	자돈가격
	임신. 분만. 포유 가능 (81~86kg)	임신. 분만. 포유 불가능(94~100kg)	(111kg이상)	(30kg기준)
5마리	10마리	5마리	50마리	20만원

- 보험가입금액: 4,000만원, 자기부담비율: 20%
- 사고당일 포함 직전 5영업일 평균돈육대표가격(전체, 탕박): 8,000원/kg
- 전국도매시장 비육돈 평균지육단가(탕박): 5,400원/kg
- 비육돈 지육단가에 의한 종빈돈의 가격(5,350원 이상: 70만원)
- 잔존물처리비용: 200만원

문제 207 돼지질병위험보장 특약에 가입한 농가가 보상하는 피해로 손해가 발생하였다. 다음 계약내용 및 조사내용을 참조하여 돼지질병위험보장 보험금의 계산과정과 값(원)을 쓰시오. (단, 보험금 산정 시 원단위 미만은 절사)

*계약내용 및 조사내용

질병특약 계약내용		조사내용			
보험가입금액	자기부담비율	사고원인	손해액	사고당시 모돈수	자돈가격 (30kg기준)
1,500만원	20%	질병폐사	1,500만원	30마리	25만원

- 잔존물처리비용: 100만원

문제 208 가축재해보험 돼지 품목에서 축산휴지위험보장 특약에 가입한 경우 계약내용 및 조사내용을 참조하여 물음에 답하시오.(단, 보험금 산정 시 원단위 미만은 절사)

*계약내용 및 조사내용

종모돈	종빈돈		자돈가격 (30kg기준)	경영비 (두당)
	임신. 분만. 포유 가능(모돈)	임신. 분만. 포유 불가능		
5	8	5	30만원	50만원

- 특약 보험가입금액: 1,800만원,
- 사고당일 포함 직전 5영업일 평균돈육대표가격(전체, 탕박): 10,000원/kg
- 주어진 조건 이외 다른 조건은 고려하지 않음.

물음 1 110kg 비육돈 수취가격의 계산과정과 값(원)을 쓰시오.

물음 2 1두당 100kg 비육돈 평균가격의 계산과정과 값(원)을 쓰시오.

물음 3 이익율의 계산과정과 값(%)을 쓰시오.(단, 이익률은 % 단위로 소수점 아래 셋째자리에서 반올림)

물음 4 축산휴지위험보장 보험금의 계산과정과 값(원)을 쓰시오.(단, 보험금 산정 시 원단위 미만은 절사)

문제 209 닭(산란계) 농가에 보상하는 재해로 피해가 발생하였다. 다음 가격표를 참조하여 물음에 답하시오. (단, 보험가액 산정 시 원단위 미만은 절사)

구분	육계(45일령)	토종닭(66일령)	토종닭(85일령)	오리(50일령)
kg당 평균가격	5,600원	8,200원	8,200원	7,400원

*토종닭(66일령) 중량: 2,090g, *육계(40일령)의 중량: 2,300g
*토종닭(84일령)의 중량: 2,800g, *오리(45일령)의 중량: 3,500g

물음 1 육계(45일령) 한 마리의 보험가액(원)을 구하시오.

물음 2 토종닭(66일령) 한 마리의 보험가액(원)을 구하시오.

물음 3 토종닭(85일령) 한 마리의 보험가액(원)을 구하시오.

물음 4 오리(50일령) 한 마리의 보험가액(원)을 구하시오.

문제 210 가금 농장에 보상하는 재해로 피해를 입어 한 마리당 보험가액을 산정하려고 다음과 같이 조사를 하였다. 조사내용을 참조하여 물음에 답하시오.

육계	사고일자 일령	생후 40일령 표준발육 중량
	43일	2,300g

- 사고당일포함 직전 5영업일 육용실용계 병아리 평균가격: 3,600원/kg

토종닭	사고일자 일령	생후 84일령 표준발육 중량
	85일	2,800g

- 사고당일포함 직전 5영업일 육용실용계 병아리 평균가격: 4,500원/kg

오리	사고일자 일령	생후 45일령 표준발육 중량
	46일	3,500g

- 사고당일포함 직전 5영업일 육용실용계 병아리 평균가격: 4,200원/kg

물음 1 육계의 보험가액의 계산과정과 값(원)을 구하시오.

물음 2 토종닭의 보험가액의 계산과정과 값(원)을 구하시오.

물음 3 오리의 보험가액의 계산과정과 값(원)을 구하시오.

물음 4 삼계의 보험가액의 계산과정과 값(원)을 구하시오.

문제 211 닭(산란계) 농가에 보상하는 재해로 피해가 발생하였다. 다음 가격표를 참조하여 물음에 답하시오. (단, 보험가액 산정 시 원단위 미만은 절사)

*조사내용: 사고당일 포함 직전 5영업일의 평균가격(대한양계협회의 가격 참조)표

구분	산란실용계 병아리	산란중추	20주 산란계	산란성 계육
가격	4,000원	15,300원	26,978원	14,000원

중량규격별(비중) 1개 평균가격		
왕란(2%)	특란	대란 이하
200원	180원	160원

보상하는 재해로 인한 산란계 (폐사)피해상황			
병아리 (생후8주)	중추 (생후18주)	산란계 (생후30주)	산란노계 (생후72주)
100마리	300마리	400마리	200마리

*보험가입금액: 2000만원, 잔존물처리비용: 150만원, 자기부담비율: 20%

물음 1 계란 1개 평균가격(원)을 구하시오.(단, 원단위 미만은 절사)

물음 2 병아리 (생후8주) 한 마리의 보험가액(원)을 구하시오.

물음 3 산란계 (생후30주) 한 마리의 보험가액(원)을 구하시오.

물음 4 닭 농가 전체의 보험가액(원)을 구하시오.

물음 5 닭 농가 전체의 보험금액(원)을 구하시오.

문제 212 닭(산란계) 농장에 보상하는 재해로 피해가 발생하여 한 마리당 보험가액을 산정하려고 다음과 같이 조사를 하였다. 조사내용을 참조하여 물음에 답하시오.

*조사내용: 사고당일 포함 직전 5영업일의 평균가격(대한양계협회의 가격 참조)표

산란실용계 병아리가격	산란 중추가격	20주 산란계가격	산란성계육 평균가격	중량규격(비중)별 1개 평균가격		
				왕란 (2%)	특란 (53.5%)	대란 이하 (44.5%)
2,000원	8,300원	21,238원	3,100원	170원	160원	140원

- 산란계 계란 1개의 생산비: 77원

물음 1 계란 1개 평균가격을 구하시오.(단, 원단위 미만은 절사)

물음 2 병아리(생후 8주)의 보험가액을 구하시오.(단, 원단위 미만은 절사)

물음 3 중추(생후 18주)의 보험가액을 구하시오.(단, 원단위 미만은 절사)

물음 4 산란계(생후 30주)의 보험가액을 구하시오.(단, 원단위 미만은 절사)

물음 5 산란노계(생후 72주)의 보험가액을 구하시오.(단, 원단위 미만은 절사)

문제 213 닭을 사육하는 농가에 보상하는 재해 폭염으로 피해가 발생하였다. 다음 계약사항 및 조사내용을 참조하여 보험금(원)을 구하시오.(원단위 미만 절사)

*계약내용(폭염재해보장 특별약관에 가입함)

품목	보험가입금액	종계협정 보험가액	자기부담비율	토종닭 (생후90일령)	육계 (생후45일령)
닭	1,260만원	20,000원/마리	10%	2.8kg/마리	2.3kg/마리

*조사내용

보상하는 재해로 인한 폐사현황			
종계 (성계)	산란계 (생후20주)	토종닭 (생후90일령)	육계 (생후45일령)
100마리	500마리	200마리	200마리

- 계란1개 평균가격: 137원
- 토종닭 평균가격: 5,000원/kg, (사고당일포함 직전 5영업일 평균가격)
- 육계 평균가격: 4,000원/kg, (사고당일포함 직전 5영업일 평균가격)
- 잔존물처리비용: 100만원

문제 214 금차 조사일정에 따라 손해평가반을 구성하려고 한다. 다음 계약사항 및 과거 조사사항과 조사자의 정보를 참조하여 금차사고조사에 손해평가가 가능한 사람들을 고르시오.

*조사내용

구분	계약자	모집인	가입일자
甲과수원(사과)	A(손해평가사)	C(손해평가사)	2023년 2월 15일
乙과수원(단감)	B(손해평가사)	D(손해평가인)	2023년 2월 20일

구분	조사종류	조사자	조사일자
甲과수원	적과후 착과수 조사	B, F	2023년 7월 10일
乙과수원	적과후 착과수 조사	C, G	2023년 7월 20일

*금차 조사 일정

구분	조사종류	조사자	조사일자
甲과수원	낙과피해 조사	?	2023년 8월 15일

*甲과수원(사과), 계약자 A와의 관계

D(손해평가인)	E(손해평가사)	F(손해사정사)	G(손해평가인)	H(손해평가사)
부인 친구	아들 친구	아들	후배	생면부지

문제 215 농업재해보험 이론과 실무에서 정한 위험에 관한 내용이다.

(1) 위험의 정의(3가지)
(2) 위태 ⇨ 위험한 상태를 말하며 사고발생 이전, 사고발생 가능성
(3) 손인 ⇨
(4) 손해 ⇨
(5) 위험의 분류: 속성, 범위, 기회, 변화(8가지)
(6) 보험이 가능한 위험(4가지)
(7) 순수위험(4가지)
(8) 농업부분 위험의 유형(4가지) ⇨ 생산위험, 가격위험, 제도적위험, 인적위험

문제 216 농업재해보험 이론과 실무에서 정한 위험관리에 관한 내용이다.

(1) 위험관리의 목적 ⇨
(2) 위험관리의 방법 ⇨ 위험분산: 위험요소의 분리(2가지),
위험전가, 위험보유, 위험통제, 위험회피
(3) 위험통제 ⇨ 발생하는 위험을 줄이거나 해소하기 위한 방법
(4) 손실통제 ⇨ 손실예방(음주단속, 속도제한, 캠페인), 손실감소(안전벨트, 에어백)
(5) 위험 결합을 통한 위험발생에 대비(대규모 피해 ⇨ 공동으로 대비)
(6) 위험관리
① 손실규모가 크고 손실횟수가 많다 ⇨ (위험회피)
② 손실규모가 작고 손실횟수가 많다 ⇨ (가)
③ 손실규모가 크고 손실횟수가 적다 ⇨ (나)
④ 손실규모가 작고 손실횟수가 적다 ⇨ (위험보유)

문제 217 농업재해보험 이론과 실무에서 정한 보험에 관한 내용이다.

(1) 보험의 정의 ⇨ 경제적 관점, 사회적 관점, 법적 관점, 수리적 관점
(2) 보험의 특성: (5가지)
(3) 이득금지 원칙의 법적규제: (3가지)
(4) 보험의 성립조건: (6가지)
(5) 보험의 순기능: (6가지)
(6) 보험의 역기능: (3가지)
(7) 역선택과 도덕적 해이의 차이점
(8) 손해보험계약의 법적원칙: (4가지)
(9) 도덕적 위태를 방지하는 대책: (7가지)

문제 218 농업재해보험 이론과 실무에서 정한 손해보험에 관한 내용이다.

(1) 손해보험의 원리.원칙 ⇨ 위험의 분담, 위험 대량의 원칙, 이득금지의 원칙
급부. 반대급부 균등의 법칙, 수지상등의 법칙
① 이득금지 원칙(법적규제 3가지)
② 급부. 반대급부 균등의 법칙 ⇨ (보험료)=(가)x(사고발생확률)
③ 수지상등의 법칙 ⇨ (수입보험료의 합계)=(지출보험금의 합계)
(수입보험료의 합계)=(나)x(보험료), (지출보험금의 합계)=(다)x(평균지급보험금)
(2) 손해보험 계약의 법적 특성: (7가지)
(3) 실손보상의 원칙에 예외가 되는 경우(3가지)
(4) 보험자대위: 목적물대위(잔존물대위), 제3자에 대한 보험자대위(청구권대위)
(5) 피보험이익 원칙의 목적(3가지)
(6) 피보험이익의 요건 ⇨ 적법성, 경제성, 객관적 확정 가능성

문제 219 농업재해보험 이론과 실무에서 정한 손해보험에 관한 내용이다.

(1) 최대 선의의 원칙 ⇨ 고지의무 위반
① 고지의무 위반 또는 부실고지
② 은폐(의식적 불고지)
③ 보증(담보) ⇨ 계약자가 보험계약의 효력을 유지하기 위해서 지켜야 할 약속
(2) 보험자의 의무: (5가지)
(3) 보험계약자 및 피보험자의 의무: (3가지)
(4) 손해방지 의무와 손해방지 비용

문제 220 농업재해보험 이론과 실무에서 정한 손해보험 증권과 약관에 관한 내용이다.

(1) 증권의 내용 ⇨ 보험증권의 기재사항, 보통보험과 특별보험 약관의 내용
① 보통보험의 약관: 보상하는 손해와 보상하지 않은 손해(정형화된 약관)
② 특별보험의 약관: 보통보험 약관을 변경, 보충, 배제하기 위한 약관
③ 손해보험 증권의 기본적인 기재사항(9가지), 화재보험증권:(+3가지)
(2) 보험증권의 법적 성격: (5가지)
(3) 보험 약관의 효력
① 보험계약체결과 동시에 법적인 구속력을 갖는다.
② 약관은 금융위원회의 허가를 받아야 한다.
(4) 보험약관 해석의 원칙
① 단체성. 기술성을 고려하여 합리적으로 해석
② 신의 성실의 원칙에 따라 공정하게 해석
③ 계약자에 따라 다르게 해석되어서는 안 된다.
④ 인쇄내용과 수기내용은 수기내용을 우선으로 한다.
⑤ 애매한 경우에는 보험자에게 엄격. 불리하게 계약자에게 유리하게 해석한다.

문제 221 농작물재해보험 이론과 실무에서 정한 농업재해보험에 관한 내용이다.

(1) 농업재해보험의 기능: (7가지)
(2) 농업재해보험의 특성: (7가지)
(3) 농업재해보험의 특징: (6가지)
(4) 농업재해보험의 필요성: WTO ⇨ 농가지원정책을 축소 또는 폐지해야 하는데 농업재해보험과 직접지불제는 허용된다.
(열악한 농업환경을 보완하는 정책)
(5) 농업재해보험의 주요 법령: 농어업재해 보험법, 농어업재해 보험법 시행령
(6) 농어업재해 보험 행정규칙
(7) 농어업재해 보험법 시행령
(8) 농어업재해 보험 손해평가요령
(9) 농작물 재해보험을 추진하는데 법적근거(5가지)
(10) 농작물 재해보험에 가입하기 위한 요건(3가지)

문제 222 농작물재해보험에서 정하는 용어의 정의이다. 괄호 안에 들어갈 내용을 쓰시오.

(1) 개화기: 꽃이 전체 (가)% 정도 핀 날의 시점
(2) 발아기: 과수원에서 전체 눈이 (나)% 정도 발아한 시기
(3) 신초발아기: 과수원에서 햇가지가 전체 (다)% 정도 발아한 시기
(4) 꽃눈분화기: 과수원에서 꽃눈의 분화가 전체 (라)% 정도 진행된 시기
(5) 출수기: 농지 전체에서 (마)% 정도 출수한 시점
(6) 종실비대기: 콩과 팥의 꼬투리 형성기

문제 223 농작물재해보험에서 정하는 용어의 정의이다. 괄호 안에 들어갈 내용을 쓰시오.

(1) 개화기: 꽃이 (가)%정도 핀 날의 시점
(2) 수확기: 과수원이 위치한 지역의 기상여건을 감안하여 통상적으로 해당 농작물을 수확하는 시기를 말한다.
(3) 발아: 눈의 인편이 (나)mm 정도 밀려 나오는 현상
(4) 신초발아: 신초(햇가지)가 (다)mm 정도 자라기 시작하는 현상
(5) 꽃눈분화: 영양조건, 기상조건, 기간, 기온, 일조시간 등의 필요조건이 다 되어 꽃눈이 형성되는 현상
(6) 낙과: 나무에서 떨어진 과실(자연낙과, 보상하는 낙과, 미보상 낙과)
(7) 착과: 나무에 달려있는 과실
(8) 적과: (라)를 방지하고 안정적인 수확을 위해 알맞은 양의 과실만 남기고 과실을 솎아 내는 것
(9) 열과: 과다한 (마)로 고온이 지속될 경우 수분을 배출하면서 과실이 갈라지는 현상

문제 224 농작물재해보험에서 정하는 용어의 정의이다. 괄호 안에 들어갈 내용을 쓰시오.

(1) 매몰: 나무가 토사 및 산사태 등으로 주간부의 (가)% 이상이 묻힌 상태
(2) 도복: 나무가 (나)도 이상 기울어지거나 넘어진 상태
(3) 유실: 나무가 과수원 내에서의 (다)를 벗어나 점유를 잃은 상태
(4) 절단(1/2): 나무의 주간부가 분리되거나 전체주지, 꽃(눈) 등의 (라) 이상 분리
(3) 절단: 나무의 주간부가 분리되거나 전체주지, 꽃(눈) 등의 (마) 이상 분리
(4) 신초절단: 단감, 떫은감의 신초의 (마) 이상 분리된 상태
(5) 침수: 나무에 달린 과실(꽃)이 물에 잠긴 상태
(8) 소실(1/2): 화재로 인하여 나무의 1/2 이상이 사라지는 것
(9) 소실: 화재로 인하여 나무의 (바) 이상이 사라지는 것

문제 225 농작물재해보험에서 정하는 용어의 정의이다. 괄호 안에 들어갈 내용을 쓰시오.

(1) 계약자: 재해보험사업자와 계약을 체결하고 (가)를 납입할 의무를 가진 사람
(2) 가입률: 가입대상면적에 대한 (나)을 백분율로 표시한 것
(3) 손해율: 순보험료에 대한 (다)의 백분율
(4) 피해율: 보험금 계산을 위한 (라)의 백분율
(5) 피보험자: 보험사고로 인하여 손해를 입은 사람을 말한다
(6) 보험증권: 계약의 성립과 그 내용을 (마)하기 위하여 재해보험사업자가 계약자에게 교부하는 것
(7) 보험의 목적: 보험에 가입한 목적물로 보험증권에 기재된 (바), (사), (아) 등이 있다.

문제 226 농작물재해보험에서 정하는 용어의 정의이다. 괄호 안에 들어갈 내용을 쓰시오.

(1) 표준수확량: 가입품목의 (가), (나), (다) 등에 따라 정해진 수확량
(2) 평년수확량: 가입년도 직전 (라)년 중에서 보험에 가입한 연도의 (마)과 (바)을 가입횟수에 따라 가중평균하여 산출한 해당 과수원에 기대되는 수확량을 말한다.
(3) 가입수확량: 보험에 가입한 수확량으로 (사)의 일정범위(아) 내에서 계약자가 결정한 수확량으로 보험가입금액의 기준이 된다.
(4) 가입가격: 보험에 가입한 농작물의 단위면적당 가격, kg당 가격, 1주당 가격을 말한다.
(5) 미보상감수량: 보상하는 재해 이외의 원인으로 수확량이 감소되었다고 평가되는 부분을 말하며 계약 이전에 발생한 피해, (자), (차) 등으로 인한 수확감소량으로 피해율 산정 시 감수량에서 제외한다.

문제 227 농작물재해보험에서 정하는 용어의 정의이다. 괄호 안에 들어갈 내용을 쓰시오.

(1) 평년수확량: 가입년도 직전 5년 중 보험에 가입한 연도의 실제수확량과 (①)을 가입횟수에 따라 가중평균하여 산출한 해당 농지에 기대되는 수확량을 말한다.
(2) 표준수확량: 가입품목의 품종별, 수령별, (②) 등에 따라 정해진 수확량을 말한다.
(3) 가입수확량: 보험가입한 수확량으로 평년수확량의 일정범위(50~100%) 내에서 계약자가 결정한 수확량으로 (③)의 기준이 되는 수확량을 말한다.
(4) 평년착과량: 가입수확량 산정 및 적과종료 전 보험사고 시 (④) 산정의 기준이 되는 착과량을 말한다.
(3) 식물체피해율: (⑤)조사에서 고사한 식물체를 보험가입 식물체로 나누어 산출한 값을 말한다.

문제 228 원예시설 및 시설작물의 보험가입금액과 관련된 내용이다. 괄호 안에 알맞은 내용을 쓰시오.

(1) 원예시설은 전산으로 산정된 재조달가액의 (가)% 범위 내에서 결정한다.
(2) 금액산정이 어려운 유리온실(경량철골조), 내재해형하우스등은 계약자 고지사항을 기초로 보험가입금액을 결정한다
(3) 유리온실(경량철골조)은 m^2당 (나)만원 범위에서 가입금액 선택이 가능하다.
(4) 부대시설은 계약자 고지사항을 기초로 보험가입금액을 결정한다.
(5) 시설재배 농작물은 하우스별 연간재배 예정인 작물 중 생산비가 가장 높은 작물을 보험가액으로 설정하고 보험가액의 (다)% 범위에서 계약자가 결정한다.

문제 229 농작물재해보험의 보험가입금액과 관련된 내용이다. 괄호 안에 알맞은 내용을 쓰시오.

(1) 과실손해보장: (보험가입금액)=(가)x(kg당 가입가격), (단, 천원단위 절사)
(나무손해보장): (보험가입금액)=(나)x(1주당 가입가격),
(2) 수확감소보장: (보험가입금액)=(다)x(단위당 가입가격), (단, 천원단위 절사)
(사료용옥수수) ⇨ (보험가입금액)=(라)x(m^2당 보장생산비), (단, 천원단위 절사)
(3) 생산비보장: (보험가입금액)=(가입면적)x(마), (단, 천원단위 절사)
고추.브로콜리는 1차사고 이후 보험가입금액은 잔존보험가입금액으로 한다.
(4) 농업수입감소보장: (보험가입금액)=(가입수확량)x(바), (단, 천원단위 절사)
(5) 해가림시설: (사)x(1-감가율x경과연수), (단, 천원단위 절사)
(감가율=(1-잔가율)/내용연수, 수정잔가율: 최대 30%, 경과연수에서 월 단위는 절사)
(6) 비가림시설: 전산으로 산정된 재조달가액의 (아)% 범위에서 계약자가 결정한다.
(참다래 비가림시설: 계약자 고지사항을 기초로 보험가입금액을 결정)
(7) 시설작물 및 버섯작물: 하우스별 연간재배 예정인 버섯작물 중 생산비가 가장 높은 작물을 보험가액으로 설정하고 보험가액의 (자)% 범위에서 계약자가 결정한다.
(8) 농업용시설물 및 버섯재배사: 전산으로 산정된 재조달가액의 (차)% 범위 내에서 결정한다.
(9) 금액산정이 어려운 버섯재배사(콘크리트조, 경량철골조), 내재해형하우스등은 계약자 고지사항을 기초로 보험가입금액을 결정한다. (카)특약 미가입시에는 (타)을 고려하여 시가기준으로 결정하고 (카)특약 가입시에는 재조달가액기준으로 결정한다.
(10) 버섯재배사(경량철골조)은 m^2당 (파)만원 범위에서 가입금액 선택이 가능하다.
(11) 부대시설은 계약자 고지사항을 기초로 (하)을 추정하여 보험가입금액을 결정한다.

문제 230 버섯재재사 및 버섯작물의 보험가입금액과 관련된 내용이다. 괄호 안에 알맞은 내용을 쓰시오.

(1) 버섯재배사는 전산으로 산정된 재조달가액의 (가)% 범위 내에서 결정한다.
(2) 금액산정이 어려운 버섯재배사(콘크리트조, 경량철골조), 내재해형하우스등은 계약자 고지사항을 기초로 보험가입금액을 결정한다. (나)특약 미가입시에는 (다)을 고려하여 시가기준으로 결정하고 (나)특약 가입시에는 재조달가액 기준으로 결정한다.
(3) 버섯재배사(경량철골조)은 m²당 (라)만원 범위에서 가입금액 선택이 가능하다.
(4) 부대시설은 계약자 고지사항을 기초로 (다)을 추정하여 보험가입금액을 결정한다.
(5) 하우스별 연간재배 예정인 버섯작물 중 생산비가 가장 높은 작물을 보험가액으로 설정하고 보험가액의 (마)% 범위에서 계약자가 결정한다.

문제 231 농작물재해보험 이론과 실무에서 정의한 인수제한 사유에 대한 내용이다. 괄호 안에 들어갈 알맞은 내용을 쓰시오.

품목	인수제한 사유
마늘	- 한지형은 10월 10일 이전에 파종한 농지 - 난지형은 (①) 이전에 파종한 농지 - 마늘 파종 후 이듬해 4월 15일 이전에 수확하는 농지
옥수수	- 통상적인 재식간격의 범위를 벗어나 재배하는 농지 - 1주재배: 재식밀도가 10a당 3,500주 미만 5,000주 초과인 농지 - 2주재배: 재식밀도가 10a당 (②)주 미만 6,000주 초과인 농지
포도	- 가입 직전년도에 역병, 궤양병으로 20%이상이 고사된 과수원 - 비가림 폭이 2.4m±15%, 동고가 (③)의 범위를 벗어난 비가림시설
시설작물	- 시설작물별 10a당 인수제한의 재식밀도 미만인 농지 - 수박,멜론: 400주/10a 미만, 호박,참외: 600주/10a 미만인 농지 - 토마토,오이,가지, 장미, 파: 1,500주/10a 미만인 농지 - 배추, 무: (④)주/10a 미만인 농지
밀, 보리, 귀리	- 출현율이 (⑤)% 미만인 농지

문제 232 농작물재해보험에서 온주밀감과 단감 품목에 보상하는 재해로 피해가 발생하여 최소 표본주수를 산정하려고 한다. 괄호 안에 들어갈 알맞은 내용을 쓰시오.

감귤	최소표본주수	피해구성
수확전 과실손해조사	(가)	100%피해과실, 보상낙과과실
과실손해조사	(나)	등급내.외 과실수 분류 30%, 50%, 80%, 100%피해과실, 정상과실
동상해 과실손해조사	(다)	80%, 100%피해과실, 정상과실

단감(과수4종)	최소표본주수	피해구성
무피해 나무조사	(가)	가장 평균적인 나무를 조사하는데 무피해나무가 없을 경우에는 수관면적에 낙과수를 더해서 무피해나무 착과수로 산정한다.
침수율 조사	(나)	가장 평균적인 나무를 선정하여 참수과실수와 침수되지 않은 과실수를 산정한다.
낙엽률 조사	(다)	표본주 산정에 의해 표본주를 산정한 다음에 동서남북 4개의 가지에서 낙엽수와 착엽수를 산정한다.
유과타박율 조사	(라)	표본주 산정에 의해 표본주를 산정한 다음에 동서남북 4개의 가지에서 최소 5개씩 유과를 산정하여 유과타박율을 조사한다.

| 9회 기출문제 | 농작물 재해보험 및 가축재해보험의 이론과 실무

문제 1 가축재해보험에 가입한 A축사에 다음과 같은 지진 피해가 발생하였다. 보상하는 손해내용에 해당하는 경우에는 "해당"을, 보상하지 않은 손해내용에 해당하는 경우에는 "미해당"을 쓰시오. (단, 주어진 조건 외 다른 사항은 고려하지 않음)(5점)

○ 지진으로 축사의 급배수설비가 파손되어 이를 복구한 비용 500만원: (①)
○ 지진으로 축사 벽의 2m 균열을 수리한 비용 150만원: (②)
○ 지진 발생 시 축사의 기계장치 도난손해 200만원: (③)
○ 지진으로 축사 내 배전반이 물리적으로 파손되어 복구한 비용 150만원: (④)
○ 지진으로 축사의 대문이 파손되어 이를 복구한 비용 130만원: (⑤)

문제 2 종합위험 생산비보장 품목의 보험기간 중 보장개시일에 관한 내용이다. 다음 해당 품목의 (   )에 들어갈 내용을 쓰시오.(5점)

품목	보장개시일	초과할 수 없는 정식(파종) 완료일 (판매개시연도 기준)
대파	정식완료일 24시, 다만 보험계약 시 정식 완료일이 경과한 경우 계약체결일 24시	(①)
고랭지배추	정식완료일 24시, 다만 보험계약 시 정식 완료일이 경과한 경우 계약체결일 24시	(②)
당근	파종완료일 24시, 다만 보험계약 시 파종 완료일이 경과한 경우 계약체결일 24시	(③)
브로콜리	정식완료일 24시, 다만 보험계약 시 정식 완료일이 경과한 경우 계약체결일 24시	(④)
시금치 (노지)	파종완료일 24시, 다만 보험계약 시 파종 완료일이 경과한 경우 계약체결일 24시	(⑤)

문제 3 작물특정 및 시설종합위험 인삼손해보장방식의 자연재해에 대한 설명이다. ( )에 들어갈 내용을 쓰시오.(5점)

○ 폭설은 기상청에서 대설에 대한 특보(대설주의보, 대설경보)를 발령한 때 해당 지역의 눈 또는 (①)시간 신적설이 (②) cm 이상인 상태
○ 냉해는 출아 및 전엽기(4~5월) 중에 해당 지역에 최저기온 (③)℃ 이하의 찬 기온으로 인하여 발생하는 피해를 말하며 육안으로 판별 가능한 냉해 증상이 이는 경우 에 피해를 인정
○ 폭염은 해당 지역에 최고기온 (④)℃ 이상이 7일 이상 지속되는 상태를 말하며, 잎에 육안으로 판별 가능한 타들어간 증상이 (⑤)% 이상 있는 경우에 인정

문제 4 가축재해보험 협정보험가액 특별약관이 적용되는 가축 중 유량검정젖소에 관한 내용이다. ( )에 들어갈 내용을 쓰시오.(5점)

유량검정젖소란 젖소개량사업소의 검정사업에 참여하는 농가 중에서 일정한 요건을 충족하는 농가(직전 월의 (①)일 평균유량이 (②)kg 이상이고 평균 체세포수가(③)만 마리 이하를 충족하는 농가)의 소(최근 산차 305일 유량이 (④)kg 이상이고 체세포수가 (⑤)만 마리 이하인 젖소)를 의미하며 요건을 충족하는 유량검정젖소는 시가에 관계없이 협정보험가액 특약으로 보험가입이 가능하다.

문제 5 농작물재해보험 보험료 방재시설 할인율의 방재시설 판정기준에 관한 내용이다. ( )에 들어갈 내용을 쓰시오.(5점)

○ 방풍림은 높이가 (①)미터 이상의 영년생 침엽수와 상록활엽수가 (②)미터 이하의 간격으로 과수원 둘레 전체에 식재되어 과수원의 바람피해를 줄일 수 있는 나무
○ 방풍망은 망구멍 가로 및 세로가 6~10mm의 망목네트를 과수원 둘레 전체나 둘레 일부(1면 이상 또는 전체 둘레의 (③)% 이상)에 설치
○ 방충망은 망구멍이 가로 및 세로가 (④)mm 이하의 망목네트로 과수원 전체를 피복
○ 방조망은 망구멍의 가로 및 세로가 (⑤)mm를 초과하고 새의 입출이 불가능한 그물, 주 지주대와 보조 지주대를 설치하여 과수원 전체를 피복

문제 6 甲의 사과과수원에 대한 내용이다. 조건 1~3을 참조하여 다음 물음에 답하시오.
(단, 주어진 조건 외 다른 사항은 고려하지 않음)(15점)

○ 조건1

- 2018년 사과(홍로/3년생/밀식재배) 300주를 농작물재해보험에 신규로 보험가입 함
- 2019년과 2021년도에는 적과 전에 우박과 냉해피해로 과수원의 적과후 착과량이 현저하게 감소하였음

수령	5년	6년	7년	8년	9년
표준수확량	6,000kg	8,000kg	8,500kg	9,000kg	10,000kg

-사과(홍로)의 일반재배방식 표준수확량은 아래와 같음

○ 조건2

[甲의 과수원 과거수확량 자료]

구분	2018년	2019년	2020년	2021년	2022년
평년착과량	1,500kg	3,200kg	-	4,000kg	3,700kg
표준수확량	1,500kg	3,000kg	4,500kg	5,700kg	6,600kg
적과후착과량	2,000kg	800kg	-	950kg	6,000kg
보험가입여부	가입	가입	미가입	가입	가입

○ 조건3

[2023년 보험가입내용 및 조사결과 내용]
- 적과전종합위험방식 II 보험가입(적과종료 전 특정위험 5종 한정보장 특별약관 미가입)
- 가입가격: 2,000원/kg
- 보험가입당시 계약자부담 보험료: 200,000원(미납보험료 없음)
- 자기부담비율: 20%
- 착과감소보험금 보장수준 50%형 가입
- 2023년 과수원의 적과전 냉해피해로 적과후착과량이 2,500kg으로 조사됨
- 미보상감수량 없음

물음 1 2023년 평년착과량의 계산과정과 값(kg)을 쓰시오.(5점)

물음 2 2023년 착과감소보험금의 계산과정과 값(원)을 쓰시오.(5점)

물음 3 만약 2023년 적과전 사고가 없이 적과후착과량이 2,500kg으로 조사되었다면 계약자 甲에게 환급해야 하는 차액보험료의 계산과정과 값(원)을 쓰시오. (보험료는 원단위 미만은 절사할 것)(5점)

문제 7 종합위험 과실손해보장방식 감귤에 관한 내용이다. 다음의 조건 1~2를 참조하여 다음 물음에 답하시오. (단, 주어진 조건 외 다른 사항은 고려하지 않음)(15점)

○ 조건1

- 감귤(온주밀감)/5년생
- 보험가입금액: 10,000,000원(자기부담비율 20%)
- 가입 특별약관: 동상해과실손해보장 특별약관

○ 조건2

① 과실손해조사(수확 전 사고조사는 없었음. 주품종 수확 이후 사고 발생함)
- 사고일자: 2022년 11월 15일
- 피해사실 확인조사를 통해 보상하는 재해로 확인됨
- 표본주 2주 선정 후 표본조사내용
  - 등급 내 피해과실수 30개
  - 등급 외 피해과실수 24개
  - 기준과실수 280개
- 미보상비율: 20%

② 동상해 과실손해조사
- 사고일자: 2022년 12월 20일
- 피해사실 확인조사를 통해 보상하는 재해(동상해)로 확인됨
- 표본주 2주 선정 후 표본조사내용

기수확과실	정상과실	80%형 피해과실	100%형 피해과실
86개	100개	50개	50개

- 수확기잔존비율(%): 100-1.5x사고발생일자[사고발생 월 12월 기준]
- 미보상비율: 10%

물음 1 과실손해보장 보통약관 보험금의 계산과정과 값(원)을 쓰시오.(5점)

물음 2 동상해과실손해보장 특별약관 보험금의 계산과정과 값(원)을 쓰시오.(10점)

문제 8 다음은 손해보험 계약의 법적 특성이다. 각 특성에 대하여 기술하시오.(15점)

○ 유상계약성
○ 쌍무계약성
○ 상행위성
○ 최고 선의성
○ 계속계약성

문제 9 작물특정 및 시설종합위험 인삼손해보장방식의 해가림시설에 관한 내용이다.
다음 물음에 답하시오.(15점) (단, A시설과 B시설은 별개의 계약임)

시설	시설유형	재배면적	시설년도	가입시기
A시설	목재B형	3,000m²	2017년 4월	2022년 10월
B시설	07-철인-A-2형	1,250m²	2014년 5월	2022년 11월

물음 1 A시설의 보험가입금액의 계산과정과 값(원)을 쓰시오.(7점)

물음 2 B시설의 보험가입금액의 계산과정과 값(원)을 쓰시오.(8점)

문제 10 종합위험 밭작물(생산비보장) 고추 품목의 인수제한 목적물에 대한 내용이다. 다음 각 농지별 보험 가입 가능 여부를 "가능" 또는 "불가능"으로 쓰고 불가능한 농지는 그 사유를 쓰시오.(15점)

○ A농지: 고추 정식 5개월 전 인삼을 재배한 농지로, 가입금액 300만원으로 가입 신청 (①)
○ B농지: 직파하고 재식밀도가 1,000m² 당 1,500주로 가입 신청 (②)
○ C농지: 해당년도 5월 1일 터널재배로 정식하여 풋고추 형태로 판매하기 위해 재배 하는 농지로 가입 신청 (③)
○ D농지: 군사시설보호구역 중 군사시설의 최외곽 경계선으로부터 200미터 내의 농지 이나 통상적인 영농활동이나 손해평가가 가능한 보험 가입금액이 200만원인 시설재배 농지로 가입 신청 (④)
○ E농가: m² 당 2주의 재식밀도로 4월 30일 노지재배로 식재하고 가입 신청 (⑤)

농작물 재해보험 및 가축재해보험 손해평가의 이론과 실무

문제 11 종합위험 수확감소보장에서 “감자“(봄재배, 가을재배, 고랭지재배) 품목의 병.해충등급별 인정비율이 90%에 해당하는 병.해충을 5개 쓰시오.(5점)

문제 12 적과전 종합위험방식 “떫은감” 품목이 적과종료일 이후 태풍피해를 입었다. 다음 조건을 참조하여 물음에 답하시오. (5점)
(단, 주어진 조건 외 다른 사항은 고려하지 않음)

○ 조건

조사대상주수	표본주의 낙엽수의 합계	표본주수
550주	120개	12주

※ 모든 표본주의 각 결과지(신초 1년생 가지)당 착엽수와 낙엽수의 합계: 10개

물음 1 낙엽률의 계산과정과 값(%)을 쓰시오.(2점)

물음 2 낙엽률에 따른 인정피해율의 계산과정과 값(%)을 쓰시오.(3점) (단, 인정피해율(%)은 소수점 아래 셋째자리에서 반올림)

문제 13 종합위험 생산비보장방식 "브로콜리"에 관한 내용이다. 보험금 지급사유에 해당 하며 아래 조건을 참조하여 보험금의 계산과정과 값(원)을 쓰시오.(5점)

(단, 주어진 조건 외 다른 사항은 고려하지 않음)

○ 조건1

보험가입금액	자기부담비율
15,000,000원	3%

○ 조건2

실제경작면적(재배면적)	피해면적	정식일로부터 사고 발생일까지 경과일수
1,000m²	600m²	65일

※ 수확기 이전에 보험사고가 발생하였고 기발생 생산비보장 보험금은 없음

○ 조건3

-피해조사 결과

정상	50%형 피해송이	80%형 피해송이	100%형 피해송이
22개	30개	15개	33개

문제 14 종합위험 수확감소보장방식 "유자"(동일품종, 동일수령) 품목에 관한 내용으로 수확개시전 수확량 조사를 실시하였다. 보험금 지급사유에 해당하며 아래의 조건을 참조하여 보험금의 계산과정과 값(원)을 쓰시오.(5점)
(단, 주어진 조건 외 다른 사항은 고려하지 않음)

○ 조건1

보험가입금액	평년수확량	자기부담비율	미보상비율
20,000,000원	8,000kg	20%	10%

○ 조건2

조사대상주수	고사주수	미보상주수	표본주수	총표본주의 착과량
370주	10주	20주	8주	160kg

○ 조건3

- 착과피해조사 결과

정상과	50%형 피해과실	80%형 피해과실	100%형 피해과실
30개	20개	20개	30개

문제 15 종합위험 수확감소보장 밭작물(마늘, 양배추) 상품에 관한 내용이다. 보험금 지급 사유에 해당하며 아래 조건을 참조하여 다음 물음에 답하시오.(5점)

○ 조건

품목	재배지역	보험가입금액	보험가입면적	자기부담비율
마늘	의성	3,000,000원	1,000m²	20%
양배추	제주	2,000,000원	2,000m²	10%

물음 1 '마늘'의 재파종 전조사 결과는 1a당 출현주수 2,400주이고 재파종 후조사 결과는 1a당 출현주수 3,100주로 조사되었다. 재파종 보험금(원)을 구하시오.(3점)

물음 2 '양배추'의 재정식 전조사 결과는 피해면적이 500m²이고 재정식 후조사 결과는 재정식 면적이 500m²으로 조사되었다. 재정식 보험금(원)을 구하시오.(2점)

문제 16 다음은 가축재해보험에 관한 내용이다. 다음 물음에 답하시오.(15점)

물음 1 가축재해보험에서 모든 부문 축종에 적용되는 보험계약자 등의 계약 전. 후 알릴 의무와 관련한 내용의 일부분이다. 다음 (   )에 들어갈 내용을 쓰시오.(5점)

[계약 전 알릴 의무] 계약자, 피보험자 또는 이들의 대리인은 보험계약을 청약할 때 청약서에서 질문한 사항에 대하여 알고 있는 사실을 반드시 사실대로 알려야 할 의무이다. 보험계약자 또는 피보험자가 고의 또는 중대한 과실로 계약전 알릴 의무를 이행하지 않은 경우에 보험자는 그 사실을 안 날로부터 (①)월 내에, 계약을 체결한 날로부터 (②)년 내에 한하여 계약을 해지할 수 있다. 그러나 보험자가 계약 당시에 그 사실을 알았거나 중대한 과실로 인하여 알지 못한 때에는 그러하지 아니하다.
[계약 후 알릴 의무] ○ 보험목적 또는 보험목적 수용장소로부터 반경 (③)KM 이내 지역에서 가축전염병 발생(전염병으로 의심되는 질환 포함) 또는 원인 모를 질병으로 집단 폐사가 이루어진 경우 ○ 보험목적 또는 보험의 목적을 수용하는 건물의 구조를 변경, 개축, 증축하거나 계속하여 (④)일 이상 수선할 때 ○ 보험의 목적 또는 보험의 목적이 들어있는 건물을 계속하여 (⑤)일 이상 비워두거나 휴업하는 경우

물음 2 가축재해보험 소에 관한 내용이다. 다음 조건을 참조하여 한우(수컷)의 지급보험금 (원)을 쓰시오. (단, 주어진 조건 외 다른 사항은 고려하지 않음) (10점)

○ 조건2

[조건]
- 보험 목적물: 한우(수컷 2021년 4월 1일 출생)
- 가입금액: 6,500,000원, 자기부담비율: 20%, 중복보험 없음
- 사고일: 2023년 7월 3일(경추골절의 부상으로 긴급도축)
- 보험금 청구일: 2023년 8월 1일
- 이용물처분액: 800,000원(도축장발행 정산자료의 지육금액)

- 2023년 한우(수컷) 월별 산지 가격동향

구분	4월	5월	6월	7월	8월
350kg	3,500,000원	3,220,000원	3,150,000원	3,590,000원	3,600,000원
600kg	3,780,000원	3,600,000원	3,654,000원	2,980,000원	3,200,000원

문제 17 종합위험 시설작물 손해평가 및 보험금 산정에 관하여 다음 물음에 답하시오. (15점)

고정식 하우스			
구분		내용연수	경년감가율
구조체	단동하우스	10년	(①)%
	연동하우스	15년	(②)%
피복재	장수 PE	(③)년	(④)% 고정감가
	장기성 Po	5년	(⑤)%

물음 1 농업용 시설물 감가율과 관련하여 아래 ( )에 들어갈 내용을 쓰시오.(5점)

물음 2 다음은 원예시설작물 중 '쑥갓'에 관련된 내용이다. 아래 조건을 참조하여 생산비 보장보험금(원)을 구하시오.(단, 아래 제시된 조건 외 다른 사항은 고려하지 않음)(10점)

○ 조건

품목	보험가입금액	피해면적	재배면적	손해정도	보장생산비
쑥갓	2,600,000원	500m²	1,000m²	50%	2,600원/m²

- 보상하는 재해로 보험금 지급사유에 해당(1사고, 1동, 기상특보재해)
- 구조체 및 부대시설 피해 없음
- 수확기 이전 사고이며 생장일수는 25일
- 중복보험은 없음

문제 18 종합위험 수확감소보장방식 '논작물'에 관한 내용으로 보험금 지급사유에 해당하며 아래 물음에 답하시오. (단, 주어진 조건 외 다른 사항은 고려하지 않음) (15점)

물음 1 종합위험 수확감소보장방식 논작물(조사료용 벼)에 관한 내용이다. 다음 조건을 참조하여 경작불능 보험금의 계산식과 값(원)을 쓰시오.(3점)

○ 조건

보험가입금액	보장비율	사고발생일
10,000,000원	계약자는 최대보장비율 가입조건에 해당되어 이를 선택하여 보험가입을 하였다.	7월 15일

물음 2 종합위험 수확감소보장방식 논작물(벼)에 관한 내용이다. 다음 조건을 참조하여 표본조사에 따른 수확량 감소보험금의 계산과정과 값(원)을 쓰시오.(6점)
(단, 표본구간 조사 시 산출된 유효중량은 g 단위로 소수점 첫째자리에서 반올림)

○ 조건1

보험가입금액	가입면적 (실제경작면적)	자기부담비율	평년수확량	품종
10,000,000원	3,000m²	10%	1,500kg	메벼

○ 조건2

기수확면적	표본구간면적합계	표본구간작물중량의 합계	함수율	미보상비율
500m²	1.3m²	400g	22%	20%

물음 3 종합위험 수확감소보장방식 논작물(벼)에 관한 내용이다. 다음 조건을 참조하여 전수조사에 따른 수확량감소보험금의 계산과정과 값(원)을 쓰시오.(6점)
(단, 조사대상면적의 수확량과 미보상감수량은 kg 단위로 소수점 첫째자리에서 반올림, 단위면적당 평년수확량은 소수점 첫째자리까지 kg단위로 기재. 피해율은 % 단위로 소수점 셋째자리에서 반올림)

○ 조건1

보험가입금액	가입면적 (실제경작면적)	자기부담비율	평년수확량	품종
10,000,000원	3,000m²	10%	1,500kg	메벼

○ 조건2

고사면적	기수확면적	작물중량의 합계	함수율	미보상비율
300m²	300m²	540kg	18%	10%

문제 19 종합위험 수확감소보장 밭작물 '옥수수' 품목에 관한 내용이다. 보험금 지급사유에 해당하며 아래의 조건을 참조하여 물음에 답하시오. (단, 주어진 조건 외 다른 사항은 고려하지 않음) (15점)

○ 조건

품종	보험가입금액	보험가입면적	표준수확량	
대학찰(연농2호)	20,000,000원	8,000m²	2,000kg	
가입가격	재식시기지수	재식밀도지수	자기부담비율	표본구간면적합계
2,000원/kg	1	1	10%	16m²

면적조사결과			
조사대상면적	고사면적	타작물면적	기수확면적
7,000m²	500m²	200m²	300m²

표본구간내 수확한 옥수수					
착립장길이	13cm	14cm	15cm	16cm	17cm
개수	8개	10개	5개	9개	2개

물음 1 피해수확량의 계산과정과 값(kg)을 쓰시오.(5점)

물음 2 손해액의 계산과정과 값(원)을 쓰시오.(5점)

물음 3 수확감소보험금의 계산과정과 값(원)을 쓰시오.(5점)

문제 20 수확전 과실손해보장방식 '복분자' 품목에 관한 내용이다. 다음 물음에 답하시오.(15점)

물음 1 아래 표는 복분자의 과실손해보험금 산정 시 수확일자별 잔여수확량비율(%)를 구하는 식이다. 다음 (   )에 들어갈 계산식을 쓰시오.(10점)

사고일자	경과비율(%)
6월 1일 ~ 7일	(①)
6월 8일 ~ 20일	(②)

물음 2 아래 조건을 참조하여 과실손해보험금(원)을 구하시오. (단, 피해율은 % 단위로 소수점 셋째자리에서 반올림. 주어진 조건 외 다른 사항은 고려하지 않음)(5점)

○ 조건

품목	보험가입금액	가입포기수	자기부담비율	평년결과모지수
복분자	5,000,000원	1,800포기	20%	7개

- 수확전 사고 조사내용

사고 일자	사고 원인	표본구간 살아있는 결과모지수 합계	표본조사결과		표본 구간수	미보상 비율
			전체결실수	수정불량결실수		
4월10일	냉해	250개	400개	200개	10	20%

| 10회 기출문제 | 농작물 재해보험 및 가축재해보험의 이론과 실무

문제 1 다음은 가축재해보험의 사업 운영체계에 관한 내용이다. (   )에 들어갈 내용을 쓰시오.(5점)

○ 가축재해보험에 대한 중요사항을 심의하는 (   )은/는 농림축산식품부장관 소속으로 차관을 위원장으로 한다.

문제 2 위험의 발생 빈도와 평균적인 손실 규모에 따라 아래의 표와 같은 네 가지 위험 관리 수단이 고려될 수 있다. 각각의 경우에 적절한 위험관리 방법을 쓰시오.(5점)

○ 위험 특성에 따른 위험 관리방법

손실횟수(빈도) / 손실규모(심도)	많음(多)	적음(少)
큼(大)	①	③
작음(小)	②	④

문제 3 농작물재해보험 대상품목에 관한 인수제한 목적물 기준이다. (   ) 안에 들어갈 알맞은 내용을 쓰시오.(5점)

대상품목	인수제한 목적물
참다래(비가림시설)	가입면적이 (①)m^2 미만인 참다래 비가림시설
밀	(②) 재배방식에 의한 봄파종을 실시한 농지
콩	출현율이 (③)% 미만인 농지
메밀	9월 (④)일 이후에 파종을 실시 또는 할 예정인 농지
자두	가입하는 해의 나무수령(나이) (⑤)년 미만인 과수원

문제 4 아래 내용은 가축재해보험 부문별 보상하는 손해와 보상하지 않은 손해의 내용 이다. (　　)에 들어갈 내용을 쓰시오.(5점)

부문명	계약	보상하는 손해	보상하지 않은 손해
종모우	보통 약관	- 법정전염병을 제외한 질병 또는 각종사고 (풍해, 수해, 설해, 등 자연재해, 화재)로 인한 폐사 - 가축사채 잔존물처리비용	- 독극물 투약에 의한 폐사 손해 - 보험의 목적이 도난 또는 행방불명된 경우
(①)		- 법정전염병을 제외한 질병 또는 각종사고 (풍해, 수해, 설해, 등 자연재해, 화재)로 인한 폐사, 불임의 사유로 입은 손해 - 부상[경추골절, (②), 탈구.탈골]으로 긴급도축을 하여야 하는 경우	
기타 가축	특별 약관 (사슴, 양)	- 법정전염병을 제외한 질병 또는 각종사고(풍해, 수해, 설해, 등 자연재해, 화재)로 인한 폐사 - 부상, (③), 난산으로 긴급도축을 하여야 하는 경우	- 신규가입일 경우 가입일로부터 (④)일 이내 질병 관련 사고

문제 5 아래 내용은 위험관리 수단으로 활용하는 보험의 기능에 관한 내용이다. (　　)에 들어갈 내용을 쓰시오.(5점)

보험제도의 성립을 방해하는 요인으로 보험자가 계약자에 대한 정보를 완전히 파악하지 못하고 계약자는 자신의 정보를 보험자에게 제대로 알려주지 않아 (①)이/가 발생하면 계약 체결 전에 예측한 위험보다 높은 위험이 가입하여 사고발생률을 증가시키는 (②)이/가 발생할 수 있고 계약 체결 후 계약자가 평소의 관리를 소홀히 한다거나 손실이 발생할 경우 경감하려는 노력을 하지 않는 (③)이/가 발생할 수 있다.

문제 6 적과전 종합위험방식 떫은감 상품에 관한 내용이다. 다음 조건을 참조하여 물음에 답하시오. (단 주어진 조건 외 다른 사항은 고려하지 않음)(15점)

*계약사항

- 보장내용: 과실손해보장(5종특약 미가입) - 평년착과량(가입수확량): 15,000kg - 가입일자: 2024년 2월 7일 - 가입주수: 300주 - 평균과중: 160g - 가입가격(kg당): 1,200원 - 보통약관 영업요율: 11%	- 순보험요율: 10% - 지자체지원비율: 순보험료의 30% - 부가보험료: 순보험료의 10% - 보장수준: 가입 가능한 최대수준 - 자기부담비율: 가입 가능한 최소수준 - 방재시설 할인율: 20% - 과수원 할인.할증율: 없음

*조사사항

- 조사일자: 2024년 8월 2일 - 재해내용: 냉해, 집중호우 피해	- 적과후 착과수: 37,500개 - 미보상감수량: 450kg

*보험료 및 보험금 지급내용

(단위: 천원)

구분	영업보험료	순보험료	부가보험료	지급보험금	
				착과감소보험금	과실손해보험금
2019년	1,733	1,575	158		
2020년	1,832	1,665	167	1,000	2,000
2021년	1,733	1,575	158	3,000	
2022년	1,931	1,755	176	1,800	
2023년	1,782	1,620	162		1,500

*정부의 농가부담보험료 지원 비율(%)

구분	품목	보장수준(%)				
		60	70	80	85	90
국고보조율(%)	사과.배.단감.떫은감	60	60	50	38	33

물음 1 정부보조보험료의 계산과정과 값을 쓰시오.(7점)

물음 2 계약자부담보험료의 계산과정과 값을 쓰시오.(3점)

물음 3 착과감소보험금의 계산과정과 값을 쓰시오.(5점)

문제 7 종합위험 수확감소보장방식 마늘 품목에 관한 내용이다. 다음 조건을 참고하여 물음에 답하시오. (단, 주어진 조건 외에 다른 사항은 고려하지 않고, 피해율은 소수점 둘째자리 미만 절사. 예시: 12.678%→12.67%)(15점)

○ 계약자 甲은 제주특별자치도 서귀포시 대정읍 소재에서 마늘 농사를 짓고 있다.
○ 계약자 甲은 2023년 10월 5일 농지 5,000m²에 의성품종 마늘을 파종하여 보험가입 금액 1,500만원, 평년수확량 10,000kg, 최저자기부담비율로 농작물재해보험 계약을 체결하였다.
○ 이후 통상적인 영농활동을 하며 농사를 짓던 중 2023년 10월 20일 집중호우피해가 발생하여 보험회사에 사고 접수하였고 조사결과 농지전체 면적에서 75,000주가 출현되어 2023년 10월 31일에 160,000주를 재파종 하였다.

물음 1 보험회사에서 계약자 甲에게 지급하여야 할 보험금의 지급사유를 쓰시오.(3점)

물음 2 보험회사에서 계약자 甲에게 지급하여야 할 보험금을 구하시오.(5점)

물음 3 밭작물 공통 인수제한 목적물을 제외한 마늘 품목의 인수제한 목적물을 쓰시오.(7점)

문제 8 종합위험 수확감소보장 보리 품목에 관한 내용이다. 다음 조건을 참고하여 물음에 답하시오. (단, 주어진 조건 외에 다른 사항은 고려하지 않음)(15점)

*과거 수확량

(단위: kg)

구분	2020년	2021년	2022년	2023년	2024년	2025년
표준수확량	4,500	5,000	6,300	6,000	5,700	6,100
평년수확량	5,000	5,500	6,800	6,500	6,200	?
조사수확량	무사고	무사고	무사고	무사고	무사고	
보험가입여부	O	O	O	O	O	

*보험계약조건
- 가입수확량: 최소가입, -가입가격: 2,000원/kg

물음 1 2025년 평년수확량에 대한 계산과정과 값(kg)을 구하시오.(10점)

물음 2 2025년 평년수확량을 활용하여 보험가입금액의 계산과정과 값을 구하시오.(5점)

문제 9 농업수입감소보장 포도 품목에 관한 내용이다. 다음 조건을 참고하여 물음에 답하시오. (단, 주어진 조건 외에 다른 사항은 고려하지 않음)(15점)

○ 계약사항	○ 조사사항
- 품종: 캠벨얼리(시설) - 평년수확량: 10,000kg - 가입수확량: 6,000kg - 가입일자: 2023년 12월 18일 - 가입주수: 300주 - 자기부담비율: 20%	- 조사일자: 2024년 6월 12일 - 재해내용: 냉해피해 - 수확량: 6,500kg - 미보상감수량: 200kg

○ 기타사항
- 기준가격과 수확기 가격 산출 시 동일한 농가수취비율 적용
- 기준가격 산출 시 보험가입 직전 5년(2019년~2023년) 적용
- 보험가입금액은 천원 단위 절사
- 피해율은 소수점 아래 셋째자리에서 반올림. 예시: 12.678% → 12.68%

○ 연도별 농가수취비율

구분	2019년	2020년	2021년	2022년	2023년
농가수취비율	78%	70%	76%	80%	74%

○ 서울시 농수산식품공사 가락시장 연도별 가격(원/kg)

구분	2019년	2020년	2021년	2022년	2023년	2024년
중품	4,600	5,000	5,300	5,100	5,100	5,400
상품	5,300	5,600	5,800	5,300	5,700	5,900

물음 1 기준가격의 계산과정과 값(kg)을 쓰시오.(5점)

물음 2 수확기가격의 계산과정과 값(kg)을 쓰시오.(3점)

물음 3 농업수입감소보장 보험금의 계산과정과 값(원)을 쓰시오.(7점)

문제 10 농작물재해보험 원예시설 상품의 계약이 무효, 효력 상실 또는 해지된 경우 계약자 또는 피보험자의 책임 유무에 따른 보험료 반환에 대하여 서술하시오.

(단, 보험기간이 1년이 초과하는 계약은 제외한다.)(15점)

물음 1 계약자 또는 피보험자의 책임 없는 사유에 의한 경우(7점)

물음 2 계약자 또는 피보험자의 책임 없는 사유에 의한 경우(8점)

농작물 재해보험 및 가축재해보험 손해평가의 이론과 실무

문제 11 종합위험 수확감소보장방식 및 비가림과수 품목의 현지조사를 실시하고자 한다. ( ) 안에 들어갈 내용을 쓰시오.(5점)

계약사항			조사종류	최소표본 과실수(개)
농지	품목	품종 수		
A	복숭아	2	수확량조사 - 과중조사	(①)
B	포도	2	착과피해조사 - 피해구성조사	(②)
C	밤	1	수확량조사 - 과중조사	(③)
D	자두	4	착과피해조사 - 품종별 표본과실 선정 및 피해구성조사	(④)
E	참다래	2	수확량조사 - 과중조사	(⑤)

*조사당시 품종별 기 수확은 없는 조건임

문제 12 가축재해보험에 관한 내용의 일부이다. (   )에 들어갈 내용을 쓰시오.(5점)

* 한우(암컷, 수컷-거세우 포함) 보험가액 산정에 관한 내용 중 연령(월령)이 4개월 이상 5개월 이하인 경우, 보험가액=[농협축산정보센터]에 등재된 전전월 전국산지평균가격 (①) ~ (②)월령 송아지 가격의 암송아지는 (③)%, 수송아지는 (④)%를 적용
* 한우 수컷 월령이 25개월을 초과한 경우에는 655kg으로, 한우 암컷 월령이 40개월을 초과한 경우에는 (⑤)kg으로 인정한다.

문제 13 가축재해보험 축사에 관한 내용이다. 다음의 계약사항 및 조사내용을 참조하여 금번 사고 보험금의 계산과정과 값을 구하시오.(단, 주어진 조건 외 다른 사항은 고려하지 않음)(5점)

*계약사항

목적물		건축면적 및 구조	보험가입금액	자기부담비율
축사	A동	600m²/경량철골조 판넬지붕	16,000만원	5%
	B동	300m²/경량철골조 판넬지붕		

*조사내용

- 금번 태풍피해로 B동 축사의 지붕 일부가 파손됨.(손해액: 8,000,000원)

* 금번 사고 시점의 A동 및 B동 축사의 보험가액 산정 자료

구분	재조달가액 (신축가액)	감가상각액 (경과년수 및 경년감가율을 적용한 금액임)
A동 축사	170,000,000원	20,000,000원
B동 축사	80,000,000원	30,000,000원

- 동 보험의 보험기간 중 금번 사고 2개월 전에 A동 축사에 화재가 발생하여 보험금 60,000,000원이 지급됨.

문제 14 농작물재해보험에서 보장하는 다음의 품목 중 물음에 답하시오.(5점)

복분자, 월동무, 사료용 옥수수, 고구마, 고추, 콩, 밀, 조사료용벼, 당근, 양배추

물음 1 경작불능보험금만 보상하는 품목 2가지를 쓰시오.(2점)

물음 2 생산비 보장방식 품목 3가지를 쓰시오.(3점)

문제 15 종합위험 수확감소보장방식 메벼 품목의 다음 계약사항과 조사내용을 참조하여 물음에 답하시오. (5점)

○ 계약사항

품목	가입면적	보험가입금액	자기부담비율	평년수확량	가입특약
메벼	4,000m²	400만원	10%	3,000kg	병충해보장특약

○ 조사내용

조사종류	조사내용	조사결과
수확량조사 (표본조사)	실제경작면적	4,000m²
	벼멸구로 피해를 입어 고사한 면적	300m²
	이화명충으로 고사한 면적	100m²
	목도열병으로 고사한 면적	200m²
	집중호우로 도복되어 고사한 면적	100m²
	고추가 식재된 하우스 시설 면적	400m²
	표본구간 m²당 유효중량	350g/m²

물음 1 수확량의 계산과정과 값을 쓰시오.

(단, 수확량은 kg 단위로 소수점 둘째자리에서 반올림, 예시: 123.456kg → 123.5kg)(3점)

물음 2 피해율의 계산과정과 값을 쓰시오.

(단, 피해율은 % 단위로 소수점 셋째자리에서 반올림, 예시: 12.345% → 12.35%)(2점)

문제 16 농업수입보장 마늘에 관한 내용이다. 다음의 계약사항 및 조사내용을 참조하여 물음에 답하시오. (단, 주어진 조건 외에 다른 사항은 고려하지 않음)(15점)

*계약사항

품종	보험가입금액	평년수확량	가입면적	기준가격	자기부담비율
대서(난지형)	1,500만원	6,000kg	2,000m²	2,500원/kg	20%

*면적조사 및 표본구간 면적 조사내용-재해종류: 한해(가뭄)

실제경작 면적	타작물 및 미보상 면적	표본구간수	표본구간 수확량의 합계		
			80%피해	100%피해	정상
2,000m²	200m²	5	10kg	2kg	18kg

- 미보상비율: 10%, -수확기가격: 1,800원/kg
- 일일비대추정지수: 1%, 잔여일수: 10일
- 표본구간 면적(공통), 이랑폭: 2m, 이랑길이: 1m

물음 1 표본구간 단위면적당 수확량(kg/m²)의 계산과정과 값을 구하시오.
(단, 단위면적당 수확량은 kg 단위로 소수점 둘째자리에서 반올림하여 다음 예시와 같이 구하시오. 예시: 0.352kg → 0.4kg)(5점)

물음 2 농업수입감소 보험금의 계산과정과 값을 구하시오.
(단, 피해율은 % 단위로 소수점 셋째자리에서 반올림. 예시: 12.345% → 12.35%)(5점)

물음 3 만약 위 계약사항 및 조사내용으로 감소된 수확량이 보상하는 재해로 인한 것이 아니라면 이 때의 농업수입감소 보험금의 계산과정과 값을 구하시오.
(단, 피해율은 % 단위로 소수점 셋째자리에서 반올림. 예시: 12.345% → 12.35%)(5점)

문제 17 종합위험 생산비보장방식 고추에 관한 내용이다. 다음 조건을 참조하여 물음에 답하시오. (단, 주어진 조건 외에 다른 사항은 고려하지 않음)(15점)

○ 조건1

- 갑(甲)은 2023년 5월 10일 고추를 노지재배 방식으로 정식하고 보험가입금액 10,000,000원(자기부담비율 5%, 재배면적 3,000m²)으로 가입함
- 2023년 7월 9일 태풍으로 피해가 발생하여 사고접수 후 조사를 받고 생산비보장 보험금을 수령함.
- 갑(甲)이 정식일로부터 100일 후 수확을 시작하였으나 수확을 하던 중 시들음병이 발생한 것을 확인 후 병충해로 사고접수를 함.
- 이후 갑(甲)의 요청에 의해 시들음병 피해에 대한 생산비보장 손해조사 (수확개시일로부터 경과일수 10일)를 받았음.

○ 조건2

- 2023년 7월 9일 태풍피해가 발생함.(정식일로부터 경과일수 60일)
- 실제경작면적 3,000m², 피해면적 1,500m²
- 준비기생산비계수: 52.7%
- 손해정도비율 조사(표본이랑 합계임)

구분	정상	20%피해	40%피해	60%피해	80%피해	100%피해	합계
주수	25주	60주	50주	35주	40주	40주	250주

○ 조건3

- 수확기 중 시들음병 피해 발생
- 실제경작면적 3,000m², 피해면적 2,400m²
- 표준수확일수 50일, 손해정도비율 70%, 미보상비율 10%

○ 조건4

- 수확개시일로부터 30일 경과 후 시들음병에 의한 피해면적이 농지 전체 (재배면적: 3,000m²)로 확대됨.
- 손해정도비율, 미보상비율은 조건3과 같음

물음 1 조건1~조건2를 참조하여 조건2의 생산비보장보험금을 구하시오.(5점)

물음 2 조건1~조건3를 참조하여 조건3의 생산비보장보험금을 구하시오.(7점)

(단, 계산과정에서 산출되는 금액은 소수점이하를 절사, 예시 1,234.56원→1,234원)

물음 3 조건1~조건4를 참조하여 조건4의 생산비보장보험금 및 산정근거를 쓰시오.(3점)

문제 18 떫은감 과수원을 경작하는 갑(甲)은 적과전 종합위험방식에 가입한 후 적과 전에 냉해, 집중호우, 조수해 피해를 입고 2023년 7월30일 적과후 착과수 조사를 받았다.

다음의 계약사항과 조사내용을 참조하여 물음에 답하시오.
(단, 주어진 조건 외 다른 사항은 고려하지 않음)(15점)

*계약내용

품목	평년착과수	보험가입금액	실제결과주수	자기부담비율
떫은감	30,000개	2,000만원	250주	10%

- 5종한정특약과 나무손해보장 특약에 가입함, -1주당 나무 가입금액: 100,000원

*적과전과 적과후착과수 조사내용

구분	조사내용	조사결과
적과종료 이전 조사	2023년 4월5일 냉해로 고사한 주수	10주
	2023년 6월1일 집중호우로 유실되거나 도복되어 고사한 주수	유실: 10주 도복: 40주
	2023년 6월25일 멧돼지 피해로 고사한 주수	10주
적과후 착과수 조사	병충해로 고사한 주수	10주
	조사대상 주수를 산정하여 착과수 조사 결과 표본주 1주당 평균 착과수	100개
	잡초 등 제초작업 불량으로 인한 미보상비율	10%

물음 1 착과감소과실수의 계산과정과 값을 구하시오.(5점)

물음 2 미보상감수과실수의 계산과정과 값을 구하시오.(5점)

물음 3 나무손해보험금의 계산과정과 값을 구하시오.(5점)

문제 19 종합위험 수확감소방식 복숭아에 관한 내용이다. 다음의 계약사항과 조사내용을 참조하여 물음에 답하시오.(단, 피해율은 % 단위로 소수점 셋째자리에서 반올림하여 다음 예시와 같이 구하시오. 예시: 12.345% → 12.35%)(15점)

○ 계약사항

품목	품종	가입주수	표준수확량	평년수확량	보험가입금액
복숭아	조생종	100주	8,000kg	20,000kg	7,000만원
	만생종	250주	12,000kg		

- 자기부담비율: 10%, -수확감소추가보장 특약에 가입함

○ 조사내용 - 착과수조사 이전 사고 없음

- 착과수 조사(조사일자: 2023년 6월 20일)

품종	실제결과주수	미보상주수	표본주 1주당 착과수	미보상비율
조생종	100주	5주	100개	10%
만생종	250주	10주	180개	

- 2023년 8월 13일 우박 피해조사(조사일자: 2023년 8월 15일)

품종	금차착과수	낙과피해과실수	착과피해구성율	낙과피해구성율	과중조사
조생종	0개	0개	-	-	기수확
만생종	20,000개	6,000개	60%	80%	350g/개

- 우박 피해는 만생종 품종 수확 중 발생한 피해임

물음 1 수확량의 계산과정과 값을 구하시오.(5점)

물음 2 수확감소보험금의 계산과정과 값을 구하시오.(5점)

물음 3 수확감소 추가보장특약 보험금의 계산과정과 값을 구하시오.(5점)

문제 20 적과전 종합위험방식 Ⅱ 사과품목에 관한 사항이다. 다음 조건을 참조하여 물음에 답하시오. (주어진 조건 외에 다른 사항은 고려하지 않음)(15점)

*계약내용(적과전 5종한정 특약과 나무손해보장 특약에 미가입)

보장	품목	평년착과수	실제결과주수	가입과중	가입가격
적과전 종합위험	사과	75,000개	650주	0.3kg/개	2,000원/kg

- 자기부담비율: 15%, -보장수준: 70%, -가을동상해부보장 특약에 가입함

*적과전과 적과후착과수 조사내용

<table>
<tr><th>구분</th><th>재해종류</th><th>사고일자/
조사일자</th><th colspan="4">조사내용</th></tr>
<tr><td rowspan="2">적과종료
이전 조사</td><td>동상해</td><td>4월9일/
4월10일</td><td colspan="4">- 피해사실 확인 조사: 피해 발생 인정
- 미보상비율: 0%</td></tr>
<tr><td>우박</td><td>6월8일/
6월9일</td><td colspan="4">- 피해사실 확인 조사: 피해 발생 인정
- 미보상비율: 0%</td></tr>
<tr><td rowspan="3">적과종료후
착과수 조사</td><td rowspan="3">-</td><td rowspan="3">6월25일</td><td>품종</td><td>실제결과주수</td><td>조사대상 주수</td><td>표본주 1주당 착과수</td></tr>
<tr><td>미얀마</td><td>320주</td><td>320주</td><td>65개</td></tr>
<tr><td>후지</td><td>330주</td><td>330주</td><td>70개</td></tr>
</table>

*적과종료후 조사내용(적과이후 자연낙과 등은 감안하지 않음)

재해종류	사고일자/조사일자	조사내용
일소	9월10일/9월11일	- 총낙과수: 1,000개(전수조사) 낙과피해구성률: 50%(500개), 100%(500개) - 착과피해조사: 없음
태풍	9월25일/9월26일	- 총낙과수: 2,000개(전수조사) 낙과피해구성률: 정상(400개), 50%(1,000개), 100%(600개)
우박	6월8일/10월3일	- 착과피해조사(표본조사) 착과피해구성률: 정상(170개), 50%(80개), 100%(50개)

물음 1 착과감소보험금의 계산과정과 값을 구하시오.(5점)

물음 2 과실손해보험금의 계산과정과 값을 구하시오.(10점)

이론서 요약 및 실전문제 정답

1. 계약자의 가입자격 및 요건

(임의보험), (일정규모), (농업경영체)

2. 농작물재해보험 대상 품목별 보험가입금액 및 가입면적

(200만), (200만), (100만), (50만), (300), (200), (1,000)

3. 농작물재해보험 대상 농작물(보험 목적물)

(오호밤대표떫복), (오디,인삼,차), (새송이버섯,느타리버섯,
양송이버섯)

4. 농작물재해보험 판매기간

<보험 대상 품목별 대상 재해>

(태풍(강풍)·폭설·집중호우·침수.화재·우박·폭염·냉해),
(세균구멍병), (흰잎마름병·줄무늬잎마름병·깨씨무늬병·세균성
벼알마름병·도열병·벼멸구·먹노린재), (병충해), (병충해), (화재)

5. 자기부담비율

(120), (120), (100)

6. 보상하는 재해

(14m/sec), (5.0), (12), (80mm), (태양광), (33℃), (10월 31일),
(50)
(14m/sec), (24), (80mm), (30℃), (50%), (5cm), (0.5℃),
(15cm)
(자연재해), (조수해), (70), (시설작물)
(자연재해), (조수해), (70), (재조달가액), (수재위험)
(태풍), (우박), (가격하락), (기준가격), (수확기가격)

7. 보험기간

(1월 31일), (6월 20일), (11월 10일), (11월 15일), (12월 20일)
(7월 31일), (8월 31일), (출수기전)
(5월 10일), (11월 13일), (11월 30일), (종실비대기)
(150일), (160일), (70일), (110일), (9월25일), (80일),
(10월15일), (5월29일), (90일), (5월20일), (200일),
(10월31일), (70일)

8. 보험가입금액

(kg당 가입가격), (가입수확량), (가입수확량), (가입 결과주수),
(가입표준가격),
(가입수확량), (80~130%), (단위면적당 보장생산비),
(80%~130%), (재조달가액)
(90%~130%), (재조달가액보장), (50%~100%),
(50%~100%), (기준가격)

9. 보험가입금액의 감액(적과전종합위험)

(감액분 계약자부담보험료 x 감액미경과비율), (70), (83)

10. 해가림시설 감가상각률 적용방법

(정식시기), (설치시기), (가장 넓게), (6,000), (6,000)

11. 기준가격과 수확기가격

(5년 올림픽평균), (5년 올림픽평균), (5년 올림픽평균)

13. 방재시설

(오호밤오복무), (팥, 차, 고구마),
(6m), (3마력), (500 ~ 800ℓ), (6미터), (5미터)
(6 ~ 10㎜), (6㎜), (10㎜)

14. 보험료의 환급

(계약자부담보험료) x (미경과비율)

15. 보험금 공식

(과중), (kg당 가입가격), (보장수준), (과중), (kg당 가입가격), (보험가입금액)
(45%, 42%, 40%, 35%, 30%),
(45%, 42%, 40%, 35%, 30%),
(45%, 42%, 40%, 35%, 30%),
(5월:80, 6월:80, 7월:90, 8월:100%),
(32%, 30%, 28%, 25%, 25%),
(60%, 57%, 55%,50%, 45%), (25%),
(35%), (25%), (20%), (20%), (20%)
(잔존보험가입금액), (잔존보험가입금액),
(손해액-자기부담금액), (비례보상), (손해액-자기부담금액),
(손해액)x(비례보상), (손해액)x(비례보상), (손해액)x(비례보상),
(자기부담금액)

16. 피해율 공식

(0.5), (손해정도비율)x(등급인정비율),
(잔여수확량비율)x(결과지피해율),
(기준수입-실제수입)÷(기준수입)

19. 경과비율 공식<표준생장일수와 표준수확일수>

(100일), (100일), (100일), (100일), (90일), (28일), (30일)

24. 인수제한

(50만), (50만), (100만), (만감류(고접)), (오디, 복숭아, 참다래, 포도, 사과(밀식), 배), (무화과, 대추, 오미자, 유자, 사과(반밀식), 온주밀감, 만감류(재식))
(밤, 매실, 살구, 사과(일반재배), 단감, 떫은감), (자두), (차), (호두), (복분자), (인삼)

출현율에 의한 인수제한: (밀, 보리, 귀리), (팥), (옥수수, 콩)
(80%~130%), (2.4m±15%), (3.0m±5%), (1,000), (300), (50), (200)

정식(파종)일에 따른 인수제한
(3월1일), (4월10일), (6월1일), (9월30일), (8월31일), (10월10일), (5월29일), (7월31일), (9월10일), (9월30일), (8월31일), (9월15일)

재식밀도(1,000m²) 기준 인수제한
(1,500), (3,500), (4,000), (4,000), (6,000), (15,000), (40,000), (30,000),
(10), (50), (1,000), (1,500), (3,000), (5,000)

기타 인수제한
(고추, 고구마, 마늘, 양파), (무화과, 양배추, 살구)

25. 과중조사 방법

(30), (60), (100), (60), (60), (60), (80)

27. 가축재해보험

(농업정책보험금융원), (금융위원회), (금융감독원)
(6~ 8월), (15), (13), (2), (3), (70), (80)
(50), (70), (7), (50)

28. 가축재해보험 보상하는 손해

(부상, 산욕마비, 난산, 급성고창증, 젖소의 유량감소),
(부상, 급성고창증), (부상, 산욕마비, 난산, 산통, 경주마 실명),
(부상, 산욕마비, 난산), (사지골절, 경추골절, 탈구(탈골)),
(종빈우), (종빈돈), (종모돈), (종가금)

* 보상하지 않는 손해 (부문별 보상하지 않은 손해-이론서 참조)
(30일), (72시간), (10kg)

문제 1

(평년착과량)={A+(B-A)(1-Y/5)}xC/D

A=2,400, (2,750+2,800+3,000+1,050)/4=2,400kg, 24년도 하한(30%)적용

B=3,200, (가입기간 4년 표준수확량의 평균), (3,000+3,100+3,200+3,500)/4=3,200kg

C=3,600, (가입년도 기준 표준수확량)

D=B=3,200, (가입기간 4년 기준표준수확량의 평균)

Y= 4, (가입횟수)

평년착과량={2,400+(3,200-2,400)(1-4/5)}x(3,600/3,200)=2,880kg

문제 2

(평년착과량)={A+(B-A)(1-Y/5)}xC/D

A=5,100, (5,900+6,000+1,920+6,580)/4=5,100kg, 23년도 하한(30%)적용

B=6,400, (가입기간 4년 밀식재배 표준수확량의 평균) (6,200+6,300+6,500+6,600)/4=6,400kg

C=7,920, (가입년도 기준 표준수확량)

D=7,200, (가입기간 4년 기준표준수확량(소식재배)의 평균) (6,800+7,000+7,400+7,600)/4=7,200kg

평년착과량={5,100+(6,400-5,100)(1-4/5)}x(7,920/7,200)=5,896kg

문제 3

(평년착과량)={A+(B-A)(1-Y/5)}xC/D

A=3,500, (4,000+4,200+4,300+1,500)/4=3,500kg, 24년도 하한(30%)적용

B=4,300, (가입기간 4년 표준수확량의 평균), (4,000+4,200+4,400+4,600)/4=4,300kg

C=4,800, (가입년도 기준 표준수확량)

D=B=4,300kg, (가입기간 4년 기준표준수확량의 평균),

Y=4,(가입횟수)

평년착과량={3,500+(4,300-3,500)(1-4/5)}x(4,800/4,300)=4,085.58=4,086kg

문제 4

(평년착과량)={A+(B-A)(1-Y/5)}xC/D

A=2,700, (2,800+3,200+3,300+3,000+1,200)/5=2,700kg, 24년도 하한(30%)적용

B=3,300, (표준수확량의 평균), (3,000+3,200+3,300+3,400+3,600)/5=3,300kg

C=4,860, (가입년도 기준 표준수확량. 일반재배 8년생)

D=3,600, (4,000x0.5+4,000x-0.75+4,000+4,400+4,600)/4=3,600kg

기준표준수확량 산정은 수령 5년차가 기준이 된다.

5년 미만 3년차는 5년의 50%

4년차는 5년의 75%, 5년차부터는 100%로 적용한다.

평년착과량={2,700+(3,300-2,700)(1-5/5)}x(4,860/3,600)=3,645kg

문제 5

(평년착과량)={A+(B-A)(1-Y/5)}xC/D

A=2,300, (2,800+2,700+2,800+900)/4=2,300kg, 24년도 하한(30%)적용

B=3,000, (밀식재배 표준수확량의 평균), (2,600+2,800+3,200+3,400)/4=3,000kg

C=4,590, (가입년도 기준 표준수확량, 일반재배 8년생)

D=3,400, (4,000x0.5+4,000x-0.75+4,200+4,400)/4=3,400kg

기준표준수확량 산정은 수령 5년차가 기준이 된다.

5년 미만 3년차는 5년의 50%

4년차는 5년의 75%, 5년차부터는 100%로 적용한다.

평년착과량={2,300+(3,000-2,300)(1-4/5)}x(4,590/3,400)=3,294kg

문제 6

(평년착과량)={A+(B-A)(1-Y/5)}xC/D

A=4,000, (4,800+4,200+5,000+4,500+1,500)/5=4,000kg, 24년도 하한(30%)적용

B=5,300, (표준수확량의 평균), (5,000+5,200+5,300+5,400+5,600)/5=5,300kg

C=6,700, (가입년도 기준 표준수확량. 일반재배 9년생)

D=5,900, (6,000x0.75+6,000+6,200+6,300+6,500)/5=5,900kg

기준표준수확량 산정은 수령 5년차가 기준이 된다.

5년 미만 3년차는 5년의 50%

4년차는 5년의 75%, 5년차부터는 100%로 적용한다.

평년착과량={4,000+(5,300-4,000)(1-5/5)}x(6,700/5,900)=4,542.37=4,542kg

문제 7

(평년착과량)={A+(B-A)(1-Y/5)}xC/D

A=2,900, (2,800+3,500+1,200+4,100)/4=2,900kg, 22년도 하한(30%)적용

B=3,400, (밀식재배 표준수확량의 평균), (2,600+3,000+3,600+4,400)/4=3,400kg

C=5,250, (가입년도 기준 표준수확량, 소식재배 8년생)

D=4,200, (3,600+3,800+4,200+5,200)/4=4,200kg

평년착과량={2,900+(3,400-2,900)(1-4/5)}x(5,250/4,200)=3,750kg

문제 8

(평년착과량)={A+(B-A)(1-Y/5)}xC/D

A=4,400, (4,700+4,500+4,800+1,800+6,200)/5=4,400kg, 23년도 하한(30%)적용

B=5,700, (반밀식재배 표준수확량의 평균), (5,200+5,400+5,600+6,100+6,200)/5=5,700kg

C=6,900, (가입년도 기준 표준수확량, 소식재배 8년생)

D=6,000, (5,500+5,600+5,900+6,400+6,600)/5=6,000kg

평년착과량={4,400+(5,700-4,400)(1-5/5)}x(6,900/6,000)=5,060kg

문제 9

(평년착과량)={A+(B-A)(1-Y/5)}xC/D, 24년도 상한(300%)적용

A=3,900kg, (2,400+3,000+1,200+9,000)/4=3,900kg, 23년도 하한(30%)적용

B=3,600kg, (3,000+3,500+3,900+4,000)/4=3,600kg

C=5,250kg, (가입년도(9년생) 기준표준수확량)

D=4,200kg, (4,000x0.75+4,000+4,800+5,000)/4=4,200kg

기준표준수확량 산정은 수령 5년차가 기준이 된다.

5년 미만 3년차는 5년의 50%

4년차는 5년의 75%, 5년차부터는 100%로 적용한다.

평년착과량={3,900+(3,600-3,900)(1-4/5)}x(5,250/4,200)=4,800kg

문제 10

(평년수확량)={A+(B-A)(1-Y/5)}xC/B

A=Max{조사수확량, (평년수확량)x50%}의 값들의 평균

6,000, 8,000x50%=4,000, 무사고=20,500x0.4=8,200, 6,800의 평균

A=(6,000+4,000+8,200+6,800)/4=6,250kg

B=(가입연도 표준수확량의 평균)=(7,800+8,200+8,300+8,500)/4=8,200kg

C=(당해년도 표준수확량)=8,800kg

(평년수확량)={6,250+(8,200-6,250)x(1-4/5)}x(8,800/8,200)=7,125.85=7,126kg

문제 11

(평년수확량)={A+(B-A)(1-Y/5)}xC/B
A=Max{조사수확량, (평년수확량)x50%}의 값들의 평균
(복숭아와 포도)는 무사고일 때,
(무사고)=(착과수)x(과중)으로 산정
무사고=18,000x0.2=3,600, 23,000x0.2=4,600,
20,000x0.2=4,000, 22,000x0.2=4,400kg,
4,400x50%=2,200의 평균,
A=(3,600+4,600+4,000+4,400+2,200)/5=3,760kg
B=(가입연도 표준수확량의 평균)
=(4,000+4,200+4,300+4,400+4,600)/5=4,300kg
C=(당해년도 표준수확량)=6,800kg,
(평년수확량)={3,760+(4,300-3,760)x(1-5/5)}
x(5,000/4,300)=4,372.09=4,372kg

문제 12

(평년수확량)={A+(B-A)(1-Y/5)}xC/B
A=Max{조사수확량, (평년수확량)x50%}의 값들의 평균
무사고=12,000x0.4=4,800, 13,000x0.4=5,200,
5,200x50%=2,600, 4,800의 평균
A=(4,800+5,200+2,600+4,800/4=4,350kg
B=(5,000+5,200+5,400+5,600/4=5,300kg
C=(당해년도 표준수확량)=5,800kg,
(평년수확량)={4,350+(5,300-4,350)x(1-4/5)}
x(5,800/5,300)=4,968.3=4,968kg

문제 13

(평년수확량)={A+(B-A)(1-Y/5)}xC/B
A=Mid{조사수확량, 평년수확량,
(평년수확량)x50%}의 값들의 평균
무사고=Max{표준수확량, 평년수확량}x110%
3,000, 5,000, 6,500x1.1=7,150, 4,850 값들의 평균값
A=(3,000+5,000+7,150+4,850)/4=5,000kg
B=(6,000+6,200+6,300+6,500)/4=6,250kg
C=(당해년도 표준수확량)=6,800kg,
(평년수확량)={5,000+(6,250-5,000)x(1-4/5)}
x(6,800/6,250)=5,712kg

문제 14 [

평년수확량)={A+(B-A)(1-Y/5)}xC/B
(가) 살구 신규가입 평년수확량은 표준수확량의 70%=4,200kg
(나) 2022년 평년수확량, Y=2
A=(2,100+6,820)/2=4,460kg, B=6,100, C=6,200
2022년 평년수확량={4,460+(6,100-4,460)x(1-2/5)}
x(6,200/6,100)=5,533.2=5,533kg
(나)=5,533kg
A=(2,100+6,820+5,000+7,040)/4=5,240kg
B(가입연도 표준수확량의 평균)=(6,000+6,200+6,200+6,400)/4=6,200kg,
C=6,820kg, (평년수확량)={A+(B-A)(1-Y/5)}xC/B
(평년수확량)={5,240+(6,200-5,240)x(1-4/5)}
x(6,820/6,200)=5,975.2=5,975kg
(다)=5,975kg
(가)+(나)+(다)=4,200+5,533+5,975kg=15,708kg

문제 15

(평년수확량)={A+(B-A)(1-Y/5)}xC/B
2019년 평년수확량은 유자 신규가입이므로 표준수확량의 70%=2,100kg=(가)
A=2,900, (가입 4년 평균),
(2,100x0.5+2,850+3,300+4,000x1.1)/4=2,900kg
B=3,500, (가입기간 4년 표준수확량의 평균), (3,000+3,500+3,700+3,800)/4=3,500kg
C=3,850, (가입년도 표준수확량)
평년수확량={2,900+(3,500-2,900)(1-4/5)}
x(3,850/3,500)=3,322kg

문제 16

(평년수확량)={A+(B-A)(1-Y/5)}xC/B
A=Max{조사수확량, (평년수확량)x50%}의 값들의 평균
무사고=Max{표준수확량, 평년수확량}x110%
2,400, 5,000x1.1=5,500, 2개의 평균값,
A=(2,400+5,500)/2=3,950kg
B=(4,500+4,900)/2=4,700kg
C=(당해년도 표준수확량)=5,200kg
(평년수확량)={3,950+(4,700-3,950)x(1-2/5)}
x(5,200/4,700)=4,868.08=4,868kg

문제 17

(평년수확량)={A+(B-A)(1-Y/5)}xC/B
A=Max{(평년수확량)x(1-피해율), (평년수확량)x50%}의 값들의 평균
무사고=Max{표준수확량, 평년수확량}x110%
2,400x0.5, 2,400x1.1=2,640, 2,300x(1-0.3)=1,610,
2,500x1.1=2,750, 4개의 평균값
A=(1,200+2,640+1,610+2,750)/4=2,050kg
B=(가입연도 표준수확량의 평균)=(2,350+2,350+2,400+2,450)/4=2,425kg
C=(당해년도 표준수확량)=2,500kg
(평년수확량)={2,050+(2,425-2,050)x(1-4/5)}
x(2,500/2,425)=2,190.7=2,191kg

문제 18

(평년수확량)={A+(B-A)(1-Y/5)}xC/B
B=(4,000+4,200+4,400+4,600)/4=4,300kg
4,000x(1-0.4)=2,400, 4,200x1.1=4,620, 22년 피해율 =0.25+(0.5x0.2)=0.35,
4,000x0.65=2,600, 4,760x0.5=2,380
A=(2,400+4,620+2,600+2,380)/4=3,000kg,
C=4,730, Y=4
Max{평년수확량의 50%, (1-피해율)x평년수확량}
피해율=보통약관피해율+(동상해피해율)x(수확기잔존비율), 100%한도
평년수확량={3,000+(4,300-3,000)(1-4/5)}
x(4,730/4,300)=3,586kg

문제 19

(평년결과모지수)={A+(B-A)(1-Y/5)}
A: 과거 평균 결과모지수
(사고시), Max{실제결과모지수, 평년결과모지수x50%},
(무사고시), Max{표준결과모지수, 평년결과모지수}x110%
A=(5+7+5+11)/4=7, 10x50%=5, 10x1.1=11의 평균, B=4개,
(평년결과모지수)=7+(4-7)x(1-4/5)=6.4=6개
(가입년도 표준결과모지수=4개의 130% 한도), 4x1.3=5.2=5개
복분자 보험가입금액=
(표준수확량)x(표준가격)x{(평년결과모지수)/(표준결과모지수)}

문제 20

(평년결실수)={A+(B-A)(1-Y/5)}
A: 과거 평균 결실수
(사고시), Max{조사결실수, 평년결실수x50%},
(무사고시), Max{표준결실수, 평년결실수}x110%
A: 123, 80, 187의 평균=130개, B=160개,
(평년결실수)=130+(160-130)x(1-3/5)=142개
오디의 보험가입금액
=(표준수확량)x(표준가격)x{(평년결실수)/(표준결실수)}

문제 21

(평년수확량)={A+(BxD-A)(1-Y/5)}xC/D
A=Max{조사수확량, (평년수확량)x50%}의 값들의 평균
무사고=Max{표준수확량, 평년수확량}x110%
1,800, 2,100x1.1=2,310, 1,190, 2,000 값들의 평균값
A=(1,800+2,310+1,190+2,000)/4=1,825kg
B=(가입연도 지역별 기준수확량)=2,100kg
C=(가입연도, 2025년 보정계수)
=0.95x1.1x0.9=0.9405=0.94,
D=(과거 보정계수의 평균)=0.95
(평년수확량)={1,825+(2,200x0.95-1,825)
x(1-4/5)}x(0.94/0.95)=1,858.23=1,858kg
(평년수확량은 보험가입연도의 표준수확량 130% 이내이므로 적합함)

문제 22

(평년수확량)={A+(BxD-A)(1-Y/5)}xC/D
A=Max{조사수확량, (평년수확량)x50%}의 값들의 평균
무사고=Max{표준수확량, 평년수확량}x110%
3,000x1.1=3,300, 1,500, 2,620, 3,800x1.1
=4,180값들의 평균값
A=(3,300+1,500+2,620+4,180)/4=2,900kg
B=(가입연도 지역별 기준수확량)=4,000kg
C=(가입연도, 2025년 보정계수)=0.95
D=(과거 보정계수의 평균)=(0.92+0.94+0.96+0.98)/4=0.95
(평년수확량)={2,900+(4,000x0.95-2,900)
x(1-4/5)}x(0.95/0.95)=3,080kg
(평년수확량은 보험가입연도의 표준수확량 130% 이내이므로 적합함)

문제 23

환산조사수확량, (가)=조사수확량/수확면적률
=1,800/0.9=2,000kg
(나)=1,800/0.8=2,250kg, (다)=2,160/0.9=2,400kg
Max{(환산조사수확량), 기준평년수확량x50%},
무사고=Max{가입년도 표준수확량, 기준평년수확량}x110%
2,000, 2,250, 2,400, 3,500x110%=3,850
A=(2,000+2,250+2,400+3,850)/4=2,625kg
B=(3,000+3,100+3,300+3,400)/4=3,200kg
C=3,500, Y=4
25년도 기준평년수확량={2,625+(3,200-2,625)(1-4/5)}
x(3,500/3,200)=2,996.8=2,997kg
25년도 평년수확량=2,997x0.9=2,697.3=2,697kg

문제 24

(평년수확량)={A+(BxD-A)(1-Y/5)}xC/D
A=Max{조사수확량, (평년수확량)x50%}, 무사고=Max{표준수확량, 평년수확량}x110%
2,200x1.1=2,420, 2,500x1.1=2,750, 2,600x1.1=2,860, 1,770 값들의 평균값
A=(2,420+2,750+2,860+1,770)/4=2,450kg
B=(2,200+2,400+2,600+3,000)/4=2,550kg
C=(당해년도 표준수확량)=3,200kg,
(평년수확량)={2,450+(2,550-2,450)x(1-4/5)}
x(3,200/2,550)=3,099.6=3,100kg

문제 25

(평년수확량)={A+(BxD-A)(1-Y/5)}xC/D

Max{조사수확량, (평년수확량)x50%}, 무사고=Max{표준수확량, 평년수확량}x110%

신규가입, 평년수확량=표준수확량의 100%=3,000kg=(가)

A=1,500, 3,200x1.1=3,520, 3,500x1.1=3,850, 2,530 값들의 평균값

A=(1,500+3,520+3,850+2,530)/4=2,850kg

B=(가입연도 표준수확량의 평균)=(3,000+3,200+3,400+3,600)/4=3,300kg

C=(당해년도 표준수확량)=3,960kg,

(평년수확량)={2,850+(3,300-2,850)x(1-4/5)}x(3,960/3,300)=3,528kg

문제 26

(1) 무사고=Max{표준수확량, 평년수확량}x110%

A=5,500, 6,050, 7,480, 7,150, 6,820 값들의 평균값,

A=(5,500+6,050+7,480+7,150+6,820)/5=6,600kg

B=(가입연도 표준수확량의 평균)

=(4,500+5,000+6,300+6,000+5,700)/5=5,500kg

C=(당해년도 표준수확량)=6,100kg, (평년수확량)={A+(B-A)(1-Y/5)}xC/B

(평년수확량)={6,600+(5,500-6,600)x(1-5/5)}x(6,100/5,500)=7,320kg

(2) 보험가입금액(최소)=7,320x0.5x2,000=7,320,000원

문제 27

B=2,200kg, C=2,640kg, Y=3

(살구), A: (800+2,640+1,600)/3=1,680kg, 2,400x1.1=2,640

(평년수확량)={1,680+(2,200-1,680)x(1-3/5)}x(2,640/2,200)=2,265.6=2,266kg

(포도), A: (1,000+2,560+1,600)/3=1,720kg, 6,400x0.4=2,560

(평년수확량)={1,720+(2,200-1,720)x(1-3/5)}x(2,640/2,200)=2,294.4=2,294kg

(감귤), A: (1,000+2,640+1,820)/3=1,820kg, 2,600x0.7=1,820

(평년수확량)={1,820+(2,200-1,820)x(1-3/5)}x(2,640/2,200)=2,366.4=2,366kg

(양배추), A: (1,000+2,640+1,600)/3=1746.66=1,747kg, 2,400x1.1=2,640

(평년수확량)={1,747+(2,200-1,747)x(1-3/5)}x(2,640/2,200)=2,313.84=2,314kg

문제 28

A, 최소보험가입금액=평년수확량의 50%=3,200x2,000x0.5=320만원

B, 최소보험가입금액=표준수확량의 80% =3,200x0.8x1,500=384만원

C, 살구(신규)=표준수확량의 70%를 평년수확량으로 하고 평년수확량의 50%~100%가입,

최소보험가입금액=4,000x0.7x0.5x2,500=350만원

D, 최소보험가입금액(신규)=표준수확량의 100%를 평년수확량으로 하고 평년수확량의 50%~100% 가입,

최소보험가입금액=3,800x0.5x3,000=570만원

E, 보험가입금액=표준수확량의 70%를 평년수확량의 50%~100%가입,

최소보험가입금액=3,000x0.7x0.5x5,000=525만원

문제 29

(1) 원예시설 재조달가액=600x10만원=6,000만원,
경년감가율=0.08, 경과년수=2.5년
6,000만원x(1-0.08x2.5)=4,800만원의 90%~130% 범위에서 가입 가능
보험가입금액(최소)=4,800만원x90%=4,320만원

(2) 시설작물, 보장생산비가 높은 품목은 호박: 9,300원,
600x9,300원=558만원의 50~100%의 범위에서 가입 가능
보험가입금액(최대)=558만원x100%=558만원

문제 30

A, 재조달가액=3,000x25,000=7,500만원의 80%, 최소보험가입금액=6,000만원

B, 재조달가액=5,000x6,000=3,000만원,
보험가입금액=3,000만원x(1-0.1333x3)=18,003,000원
=18,000,000원

C, 재조달가액보장 특별약관에 가입하지 않고 경과년수=27개월
=2.25년
보험가액=1,000x80,000=8,000만원,
8,000만원x(1-0.08x2.25)=6,560만원
6,560만원의 90%, 최소보험가입금액
=6,560만원x0.9=5,904만원

문제 31

(1) 옥수수 가입수확량(최소)=8,000x80%=6,400kg
옥수수 보험가입금액(최소)=6,400x1,500원=9,600,000원

(2) 유자, 평년수확량=4,500x0.7=3,150kg,
가입수확량(최소)=3,150x50%=1,575kg
유자 보험가입금액=1,575x3,000원
=4,725,000원(천원단위 절사)=472만원

(3) 양배추 가입수확량(최대)=9,000kg
양배추 보험가입금액(최대)=9,000x2,000원=18,000,000원

(4) 벼 가입수확량(최대)=4,000kg
벼 보험가입금액(최대)=4,000x2,000원=8,000,000원

문제 32

보험가입금액=50,000x0.4x3,000=6,000만원, 방재시설 할인율=25%
손해율에 따른 할인. 할증율=0%, 자기부담비율이 20%이면 정부지원비율=50%
(순보험료)=6,000만원x0.1x(1+0)x(1-0.25)=450만원
(계약자부담보험료)=450만원x(1-0.5-0.3)=900,000원

문제 33

보험가입금액=40,000x0.3x3,000=3,600만원,
착과감소개수=50,000-40,000=10,000개
손해율에 따른 할인. 할증율=+8%
자기부담비율이 15%이면 정부지원비율=38%
(방충망과 방상펜의 합이 40%이지만 최대 30% 할인적용)
(순보험료)=3,600만원x0.1x(1+0.08)x(1-0.3)x(1-0.07-0.03)=2,449,440원
(계약자부담보험료)=2,449,440원x(1-0.38-0.37)=612,360원(정부=38%, 지자체=37%)
(감액분)=612,360원x(1만/4만)=153,090원, 착과감소율=1만/4만=0.25
(5종한정이고 보장수준이 50%이므로 감액미경과비율=83%)
(차액보험료)=153,090원x0.83=127,064.7=127,064원, (감액분)의 83%

문제 34

보험가입금액=20,000x0.4x3,000원=2,400만원
순보험료=2,400만원x0.1x(1+0.08)x(1-0.2)x(1-0.05)=1,969,920원
3년간 손해율=120%, 2년간 손해율=75%이므로 최저자기부담비율=15%
정부지원율=38%
계약자부담보험료=1,969,920원x(1-0.38-0.32)=590,976원

문제 35

(1) 정부보조 보험료=순보험료x38%+부가보험료

보험가입금액=18,000x2,500원=4,500만원

보통약관 영업요율(12%)=순보험료율(10%)+부가보험료율 (2%)

부가보험료율(2%)=순보험료의 20%

순보험료=4,500만원x0.1x(1+0)x(1-0.2)x (1-0.05)=3,420,000원

최근 2년 연속 보험에 가입하고 손해율=330만/338만 <100%, 미만

최근 3년 연속 보험에 가입하고 손해율=630만/495만 >100%, 초과

최저자기부담비율=15%, 정부지원비율=38%

5년 연속가입, 손해율=950만/830만=114.45%<120%

손해율에 따른 할인.할증율=0%

최근 3년 연속 착과감소보험금 손해율=480만/495만 <100%미만, 보장수준=70%

정부보조 보험료=순보험료의 38%+부가보험료의 100%
=342만원x38%+342만원x20%
=1,983,600원

(2) 계약자부담보험료
=순보험료x(1-정부지원비율-지자체지원비율)
=342만원x(1-0.38-0.37)=855,000원

(3) 착과감수량=18,000-72,000x0.3<0, (착과수 증가)

기준착과수=72,000개, 미보상감수량=0kg, 자기부담감수량 =3,240kg

착과감소보험금=(0-0-3,240)x0.7x2,500원=0원

(4) 누적감수량=25,000x0.3=7,500kg, 자기부담감수량 =3,240kg

과실손해 보험금=(7,500-3,240)x2,500원=10,650,000원

기준착과수의 80%=57,600개, 평년착과수=6,000,000개, 비례보상(x)

지급보험금=Min{10,650,000원, 4,500만원x (1-0.15)}=10,650,000원

문제 36

보험가입금액=12,000x2,500=3,000만원

(1) 순보험료=3,000만원x0.1x(1+0)x(1-0.2)x (1-0.05)=2,280,000원

(2년 연속 보험 가입), 손해율=400만/410만, 100%미만, 15% 가능

(3년 연속 보험 가입), 손해율=680만/600만, 100%초과, 10% 불가능

최저 자기부담비율=15%

(3년 연속 보험 가입), 착과감소 손해율=480만/600만, 100%미만, 70% 가능

보장수준 최대=70%

(5년 연속 보험 가입), 손해율=1,023만/930만=110%, 손해율에 따른 할인. 할증률=0%

정부보조 보험료=순보험료x38%+부가보험료x100%

정부보조 보험료=228만원x38%+228만원 x20%=1,322,400원

(2) 계약자부담보험료=순보험료x (1-정부지원비율-지자체지원비율)
=228만원x(1-0.38-0.3)=729,600원

(3) 적과후 착과량=35,000x0.2=7,000kg, 기준착과량 =12,000kg

착과감수량=12,000-7,000=5,000kg

미보상감수량=5,000x0.1=500kg, 자기부담감수량 =1,800kg

착과감소보험금=(5,000-500-1,800)x0.7x2,500원 =4,725,000원

(4) 적과종료 이후에 사고조사가 없을 경우

착과율=35,000/60,000=60% 미만, 착과손해피해율=5%

착과손해감수 과실수=35,000x0.05=1,750개

과실손해보험금=(1,750-0)x0.2x2,500원=875,000원

문제 37

보험가입금액(최대)=4,500x2,000=9,000,000원
손해율 3년=110%이면 할인. 할증율은 0%
자기부담비율은 10%이면 정부지원비율은 (41%)가 된다.
적용보험료=900만원x0.15x(1+0)x(1+0.05)=1,417,500원
순보험료=1,417,500원x0.8=1,134,000원, 부가보험료
=283,500원
정부지원보험료=1,134,000원x0.41+283,500원=748,440원

문제 38

(1) 구조체 보험가입금액=600x100,000=6,000만원의
90%~130%이므로
최소금액=5,400만원, 부대시설 보험가입금액=800만원
단기요율적용지수는 (2~6월), 60%+30%=90%, 단기요율
적용지수=0.9
종별 요율상대도: 3종=1.0,
연동하우스 적용보험료=5,400만원
x0.12x1.0x0.9=5,832,000원
부대시설 적용보험료=800만원x0.15x0.9=1,080,000원
원예시설 적용보험료=5,832,000원+1,080,000원
=6,912,000원
순보험료=적용보험료의 70%=6,912,000원
x0.7=4,838,400원
계약자부담보험료=4,838,400원x(1-0.5-0.35)=725,760원
(2) 7월, 8월 2개월 연장, 단기요율적용지수=30%+20%
=0.5(원래계약의 0.5/0.9)
연동하우스 적용보험료=5,400만원x0.12x1.0x0.5
=3,240,000원
부대시설 적용보험료=800만원x0.15x0.5=600,000원
원예시설 적용보험료=324만원+60만원=384만원
순보험료=적용보험료의 70%=384만원x0.7=2,688,000원
계약자추가부담보험료=2,688,000원x(1-0.5-0.35)
=403,200원
원래 단기요율적용지수=90%, 추가분 단기요율적용지수
=50%
추가분=원래보험료의 50%/90%, 725,760원x(5/9)
=403,200원
(3) 2월1일~6월30일: 28+31+30+31+30=150일
2월1일~3월31일: 28+31=59일(경과일), 미경과일=91일
환급보험료=725,760원x(91/150)=440,294.4원=440,294원

문제 39

시. 군별 농협 RPC 계약재배 수매가격의 5개년 평균가격
=2,000원
표준가격=2,000x1.2=2,400원
보험가입금액=2,500x2,400=600만원, 자기부담비율=15%,
정부지원비율=44%, 할인.할증률=0손해율이 80%이상 120%
미만은 0%)
순보험료=600만원x0.1x(1+0)x(1+0.05)x(1+0.05)=661,500원
계약자부담보험료=661,500원x(1-0.44-0.3)=171,990원

문제 40

(1) A과수원 사과(종합), 자연재해(냉해) 착과율, 착과손해감소과
실수를 산정하여
과실손해보험금 지급대상임. 착과감소과실수=5,000개,
기준착과수=20,000개, 자기부담감수과실수=2,000개,
미보상감수과실수=500개,
착과감소 보험금=(5,000-500-2,000)
x0.4x2,000x0.5=1,000,000원
착과율=75%, 착과손해감소과실수=15,000x0.0
5x(1-0.75)/0.4=468.75=469개
착과손해피해율=0.05x(1-0.75)/0.4=0.03125
과실손해 보험금=(469-0)x0.4x2,000=375,200원
(2) B과수원 배(5종특약)이므로 과실손해보험금 지급대상이 아님.
착과감소과실수=8,000개, 적과전 사고가 없으므로 착과감
소보험금 지급대상이 아님.
착과감소 보험금=0원, 기준착과수=12,000개, 기준수확량
=12,000x0.5=6,000kg
(차액보험료)=(감액분)x(감액미경과비율),
보험가입금액도 2,000만원에서 1,200만원으로 조정됨
(3) C과수원 단감(종합)이고 자연재해(냉해)이지만 착과수가 증가,
착과감소 보험금=0원, 기준수확량=30,000x0.3=9,000kg
(4) D과수원 떫은감(5종특약)이고 조수해는 보상하는 재해가
아니므로 착과감소보험금
지급대상이 아님.
착과감소 보험금=0원, 기준수확량=15,000x0.3=4,500kg

문제 41

(1) A과수원 사과(종합)이고 화재, 나무피해율=50/500=0.1
 (최대인정피해율),
 착과감소개수=50,000-30,000=20,000개
 착과감수과실수=Min{20,000, 50,000x0.1}=5,000개
 기준착과수=30,000+5,000=35,000개,
 자기부담감수과실수=35,000x0.1=3,500개
 미보상감수과실수=5,000x0.1=500개
 착과감소 보험금=(5,000-500-3,500)
 x0.4x2,000x0.5=400,000원
 적과전 종합이고 자연재해 피해, 착과손해감수과실수를
 계산하여 과실손해보험금을
 산정하는데 A과수원은 화재사고이므로 과실손해보험금 지
 급대상이 아님.

(2) B과수원 사과(5종특약)이므로 과실손해보험금 지급대상이
 아님.
 병충해, 조수해 고사주수는 미보상, 나무피해율
 =75/500=0.15(최대인정피해율),
 착과감소개수=50,000-20,000=20,000개
 착과감수과실수=Min{20,000, 50,000x0.15}=7,500개
 기준착과수=30,000+7,500=37,500개,
 자기부담감수과실수=37,500x0.1=3,750개
 미보상감수과실수=7,500x0.1+15x100=2,250개
 착과감소 보험금=(7,500-2,250-3,750)
 x0.4x2,000x0.5=600,000원

(3) C과수원 배(종합)이고 자연재해(냉해), 착과율과 착과손해
 감소과실수를 산정하여 과실손해보험금 지급대상임.
 착과감소과실수=50,000-30,000=20,000개,
 기준착과수=50,000개,
 자기부담감수과실수=50,000x0.1=5,000개
 미보상감수과실수=20,000x0.1+5x100=2,500개
 착과감소 보험금=(20,000-2,500-5,000)
 x0.5x2,000x0.5=6,250,000원
 착과율=60%, 착과손해감소과실수=30,000x0.05=1,500개
 과실손해 보험금=(1,500-0)x0.5x2,000=1,500,000원

(4) D과수원 단감(5종특약)이고 자연재해(우박, 태풍)
 유과타박율=0.2(최대인정피해율), 나무인정피해율
 =(20+60x0.5)/500=0.1,
 낙엽인정피해율=1.0115x0.3-0.0014x100=0.16345
 착과감소개수=50,000-30,000=20,000개,
 미보상감수과실수=10,000x0.1=1,000개
 착과감수과실수=Min{20,000, 50,000x0.2}=10,000개
 기준착과수=30,000+10,000=40,000개,
 자기부담감수과실수=40,000x0.1=4,000개
 착과감소 보험금=(10,000-1,000-4,000)
 x0.3x2,000x0.5=1,500,000원

문제 42

보험가입금액=50,000x0.3x2,000=30,000,000원,
착과감소개수=50,000-40,000=10,000개
손해율에 따른 할인. 할증율=+13%
(2년 연속) 400/500=80%, 100%미만, (3년 연속)
1,400/700=200%,
최저자기부담비율은 15% 가능(최저비율적용)
자기부담비율이 15%이면 정부지원율=38%
(방충망과 방상펜의 합이 40%이지만 최대 30% 할인적용)
(순보험료)=3,000만원x0.1x(1+0.13)(1-0.3)=2,373,000원
(계약자부담보험료)=2,373,000원x(1-0.38-0.3)=759,360원
(감액분)=759,360원x1만/5만=151,872원
(차액보험료)=151,872원x0.7=106,310.4=106,310원
(종합이고 보장수준이 50%이므로 감액미경과비율=70%)

문제 43

사과(종합)이고 적과전 조수해 피해이므로 최대인정피해율을 계산해야 한다.

나무인정피해율=60/300=0.2(최대인정피해율)

적과후 착과수조사,

조사대상주수=300-10-20=270주, 표본주수=9주, 표본주 1주당 착과수=120개

적과후 착과수=270x120=32,400개,

착과감소개수=45,000-32,400=12,600개,

착과감수과실수=Min{12,600, 45,000x0.2}=9,000개

기준착과수=32,400+9,000=41,400개,

자기부담감수과실수=41,400x0.15=6,210개

미보상감수과실수=9,000x0.1=900개, 미보상주수=0주

착과감소 보험금=(9,000-900-6,210)
x0.3x4,000x0.5=1,134,000원

적과이후 감수과실수

7월 10일 일소피해

낙과피해감수과실수=2,400x(0.6-0)=1,440개

착과피해감수과실수=30,000x(0.3-0)=9,000개

1,440+9,000=10,440개는 32,400x0.06=1,994개를 초과하여 감수과실수로 인정.

8월 10일 집중호우, maxA=0.3

낙과피해감수과실수=3,000x(0.8-0.3)x1.07=1,605개

침수피해감수과실수=100x25x(1-0.3)=1,750개

누적감수과실수=1,440+9,000+1,605+1,750=13,795개

과실손해 보험금=(13,795-0)x0.3x4,000=16,554,000원

문제 44

(1) 배(종합)이고 적과전 사고가 없음,
   착과감소보험금 지급대상이 아니고 보험가입금액과 보험료 감액 대상임.
   보험가입금액=60,000x0.4x3,000=7,200만원
   착과감소율=15,000/60,000=25%, 조정된 보험가입금액 =7,200만x0.75=5,400만원
   적과후 착과수=45,000개, 착과감소개수 =60,000-45,000=15,000개,
   기준착과수=45,000개, 자기부담감수과실수 =45,000x0.2=9,000개
   착과감소 보험금=0원

(2) 적과이후 감수과실수
   *7월 12일 태풍피해
   낙과피해감수과실수=24,000x(1-0)x1.07=25,680개
   *8월 15일 강풍피해
   낙과피해감수과실수=20,000x(0.95-0)x1.07=20,330개
   누적감수과실수=25,680+20,330=46,010개(적과후 착과수를 초과하여 45,000개)
   누적감수과실수는 기준착과수를 한도로 한다.
   기준착과수=45,000개, 자기부담감수과실수 =45,000x0.2=9,000개
   과실손해 보험금=(45,000-9,000) x0.4x3,000=43,200,000원
   감액된 보험가입금액=5,400만원
   5,400만원x(1-0.2)=4,320만원 이하이므로 과실손해보험금은 43,200,000원

문제 45

(1) 단감(5종특약)이고 적과전 사고가 없이 착과수 증가, 착과감소보험금 지급대상이 아님.
   보험가입금액=40,000x0.2x2,500=2,000만원, 기준착과수=60,000개,
   기준착과수의 80%=48,000개, 평년착과수=40,000개 (부보비율 비례보상)
   비례보상=40,000/(60,000x0.8)=5/6=83.33%
   기준착과수=60,000개, 자기부담감수과실수 =60,000x0.1=6,000개
   착과감소 보험금=0원

(2) 적과이후 감수과실수
   *7월 10일 일소피해
   낙과피해감수과실수=4,000x(0.6-0)=2,400개
   착과피해감수과실수=56,000x(0.2-0)=11,200개
   2,400+11,200=13,600개로서 60,000x0.06=3,600개를 초과, 감수과실수로 인정한다.
   *8월 10일 집중호우피해, maxA=0.2
   낙과피해감수과실수=5,000x(0.8-0.2)=3,000개
   침수피해감수과실수=50x20x(1-0.2)=800개

누적감수과실수=2,400+11,200+3,000+800=17,400개
기준착과수=60,000개, 자기부담감수과실수
=60,000x0.1=6,000개
과실손해 보험금=(17,400-6,000)x0.3x2,500=8,550,000원
부보비율 비례보상, 지급보험금=8,550,000원x40,000/(60,000x0.8)=7,125,000원

문제 46

(1) 사과(종합)이고 적과전 자연재해와 조수해 피해, 착과수가 증가(일부보험)했으므로
착과감소보험금 지급대상이 아니고 착과손해감수과실수=0이 된다.
보험가입금액=60,000x0.3x2,000=3,600만원, 기준착과수의 80%=72,000개
부보비율 비례보상=60,000/(90,000x0.8)=5/6=83.33%
기준착과수=90,000개, 자기부담감수과실수
=90,000x0.2=18,000개
착과감소 보험금=0원

(2) 적과이후 감수과실수
*8월 15일 태풍피해
낙과피해감수과실수=5,000x(1-0)x1.07=5,350개
나무피해감수과실수=20x150x(1-0)=3,000개
침수피해감수과실수=100x80x(1-0)=8,000개
*9월 10일 일소피해,
낙과피해감수과실수=4,000x(0.6-0)=2,400개
착과피해감수과실수=70,000x(0.15-0)=10,500개
2,400+10,500=12,900개로서 90,000x0.06=5,400개를 초과, 감수과실수로 인정한다.
누적감수과실수=5,350+3,000+8,000+12,900=29,250개
기준착과수=90,000개, 자기부담감수과실수
=90,000x0.2=18,000개
과실손해 보험금=(29,250-18,000)
x0.3x3,000=10,125,000원
부보비율 비례보상, 지급보험금10,125,000원
x5/6=8,437,500원

문제 47

(1) 단감(종합)이고 적과전 자연재해 피해, 착과율과 착과손해 감수과실수를 계산
표준수확량, A품종: 12,000kg(2/3), B품종: 6,000kg(1/3)
1주당 평년착과수, A품종={6만x(2/3)}÷200=200, B품종
={6만x(1/3)}÷100=200
적과후 착과수조사,
조사대상주수, A품종=200-50=150주,
B품종=100-20=80주,
전체조사대상주수=230주, 표본주수=9주,
A품종 적정표본주수=9x(150/230)=6주,
A품종 표본주 1주당 착과수=160개
B품종 적정표본주수=9x(80/230)=4주,
B품종 표본주 1주당 착과수=150개
적과후 착과수=150x160+80x150=36,000개,
착과감수과실수=60,000-36,000=24,000개,
기준착과수=60,000개, 자기부담감수과실수=6,000개,
미보상감수과실수=24,000x0.1+20x200=6,400개
착과감소 보험금=(24,000-6,400-6,000)
x0.3x2,500x0.7=6,090,000원

(2) 적과이후 감수과실수
착과율=60%, 착과손해감수과실수=36,000x0.05=1,800개
*7월 15일 태풍피해, maxA=0.05
낙과피해감수과실수=2,000x(0.6-0.05)=1,100개
나무피해감수과실수=3,000x(1-0.05)=2,850개
*8월 15일 일소피해,
낙과피해감수과실수=1,000x(0.75-0.05)=700개
사고당시착과수=36,000-2,000-3,000-1.000=30,000개
착과피해감수과실수=30,000x(0.25-0.05)=6,000개
700+6,000=6,700개로서 36,000x0.06=2,160개를 초과, 감수과실수로 인정한다.
누적감수과실수=1,800+1,100+2,850+6,700=12,450개
과실손해 보험금=(12,450-0)x0.3x2,500=9,337,500원

문제 48

(1) 배(종합)이고 적과전 자연재해 피해, 착과율과 착과손해감수과실수를 계산.
적과후 착과수조사, 조사대상주수=100-10=90주, 표본주수=6주,
표본주 1주당 착과수=100개, 적과후 착과수=90x100=9,000개,
착과감수과실수=15,000-9,000=6,000개, 기준착과수=15,000개,
자기부담감수과실수=1,500개
미보상감수과실수=6,000x0.1+10x150=2,100개
착과감소 보험금=(6,000-2,100-1,500)x0.4x4,000x0.7=2,688,000원

(2) 적과이후 감수과실수
착과율=60%, 착과손해감수과실수=9,000x0.05=450개
*8월 15일 일소피해, maxA=0.05
낙과피해감수과실수=3,000x(0.65-0.05)=1,800개
착과피해감수과실수=6,000x(0.25-0.05)=1,200개
1,800+1,200=3,000개로서 9,000x0.06=540개를 초과, 감수과실수로 인정한다.
*8월 30일 태풍피해, maxA=0.25
낙과피해감수과실수=1,000x(0.75-0.25)x1.07=535개
나무피해감수과실수=3x100x(1-0.25)=225개
누적감수과실수=450+3,000+535+225=4,210개
과실손해 보험금=(4,210-0)x0.4x4,000=6,736,000원

문제 49

(1) 단감(종합)이고 적과전 자연재해 피해, 착과율과 착과손해감수과실수를 계산.
적과후 착과수=28,000개,
착과감수과실수=40,000-28,000=12,000개, 기준착과수=40,000개,
자기부담감수과실수=4,000개, 미보상감수과실수=12,000x0.1=1,200개
착과감소 보험금=(12,000-1,200-4,000)x0.2x2,500x0.7=2,380,000원

(2) 적과이후 감수과실수
착과율=70%, 착과손해감수과실수=28,000x0.05x(1-0.7)/0.4=1,050개
*7월 15일 일소피해, maxA=0.05x(1-0.7)/0.4=0.0375
낙과피해감수과실수=4,000x(0.6575-0.0375)=2,480개
착과피해감수과실수=24,000x(0.3-0.0375)=6,300개
2,480+6,300=8,780개로서 28,000x0.06=1,680개를 초과, 감수과실수로 인정한다.
*10월 26일 가을동상해피해, maxA=0.3
착과피해구성율=61.24%,
(10+32+10+30x0.0031x20)/100=0.5386
(10월 27일~11월15일까지 잔여일수=20일)
착과피해감수과실수=20,000x(0.5386-0.3)=4,772개
누적감수과실수=1,050+8,780+4,772=14,602개
과실손해 보험금=(14,602-0)x0.2x2,500=7,301,000원

문제 50

(1) 배(종합)이고 적과전 자연재해 피해, 착과율과 착과손해감수과실수를 계산.
적과후 착과수조사, 조사대상주수, A품종=240주, B품종=160주,
전체조사대상주수=400주, 표본주수=11주, (가)=7, (나)=5,
A품종 적정표본주수=11x(240/400)=7주,
A품종 표본주 1주당 착과수=80개
B품종 적정표본주수=11x(160/400)=5주,
B품종 표본주 1주당 착과수=100개
적과후 착과수=240x80+160x100=35,200개,
착과감수과실수=60,000-35,200=24,800개,
기준착과수=60,000개, 자기부담감수과실수=60,000x0.2=12,000개,
미보상감수과실수=24,800x0.05=1,240개
착과감소 보험금=(24,800-1,240-12,000)x0.4x3,000x0.5=6,936,000원

(2) 적과이후 감수과실수
착과율=58.67%<60%,
착과손해감수과실수=35,200x0.05=1,760개
*8월 15일 태풍피해, maxA=0.05
낙과피해감수과실수=4,000x(0.65-0.05)x1.07=2,568개
*9월 10일 조수해 피해는 보상하는 재해가 아님.

10x70+10x90=1,600개 과실이 사라졌음(미보상)
사고당시 착과수=35,200-(4,000+1,600)=29,600개=(다)
*6월 2일(9월20일) 우박피해, maxA=0.05
착과피해감수과실수=29,600x(0.25-0.05)=5,920개
누적감수과실수=1,760+2,568+5,920=10,248개
과실손해 보험금=(10,248-0)x0.4x3,000=12,297,600원

문제 51

(1) 떫은감(5종특약)이고 적과전 자연재해 피해, 최대인정피해율 계산.
유과타박율=66/220=0.3,
나무인정피해율=(20+60x0.5)/400=0.125,
낙엽인정피해율=0.9662x0.4-0.0703=0.31618, 31.62%
최대인정피해율=31.62%, 착과감소개수=80,000-60,000=20,000개,
착과감수과실수=Min{20,000, 80,000x0.3162}=20,000개
기준착과수=80,000개, 자기부담감수과실수=12,000개
착과감수과실수=20,000개, 미보상감수과실수=2,000개
착과감소 보험금=(20,000-2,000-12,000)x0.3x2,500x0.5=2,250,000원
(2) 적과이후 감수과실수
*8월 10일 집중호우피해,
낙과피해감수과실수=5,000x(0.8-0)=4,000개
침수피해감수과실수=50x60x(1-0)=3,000개
*10월 16일 가을동상해피해,
착과피해구성율=43.48%, (10+15+16+40x0.0031x20)/100=0.4348
(10월 17일~11월15일까지 잔여일수=20일)
착과피해감수과실수=10,000x(0.4348-0)=4,348개
누적감수과실수=4,000+3,000+4,348=11,348개
과실손해 보험금=(11,348-0)x0.3x2,500=8,511,000원

문제 52

(1) 정부보조 보험료=순보험료x38%+부가보험료x100%
순보험료=3,000만원x0.1x(1+0)x(1-0.2)=2,400,000원
최근 2년 연속 보험에 가입하고 손해율=330만/338만 <100%, 미만
최근 3년 연속 보험에 가입하고 손해율=630만/495만 >100%, 초과
최저자기부담비율=15%, 정부지원비율=38%
5년 연속가입, 손해율=943만/820만=110%
손해율에 따른 할인.할증율=0%
최근 3년 연속 착과감소보험금 손해율=480만/495만 <100%미만, 보장수준=70%
정부보조 보험료=240만원x38%+240만원x20%=1,392,000원
(2) 계약자부담보험료=순보험료x(1-정부지원비율-지자체지원비율)
=240만원x(1-0.38-0.3)=768,000원
(3) 착과감수량=12,000-45,000x0.2=3,000kg
미보상감수량=3,000x0.15=450kg, 자기부담감수량=1,800kg
착과감소보험금=(3,000-450-1,800)x0.7x2,500원=1,312,500원

문제 53

(1) 떫은감(5종특약)이고 적과전 자연재해 피해가 있으므로 최대인정피해율 계산
나무인정피해율=(10+40)/250=0.2,
(냉해, 조수해, 병충해는 미보상주수)
조사대상주수=250-50-30=170주,
표본주 1주당 착과수=120개
적과후 착과수=170x120=20,400개, 최대인정피해율=20%,
착과감소개수=40,000-20,400=19,600개,
착과감소과실수=Min{19,600, 40,000x0.2}=8,000개
(2) 미보상감수과실수=8,000x0.1+30x160=5,600개
(3) 고사나무수(종합)=10+10+40+10=70주, 고사나무피해율=0.28
나무손해보장 보험금=2,500만원x(0.28-0.05)=5,750,000원

문제 54

(1) 사과(종합)이고 적과전 자연재해 피해
적과후 착과수조사,
적과후 착과수=320x75+330x60=24,000+19,800=43,800개,
착과감소개수=75,000-43,800=31,200개, 기준착과수=75,000개,
자기부담감수과실수=75,000x0.2=15,000개
착과감수과실수=31,200개, 미보상감수과실수=3,120개
착과감소보험금=(31,200-3,120-15,000)x0.3x3,000x0.5=5,886,000원

(2) 적과이후 감수과실수
착과율=43,800/75,000<60%, 착과손해감수과실수=43,800x0.05=2,190개
*8월 15일 일소피해, maxA=0.05, 낙과피해구성률=0.75
낙과피해감수과실수=1,000x(0.75-0.05)=700개
착과피해감수과실수=0개, (사고당시착과수=43,800-1,000=42,800개)
700+0=700개로서 43,800x0.06=2,628개 미만므로 감수과실수로 인정하지 않는다.
*8월 30일 태풍피해, maxA=0.05, 낙과피해구성률=0.55
낙과피해감수과실수=2,000x(0.55-0.05)x1.07=1,070개
(사고당시착과수=43,800-1,000-2,000=40,800개)
*우박피해, maxA=0.05, 낙과피해구성률=0.3
착과피해감수과실수=40,800x(0.3-0.05)=10,200개
누적감수과실수=2,190+1,070+10,200=13,460개
자기부담감수과실수=0개
과실손해보험금=(13,460-0)x0.3x3,000=12,114,000원

문제 55

(1) 단감(5종특약)이고 적과전 자연재해 피해가 있으므로 최대인정피해율 계산
나무인정피해율=(30+25+20)/300=0.25, (조수해, 병충해는 미보상주수)
조사대상주수=300-75-15=210주, 적정표본주수=9주, 표본주 1주당 착과수=150개
적과후 착과수=210x150=31,500개, 최대인정피해율=25%,
착과감소개수=60,000-31,500=28,500개,
착과감소과실수=Min{28,500, 60,000x0.25}=15,000개,
기준착과수=15,000+31,500=46,500개, 자기부담감수과실수=4,650개

(2) 미보상감수과실수=15,000x0.1+15x200=4,500개
착과감소보험금=(15,000-4,500-4,650)x0.2x2,500x0.5=1,462,500원

(3) 고사나무수(종합)=30+25+20+5+10=90주, 고사나무피해율=0.3
나무손해보장 보험금=3,000만원x(0.3-0.05)=7,500,000원

문제 56

(1) 정부보조 보험료=순보험료x38%+부가보험료x100%
순보험료=3,000만원x0.1x(1+0)x(1-0.3)=2,100,000원
최근 2년 연속 보험에 가입하고 손해율=350만/337만>100%, 초과
최근 3년 연속 보험에 가입하고 손해율=480만/495만<100%, 미만
최저자기부담비율=10%, 정부지원비율=33%
5년 연속가입, 손해율=780만/830만=94%, 80%이상 120%미만
손해율에 따른 할인.할증율=0%
최근 3년 연속 착과감소보험금 손해율=330만/495만<100%미만, 보장수준=70%
정부보조 보험료=순보험료의 33%+부가보험료의 100%
정부보조 보험료=210만원x33%+210만원x20%=1,113,000원

(2) 계약자부담보험료=순보험료x(1-정부지원비율-지자체지원비율)
=210만원x(1-0.33-0.3)=777,000원

(3) 착과감수량=12,000-76,000x0.2<0, 착과량 증가(보험가입금액 변동 없음)
기준착과수=76,000개, 착과감소과실수=0개
미보상감수량=0kg, 자기부담감수량=76,000x0.2x0.1=1,520kg
착과감소보험금=0원

(4) 누적감수량=32,000x0.2=6,400kg, 자기부담감수량=1,520kg
과실손해보험금=(6,400-1,520)x2,500원=12,200,000원

평년착과수=6만개, 기준착과수의
80%=76,000x0.8=60,800개
부보비율에 대한 비례보상
지급보험금=1,220만원x(60,000/60,800)=12,039,473.68원=12,039,473원
한도 적용=Min{과실손해보험금, 보험가입금액x(1-자기부담비율)}
=Min{12,039,473원, 3,000만원x(1-0.15)}=12,039,473원

문제 57

(1) 표준수확량, 조생종=8,000kg(40%), 만생종=12,000kg(60%)
1주당 평년수확량, 조생종=25,000x0.4/100=100kg, 만생종=25,000x0.6/250=60kg
(조생) 조사대상주수=100-5=95, (만생) 250-10=240주
착과량=10,000+240x180x0.35+10x60=10,000+15,720=25,720kg
(조생종 수확완료=착과량은 평년수확량=25,000x40%=10,000kg)
감수량=2만개x0.35x0.6+6,000x0.35x0.8=4,200+1,680=5,880kg
수확량=25,720-5,880=19,840kg
(2) 미보상감수량=(25,000-19,840)x0.1=516kg
피해율=(25,000-19,840-516)/25,000=18576, 18.58%
수확감소보험금=7,000만원x(0.1858-0.1)=6,006,000원
(3) 수확량감소추가보장 보험금=7,000만원x0.1858x0.1=1,300,600원

문제 58

(1) 1주당 평년착과량=20kg, 조사대상주수=200-10-10=280주, 적정표본주=9주
표본주수 1주당 착과수=50개, 과중=0.4kg, 착과피해구성율=20%
착과량=280x50x0.4x(1-0.2)+10x20=4,680kg
감수량 계산,
*7월30일 자연재해, 착과수는 이전 착과수와 같으므로 착과수=280x50=14,000개
착과피해구성율=(5+4)/30=0.3, 30%, maxA=0.2
착과피해감수량=14,000x0.4x(0.3-0.2)=560kg
*8월20일 태풍, maxA=0.3
낙과피해구성율=(80+240+180)/1,000=0.5, 50%
낙과피해감수량=4,000x0.4x(0.5-0.3)=320kg
*9월30일 동상해
기수확 과실수=5,000개,
사고당시 착과수=14,000-4,000-5,000=5,000개
착과피해구성율=(10+5)/30=0.5, 50%,
착과피해감수량=5,000x0.4x(0.5-0.3)=400kg
감수량의 총합=560+320+400=1,280kg,
수확량=4,680-1,280=3,400kg,
(착과수조사 이전 사고의 피해사실이 인정된 경우)
(2) 미보상감수량=(6,000-3,400)x0.1=260kg
피해율=(6,000-3,400-260)/6,000=0.39, 39%
수확감소 보험금=1,500만원x(0.39-0.2)=2,850,000원
수확감소추가보장 보험금=1,500만원x0.39x0.1=585,000원
총 지급보험금=285만원+585,000원=3,435,000원

문제 59

(1) 1주당 평년수확량=30kg, 조사대상주수=300-20-10=270주
표본주 1주당 착과수=120개, 과중=0.3kg,
착과량=270x120x0.3x(1-0.2)+20x30=8,376kg
*감수량 계산,
조사대상주수=300-20-20=260주이고 금차고사주수
=10주, maxA=0.2,
1주당 착과수=80개, 30%, 1주당 낙과수=20개, 50%
착과피해감수량=260x80x0.3x(0.3-0.2)=624kg
낙과피해감수량=260x20x0.3x(0.5-0.2)=468kg
고사나무피해감수량=10x(80+20)x0.3=300kg
1차감수량의 합=624+468+300=1,392kg
잡초가 70%정도 분포하면 매우불량으로 미보상비율=20%
*8월 25일(강풍과 병충해)
조사대상주수=300-30-20=250주, 적정표본주수=9주,
금차고사주수=0주
낙과피해구성율=(2+8+20)/60=0.5, 1주당 낙과수=30개,
maxA=0.3,
낙과피해감수량=250x30x0.3x(0.5-0.3)=450kg,
고사나무피해감수량=0kg
감수량의 총합=1,392+450=1,842kg,
수확량=9,000-1,842=7,158kg,
(착과수조사 이전 사고의 피해사실이 인정되지 않은 경우)
병충해낙과피해감수량=250x30x0.3x(24x0.5)/60=450kg
(2) 미보상감수량=(9,000-7,158)x0.2=368.4kg,
피해율=(9,000-7,158-368.4+450)/9,000=0.213733,
21.37%
수확감소 보험금=1,800만원x(0.2137-0.15)=1,146,600원

문제 60

(1) 1주당 평년수확량=25kg,
조사대상주수=400-20-10=370주이므로 적정 표본주수는
10주
표본주수 1주당 착과수=80개, 과중=0.3kg,
착과량=370x80x0.3+20x25=9,380kg
감수량 계산,
조사대상주수=400-30-20=350주이므로 적정 표본주수는 10주
표본주수 1주당 착과수=50개, 낙과수=15개, 금차고사주수=10주
착과피해감수량=350x50x0.3x(0.3-0)=1,575kg
낙과피해감수량=350x15x0.3x(0.6-0)=945kg
고사나무피해감수량=10x(50+15)x0.3x(1-0)=195kg
감수량의 총합=1,575+945+195=2,715kg,
수확량=9,380-2,715=6,665kg,
(착과수조사 이전 사고의 피해사실이 인정된 경우)
(2) 미보상감수량=(10,000-6,665)x0.2=667kg
피해율=(10,000-6,665-667)/10,000=0.2668, 26.68%
수확감소 보험금=2,500만원x(0.2668-0.2)=1,670,000원

문제 61

(1) A품종 표준수확량=4,000kg(40%), B품종 표준수확량
=6,000kg(60%)
A품종 1주당 평년수확량=8,000x0.4÷100=32kg,
B품종 1주당 평년수확량=8,000x0.6÷200=24kg
(2) A품종 조사대상주수=100-10-5=85주,
B품종 조사대상주수=200-10-15=175주
전체 조사대상주수는 260주 이므로 표본주수는 9주
A품종 적정 표본주수=9x(85/260)=3주,
B품종 적정 표본주수=9x(175/260)=7주
A품종 표본주수 1주당 착과수=120개, 과중=0.2kg,
A품종 수확량=85x120x0.2+10x32=2,360kg
B품종 표본주수 1주당 착과수=100개, 과중=0.15kg,
B품종 수확량=175x100x0.15+10x24=2,865kg
총 수확량=2,360+2,865=5,225kg
미보상감수량=(8,000-5,225)x0.2=555kg,
피해율=(8,000-5,225-555)/8,000=0.2775, 27.75%
수확감소 보험금=1,600만원x(0.2775-0.1)=2,840,000원

문제 62

1주당 평년수확량=45kg,
조사대상주수=100-10=90주이므로 적정 표본주수는 6주
표본주수 1주당 착과수=150개, 과중=0.3kg, 착과피해구성률=20%
착과량=90x150x0.3x(1-0.2)+10x45=3,690kg
감수량 계산,
조사대상주수=100-10-10=80주이고 1주당 착과수=120개, 착과피해구성율=0.3, 금차고사나무주수=10주, maxA=0.2
착과피해감수량=80x120x0.3x(0.3-0.2)=288kg,
고사나무피해감수량=10x(120+0)x0.3=360kg
감수량의 총합=288+360=648kg,
수확량=3,690-648=3,042kg
미보상감수량=(4,500-3,042)x0.2=291.6kg,
병충해감수량=80x120x0.3x(18x0.5)/60=432kg
피해율=(4,500-3,042-291.6+432)/4,500=0.3552, 35.52%
수확감소 보험금=1,200만원x(0.3552-0.15)=2,462,400원

문제 63

1주당 평년수확량=45kg,
조사대상주수=100-10=90주이므로 적정 표본주수는 6주
표본주수 1주당 착과수=150개, 과중=0.3kg, 착과피해구성률=10%
착과량=90x150x0.3x(1-0.1)+10x45=4,095kg,
감수량 계산,
조사대상주수=100-10-10=80주이고 1주당 착과수=120개, 착과피해구성율=0.3, 금차고사나무주수=10주, maxA=0.1
착과피해감수량=80x120x0.3x(0.3-0.1)=576kg,
고사나무피해감수량=10x(120+0)x0.3=360kg
감수량의 총합=576+360=936kg,
수확량=4,500-936=3,564kg, Max{4,500, 3,690}=4,500kg
(착과수조사 이전 사고의 피해사실이 인정되지 않은 경우)
미보상감수량=(4,500-3,564)x0.2=187.2kg,
병충해감수량=80x120x0.3x(18x0.5)/60=432kg
피해율=(4,500-3,564-187.2+432)/4,500=0.2624, 26.24%
수확감소 보험금=1,200만원x(0.2624-0.15)=1,348,800원

문제 64

병충해는 세균구멍병만 보상하고 50%를 인정하므로 병충해감수량=800x0.5=400kg
미보상감수량=(8,000-4,500)x0.1=350kg
피해율=(8,000-4,500-350+400)/8,000=0.44375, 44.38%
수확감소 보험금=1,600만원x(0.4438-0.2)=3,900,800원
수확감소추가보장 보험금=1,600만원x0.4438x0.1=710,080원
총 지급보험금=3,900,800원+710,080원=4,610,880원

문제 65

1주당 평년수확량=20kg, 표준과중=0.1kg
(수확개시 이후 수확량조사)
조사대상주수=300-20-30=250주이므로 적정표본주수는 9주
1주당 착과수=120개, 20%, 1주당 낙과수=50개, 60%,
미보상주수=20주, 금차 고사주수=30주
(금차수확량)=250x120x0.1x(1-0.2)+250x50x-0.1x(1-0.6)+20x20=3,300kg
(금차감수량)=250x120x0.1x(0.2-0)+250x50x0.1x(0.6-0)+30x(120+50)x0.1x(1-0)=1,860kg
(기수확량)=200kg,
산출량의 총합=3,300+1,860+200=5,360kg < 평년수확량=6,000kg이므로
(수확량)=6,000-1,860=4,140kg,
미보상감수량=(6,000-4,140)x0.1=186kg
피해율=(6,000-4,140-186)/6,000=0.279, 27.9%
수확감소 보험금=1,500만원x(0.279-0.2)=1,185,000원

문제 66

(오류검증) 1,500+200>900+300+400이므로 오류검증 필요 없음

(1) 산출량의 총합=1,500+400+200 < 평년수확량=2,500kg 이므로 수확량=2,500-(400+300)=1,800kg
미보상감수량=(2,500-1,800)x0.1=70kg
피해율=(2,500-1,800-70)/2,500=0.252, 25.2%
수확감소 보험금=800만원x(0.252-0.1)=1,216,000원

(2) 산출량의 총합=1,500+400+200 > 평년수확량=2,000kg 이므로
수확량=1,500+200-300=1,400kg, 미보상감수량=(2,000-1,400)x0.1=60kg
피해율=(2,000-1,400-60)/2,000=0.27, 27%
수확감소 보험금=800만원x(0.27-0.1)=1,360,000원

문제 67

(1) 1주당 평년수확량=15kg, 과중=(4.4+2x0.8)/60=0.1kg
(수확개시 이전 수확량조사)
조사대상주수=200-20-10=170주이므로 적정표본주수는 8주
1주당 착과수=150개, 30%, 1주당 낙과수=20개, 50%
(수확개시 이전 수확량)=170x150x0.1x(1-0.3)+170x20x-0.1x(1-0.5)+20x15=2,255kg
(1차사고) 조사대상주수=200-20-30=150주이므로 적정표본주수는 8주, maxA=0.3
1주당 착과수=60개, 50%, 1주당 낙과수=10개, 60%
(금차수확량)=150x60x0.1x(1-0.5+0.3)+150x10x-0.1x(1-0.6+0.3)+20x15=1,125kg
(금차감수량)=150x60x0.1x(0.5-0.3)+150x10x-0.1x(0.6-0.3)+20x(60+10)x0.1x(1-0.3)
=323kg
(기수확량)=300kg,
(오류검증) 2,255>1,125+323+100=1,748kg이므로 오류검증 필요 없음
(수확량)=2,255-323=1,932kg,

(2) 미보상감수량=(3,000-1,932)x0.1=106.8=107kg
피해율=(3,000-1,932-107)/3,000=0.320333, 32.03%
수확감소 보험금=800만원x(0.3203-0.2)=962,400원

문제 68

(1) 1주당 평년수확량=20kg, 과중=0.1kg
(수확개시 이전 수확량조사)
조사대상주수=200-10-10=180주이므로 적정표본주수는 8주
1주당 착과수=150개, 20%, 1주당 낙과수=20개, 50%, 미보상주수=10주
(수확개시 이전 수확량)=180x150x0.1x(1-0.2)+180x20x-0.1x(1-0.5)+10x20=2,540kg
1차사고 산출량의 총합=1,600+500+200=2,300kg
(오류검증) 2,540>1,600+500+200이므로 오류검증 필요 없음
수확량=2,540-500=2,040kg

(2) 미보상감수량=(4,000-2,040)x0.2=392kg
피해율=(4,000-2,040-392)/4,000=0.392, 39.2%
수확감소 보험금=900만원x(0.392-0.2)=1,728,000원

문제 69

(1) 60 (2) 40 (3) 60 (4) 80 (5) 60

문제 70

(1) 조사대상주수,
A품종=150-5-10=135, B품종=250-10-10=230, C품종=100-5-5=90
전체 조사대상주수=455주이므로 적정표본주수는 9주
A품종 적정표본주수=9x(135/455)=3주,
B품종 적정표본주수=9x(230/455)=5주
C품종 적정표본주수=9x(90/455)=2주,
(가)+(나)+(다)=3+5+2=10주

(2) 착과피해구성율: 표본과실의 개수는 표본주당 최소 100개 이상의 과실을 조사한다.
A품종 표본과실의 최소개수=3x100=300개
B품종 표본과실의 최소개수=5x100=500개
C품종 표본과실의 최소개수=2x100=200개 ①+②+③=1,000개

(3) 착과피해구성율: 표본과실의 무게는 표본주당 최소 1,000g

이상의 과실을 조사한다.
A품종 표본과실의 최소무게=3x1,000g=3kg
B품종 표본과실의 최소무게=5x1,000g=5kg
C품종 표본과실의 최소무게=2x1,000g=2kg
④+⑤+⑥=10kg

문제 71

(풀이) 1주당 평년수확량=25kg, 과중=(4.6+2x0.7)/60=0.1kg,
표본 1구간면적=3m², 재식면적=10m²
(1차사고) 조사대상주수=200-10-10=180주이므로 적정표본주수는 7주
표본구간 m²당 착과수=420/7x3=20개, 40%, 표본구간 m²당 낙과수=105/7x3=5개, 60%
(금차수확량)=180x10x20x0.1x(1-0.4)+180x10x5x-0.1x(1-0.6)+10x25=2,770kg
(금차감수량)=180x10x20x0.1x(0.4-0)+180x10x5x-0.1x(0.6-0)+10x25=2,230kg
(기수확량)=0kg, **(면적)=10x10x2.5kg=250kg, (주수)=10x25=250kg**
(평년수확량)=5,000=(산출량의 총합)=5,000
(수확량)=5,000-2,230=2,770kg,
미보상감수량=(5,000-2,770)x0.1=223kg
피해율=(5,000-2,770-223)/5,000=0.4014, 40.14%
수확감소보험금=1,500만원x(0.4014-0.2)=3,021,000원
비용손해보험금, 잔존물제거비용(농작물)=0원
손해방지비용=Min{40만원x(0.4014-0.2), 20만원}=80,560원
(총 지급보험금)=3,021,000원+80,560원=3,101,560원

(비가림시설)
손해액=900만원, 잔존물제거비용=60만원
손해액+잔존물제거비용=960만원, 자기부담금액=96만원
(목적물+잔존물제거비용) 보험금=Min{960만원-96만원, 2,000만원}=864만원
손해방지비용+대위권보전비용=50만원-4원=46만원,
(자기부담금 100만원 차감완료)
기타협력비용=10만원
(총 지급보험금)=864만원+46만원+10만원=9,200,000원

문제 72

(1) 조사대상주수, 200-10-10=180이므로 적정표본주수는 7주
1주당 평년 착과량=15kg, 표본주 1주당 착과량=98/7=14kg,
수확개시이전 수확량=180x14x(1-0.2)+10x15=2,166kg,
1차 조사, maxA=0.2
조사대상주수=200-10-20=170주, 적정표본주수=7주,
(금차고사주수=10주)
표본1주당 착과량=56/7=8kg, 1주당 낙과량=14/7=2kg
금차수확량=170x8x(1-0.4+0.2)+170x2x(1-0.6+0.2)+10x15=1,442kg
금차감수량=170x8x(0.4-0.2)+170x2x(0.6-0.2)+10x(8+2)x(1-0.2)=488kg
기수확량=0kg,
산출량의 총합=1,442+488+0=1,930<2,166(수확량), 오류 검증 필요 없음.
(수확량)=2,166-488=1,678kg,

(2) 미보상감수량=(3,000-1,678)x0.2=264.4=264kg
피해율=(3,000-1,678-264)/3,000=0.35266, 35.27%,
수확감소 보험금=600만원x(0.3527-0.2)=916,200원

문제 73

(1) 조사대상길이, 2,500-300-200=2,000m이므로 적정 표본구간 수는 8구간
1m당 평년수확량=5,000/2,500=2kg,
표본구간 1m당 착과량=10/8=1.25kg,
수확량=2,000x1.25x(1-0.3)+300x2=2,350kg
(2) 미보상감수량=(5,000-2,350)x0.1=265kg
피해율=(5,000-2,350-265)/5,000=0.477, 47.7%
수확감소 보험금=500만원x(0,477-0.2)=1,385,000원

문제 74

표준수확량, 남고=2,000kg(40%), 재래종=3,000kg(60%)
남고 품종 1주당 평년수확량=(6,000x0.4)÷100=24kg,
재래종 품종 1주당 평년수확량=(6,000x0.6)÷200=18kg,
남고 품종 조사대상주수=100-5-5=90주,
재래종 조사대상주수=200-10-10=180주이고
조사대상주수의 합=270주, 적정표본주수=7주
남고 적정표본주수=7x90/270=3주,
재래종 적정표본주수=7x180/270=5주,
남고 품종의 비대추정지수=2.0, 재래종 품종의 비대추정지수=1.6
남고 품종 표본주수 1주당 착과량=30x2.0/3=20kg
재래종 품종 표본주수 1주당 착과량=50x1.6/5=16kg
남고 품종 수확량=90x20x(1-0.2)+5x24=1,560kg
재래종 수확량=180x16x(1-0.3)+10x18=2,196kg
총 수확량=1,560+2,196=3,756kg
미보상감수량=(6,000-3,756)x0.1=224.4=224kg,
피해율=(6,000-3,756-224)/6,000=0.33666, 33.67%
수확감소 보험금=1,000만원x(0.3367-0.2)=1,367,000원

문제 75

(1) (수확개시 이전 조사), 1주당 평년수확량=30kg,
조사대상주수=200-10=190주, 적정표본주수=7주,
표본주 1주당 착과량=84x2.0/7=24kg, 착과피해구성율=20%
수확개시 이전 수확량=190x24x(1-0.2)+10x30=3,948kg
(수확개시이후 조사), maxA=0.2
조사대상주수=200-10-10=180주, 적정표본주수=7주, 금차고사주수=10주
표본주 1주당 착과량=49x2.0/7=14kg, 1주당 낙과량=14/7=2kg
금차수확량=180x14x(1-0.4+0.2)+180x2x(1-0.6+0.2)+10x30=2,532kg
금차감수량=180x14x(0.4-0.2)+180x2x-(0.6-0.2)+10x(14+2)x(1-0.2)=776kg
기수확량=200kg
1차 산출량의 총합=2,532+776+200=3,508<3,948kg
(수확개시이전수확량)
(수확량)=3,948-776=3,172kg

(2) 미보상감수량=(6,000-3,172)x0.1=282.8=283kg
피해율=(6,000-3,172-283)/6,000=0.42416, 42.42%
수확감소 보험금=1,000만원x(0,4242-0.2)=2,242,000원

문제 76

표준수확량, A품종(3,000kg, 30%), B품종(7,000kg, 70%)
A품종 1주당 평년수확량=12,000x30%/200=18kg,
B품종 1주당 평년수확량=12,000x70%/300=28kg,
A품종 조사대상주수=200-5=195주,
B품종 조사대상주수=300-10-10=280주
전체 조사대상주수는 475주 이므로 표본주수는 8주
A품종 적정 표본주수=8x(195/475)=3.28=4주,
B품종 적정 표본주수=8x(280/475)=4.71=5주
A품종 표본주수 1주당 착과수=150개,
착과피해구성율=10%, 과중=X,
A품종 수확량=3,600kg,(과중조사:X)
B품종 표본주수 1주당 착과수=150개, 착과피해구성율=30%, 과중=0.2kg,
B품종 수확량=280x150x0.2x(1-0.3)+10x28=6,160kg
총 수확량=3,600+6,160=9,760kg
미보상감수량=(12,000-9,760)x0.1=224kg,
피해율=(12,000-9,760-224)/12,000=0.168, 16.8%
수확감소보험금=1,500만원x(0.168-0.2)=0원
(유자의 최저자기부담비율=20%)

문제 77

(물음1)
호두: 수확전 무사고이고 수확개시이후 1차사고 이므로
오류검증 필요없음
수확량=3,000-1,000=2,000kg
밤: (산출량의 총합=2,600)
=(수확량=2,600)이므로 오류검증 필요없음
수확량=2,600-800=1,800kg
매실: 1차 금차수확량+기수확량=1,800+300=2,100kg

2차 산출량의 총합=1,000+600+100=1,700kg이므로
오류검증 필요없음
(1차 산출량의 총합=3,100)>(평년수확량=3,000)
수확량=1,800+300-600=1,500kg

대추: 1차 금차수확량+금차감수량+기수확량
=1,800+1,000+200=3,000kg
수확전수확량=3,000kg이므로 오류검증 필요없음
1차 금차수확량+기수확량=1,800+200=2,000kg
2차 산출량의 총합=1,000+800+100=1,900kg이므로
오류검증 필요없음
(1차 산출량의 총합=2,900)<(평년수확량=3,000)
수확량=3,000-1,000-800=1,200kg

참다래: 1차 금차수확량+금차감수량+기수확량
=1,800+1,000+100=2,900kg
수확전수확량=3,000이므로 오류검증 필요없음
1차 금차수확량+기수확량=1,800+100=1,900kg
2차 산출량의 총합=1,000+900+100=2,000kg이므로
오류수정 필요함

(물음2) 오류수정이 필요한 품목=참다래

문제 78

종합위험과실손해 피해율=0%
결과지피해율=(10x0.2+6)/20=0.4, 40%
잔여수확량비율=100-1.06x25=73.5, 73.5%
특정위험 피해율=(1-0)x0.735x0.4=0.294, 29.4%
과실손해 보험금=1,200만원x(0.294-0.2)=1,128,000원

문제 79

1주당 평년수확량=20kg,
조사대상주수=200-10=190주, 적정표본주수는 8주
표본주 1주당 착과수=150개, 20%, 미보상주수=10주,
과중은=0.1kg
수확량=190x150x0.1x(1-0.2)+10x20=2,480kg
미보상감수량=(3,000-2,480)x0.1=52kg
종합위험과실손해 피해율=(3,000-2,480-52)/3,000=0.156, 15.6%
결과지피해율=(10x0.2+8)/20=0.5, 50%
잔여수확량비율=33-0.84x5=28.8%. 0.288
특정위험 피해율=(1-0.156)x0.288x0.5=0.121536, 12.15%
무화과 피해율=0.156+0.1215=0.2775
과실손해 보험금=800만원x(0.2775-0.15)=1,020,000원

문제 80

종합위험과실손해 피해율=0%
1차 결과지피해율=(10x0.1+8)/20=0.45, 45%
잔여수확량비율=100-1.06x15=0.841, 84.1%
1차 피해율=(1-0)x0.841x0.45=0.37845, 37.85%
2차 결과지피해율=(3x0.2+12)/20=0.63, 63%
잔여수확량비율=67-1.13x10=0.557, 55.7%
2차 피해율=(1-0)x0.557x(0.63-0.45)=0.10026, 10.03%
특정위험과실손해 피해율=0.3785+0.1003=0.4788, 47.88%
과실손해 보험금=1,000만원x(0.4788-0.2)=2,788,000원

문제 81

가입포기수가 1,500이상 2,000미만이면 표본포기수=10포기
기준 살아있는 결과모지수=300/10x5=6개
수정불량환산고사결과모지수=6x(135/300-0.15)=1.8개
수정불량환산계수=(135/300)-0.15=0.3
미보상고사결과모지수=(8-6+1.8)x0.2=0.76
종합위험 과실손해보장 고사결과모지수=8-6+1.8-0.76=3.04개
피해율=3.04/8=0.38, 38%
과실손해 보험금=900만원x(0.38-0.15)=2,070,000원

문제 82

가입포기수가 1,500이상 2,000미만이면 표본포기수=10포기
기준 살아있는 결과모지수=250/10x5=5개
수정불량환산고사결과모지수=5x(105/300-0.15)=1.0
수정불량환산계수=(105/300)-0.15=0.2, 20%,
미보상고사결과모지수=(7-5+1)x0.1=0.3
종합위험 과실손해보장 고사결과모지수=7-5+1-0.3=2.7개
(특정위험) 누적수확감소환산계수=0.4,
수확감소환산 고사결과모지수=(5-1)x0.4=1.6
특정위험 과실손해보장 고사결과모지수=1.6x(1-0.2)=1.28개
복분자 고사결과모지수= 2.7+1.28=3.98개,
복분자 피해율=3.98/7=0.56857, 56.86%
과실손해 보험금=600만원x(0.5686-0.2)=2,211,600원

문제 83

(1) 가입포기수가 2,500이상 3,000미만이면 12포기,
기준 살아있는 결과모지수=360/(12x5)=6개
(12포기)x(6송이)x(5열매)=360개의 열매를 조사하여
수정률을 계산한다.
수정불량환산고사결과모지수=6x(126/360-0.15)=1.2개
수정불량환산계수=126/360-0.15=0.2, 20%
미보상고사결과모지수=(8-6+1.2)x0.2=0.64개
종합위험 과실손해보장 고사결과모지수=8-6+1.2-0.64=2.56개
(2) (특정위험)
수확감소환산계수 (1차) 0.9-0.5=0.4, (2차) 0.2-0.3<0=0
누적수확감소환산계수=0.4+0=0.4,
수확감소환산 고사결과모지수=(6-1.2)x0.4=1.92
특정위험 과실손해보장 고사결과모지수
=1.92x(1-0.2)=1.536개
복분자 고사결과모지수=2.56+1.536=4.096개,
복분자 피해율=4.096/8=0.512, 51.2%
(3) 과실손해 보험금=1,200만원x(0.512-0.2)=3,744,000원
(4) 5월 25일 사고가 없다고 가정할 때 피해율,
수확감소환산 고사결과모지수=8x0.4=3.2
특정위험 과실손해보장 고사결과모지수=3.2x(1-0.2)=2.56개,
복분자 피해율=2.56/8=0.32, 32%

문제 84

(1) 과실손해조사

표본주수	피해과실수								정상과실수
	등급내 피해과실수				등급외 피해과실수				
	30%	50%	80%	100%	30%	50%	80%	100%	
2주(300)	0	60	0	20	80	0	30	32	78
	- 미보상비율: 20%								

피해율=[{(30+20)+(24+24+32)x0.5}/300]x(1-0.2)=0.3x0.8=0.24
손해액=3,000만원x0.24=7,200,000원,
자기부담금액=3,000만원x0.15=450만원
과실손해보험금=720만원-450만원=2,700,000원
(2) 주계약피해율=0.24, 24%,
기수확비율=100/200=50%
수확기잔존비율=32-0.8x10=24%, 경과비율=76%, 차이값
=50%-76%<0
동상해피해율=(20+20)/100=0.4,
기사고피해율=0.24/(1-0.2)=0.3
손해액=3,000만원x(1-0.3)x0.24x0.4x(1-0.1)=1,814,400원
자기부담금액=3,000만원x|Min{(0.24-0.15, 0}|=0원
동상해과실손해 보험금=1,814,400원

문제 85

(1) 주계약피해율=0.32, 32%,
손해액=2,000만원x0.32=640만원,
자기부담금액=2,000만원x0.2=400만원
과실손해 보험금=640만원-400만원=2,400,000원
(2) 기수확비율=100/200=50%,
수확기잔존비율=62-1x28=34%, 경과비율=66%, 차이값
=50%-66%<0
동상해피해율=(21+24)/100=0.45
기사고피해율=0.32/(1-0.2)+0.1=0.5
손해액=2,000만원x(1-0.5)x0.34x0.45x(1-0.1)=1,377,000원
자기부담금액=2,000만원x|Min{(0.32-0.2, 0}|=0원
동상해과실손해 보험금=1,377,000원

문제 86

(1) 수확전 과실손해 피해율=(80+100)/600x(1-0.1)
=0.3x0.9=0.27
과실손해조사
피해율={(15+15+16+20)+(6+10+48+20)x0.5}/300x
(1-0.2)=0.36x0.8=0.288
주계약피해율=[0.3+(1-0.3)x0.36]x
(1-0.2)=0.552x(1-0.2)=0.4416
손해액=4,000만원x0.4416=17,664,000원
자기부담금액=4,000만원x0.2=800만원
과실손해 보험금=17,664,000원-800만원=9,664,000원
(2) 과실손해추가보장 보험금=4,000만원
x0.4416x0.1=1,766,400원
(3) 기수확비율=80/200=40%
수확기잔존비율=32-0.8x15=20%, 경과비율=80%, 차이값
=40%-80%<0
동상해피해율=(36+24)/120=0.5
기사고피해율=0.4416/1-0.2=0.552
손해액=4,000만원x(1-0.552)x0.2x0.5x(1-0.1)=1,612,800원
자기부담금액=4,000만원xMin{(0.4416-0.2, 0}=0원
동상해과실손해 보험금=1,612,800원

문제 87

(1) 조사대상주수=350-20-10=320주이므로 적정표본주수는
10주
1주의 가지 1m당 평년결실수=150개
표본가지 길이의 총합=표본주수x3
표본주의 가지 1m당 환산결실수=2,000/20=100개,
(조사결실수)=(320x100+20x150)/350=35,000/350=100개
(2) 미보상결실수=(150-100)x0.2=10개
피해율=(150-100-10)/150=0.266666, 26.67%
과실손해 보험금=800만원x(0.2667-0.1)=1,333,600원

문제 88

(1) 평년결실수: 66,000개의 표현이 논란임
전체 400주에서 1m당 결실수의 총합=66,000개
A품종 표준결실수=160x150=24,000(40%),
B품종 표준결실수=144x250=36,000(60%),
A품종 1주m당 평년결실수=(66,000x40%)/150=176개,
B품종 1주m당 평년결실수
=(66,000x60%)/250=158.4=158개,
(2) 조사대상주수, A품종=150-5-10=135, B품종=250-10-
10=230
전체 조사대상주수=365주이므로 적정표본주수는 10주
A품종 적정표본주수=10주x(135/365)=4주(가), 표본가지수
=4x3=12개(다)
B품종 적정표본주수=10주x(230/365)=7주(나), 표본가지수
=7x3=21개(라)
A품종 환산결실수=1,440/12=120개, B품종 환산결실수
=1,800/18=100개
(1주 m당 조사결실수)=(135x120+10x176+230x-
100+10x158)/400=106.35=106개
(3) 미보상감수결실수=(165-106)x0=0
피해율=165-106-0)/165=0.357575, 35.76%
과실손해 보험금=800만원x(0.3576-0.2)=1,260,800원

문제 89

(1) A품종 표준수확량=160x150=24,000, B품종 표준수확량 =140x250=35,000,
C품종 표준수확량=130x100=13,000
A품종 1주 m당 평년결실수=75,000x(24,000/72,000)÷150==166.66=167개
B품종 1주 m당 평년결실수=75,000x(35,000/72,000)÷250=145.833=146개
C품종 1주 m당 평년결실수=75,000x(13,000/72,000)÷100=135.41=135개

(2) 조사대상주수,
A품종=150-5-10=135, B품종=250-10-10=230, C품종 =100-5-5=90
전체 조사대상주수=455주이므로 적정표본주수는 11주
A품종 적정표본주수=11x(135/455)=3.26=4주,
B품종 적정표본주수=11x(230/455)=5.56=6주
C품종 적정표본주수=11x(90/455)=2.175=3주,
(가)+(나)+(다)=4+6+3=13
A품종 1주 m당 환산결실수=1,750/14=125개,
B품종 1주 m당 환산결실수=2,420/22=110개, C품종 1주 m당 환산결실수=810/9=90개,
(조사결실수)={(135x125+10x167)+(230x110+10x146)+(90x90+5x135)}/500=108.16=108개
미보상결실수=(150-108)x0.1=4.2=4개
피해율=(150-108-4)/150=0.25.333, 25.33%
과실손해 보험금=1,500만원x(0,2533-0.1)=2,299,500원

문제 90

시. 군별 농협 RPC 계약재배 수매가격의 5개년 평균가격 =2,000원
표준가격=2,000x1.25=2,500원

(1) 보험가입금액(최대)=4,000x2,500원=1,000만원, 최대가입수확량=4,000kg

(2) 자기부담비율(가능한 유리한 조건): 최근 3년 연속 가입자로서
3년간 손해율(300만/250만=1.2, 120%)이 120%이므로 자기부담비율은 10X)
2년간 손해율(150만/175만=0.8571, 85.71%<120%이므로
최저자기부담비율은 15%
자기부담비율이 15%이면 정부지원비율은 44%가 된다.
순보험료=1,000만원x0.1x(1+0.07)x(1+0.05)x(1+0.05)=1,179,675원
계약자부담 보험료=1,179,675원x(1-0.44-0.36)=235,935원

문제 91

시. 군별 농협 RPC 계약재배 수매가격의 5개년 평균가격 =2,000원
표준가격=2,000x1.2=2,400원

(1) 평년수확량 산정
A=(1,700+2,530+1,250+2,120)/4=1,900kg
B=2,500kg, C=0.98x0.98x0.99=0.9507=0.95, D=0.95
평년수확량={1,900+(2,500x0.95-1,900)x(1-4/5)}x(0.95/0.95)=1,995kg

(2) 보험가입금액=1,995kgx2,400=4,788,000원 =478만원(천원단위 절사)
자기부담비율은 10%이면 정부지원비율은 41%가 된다.
순보험료=478만원x0.1x(1+0.08)x(1+0.05)=542,052원
계약자부담 보험료=542,052원x(1-0.41-0.34)=135,513원

문제 92

(1) 시. 군별 농협 RPC 계약재배 수매가격의 5개년 평균가격 =2,200원
표준가격=2,000x1.15=2,300원, 가입수확량(최대)=평년수확량의 100%
보험가입금액(최대)=3,000x2,300원=6,900,000원

(2) 자기부담비율(가능한 유리한 조건): 최근 3년 연속 가입자로서
2년간 손해율(265만/200만=132.5%이므로 최저자기부담비율은 15X)
3년간 손해율(330만/280만=117.85%<120%)이므로 최저자기부담비율은 10%
자기부담비율이 10%이면 정부지원비율은 41%가 된다.
손해율이 80%이상 120%미만이면 할인,할증율=0%
적용보험료=690만원x0.15x(1+0)x(1+0.05)=1,086,750원
순보험료=적용보험료의 80%=1,086,750원x0.8=869,400원
계약자부담 보험료=869,400원x(1-0.41-0.3)=252,126원

문제 93

수확감소보험금, 100만원=500만원x(피해율-20%)에서 피해율=40%
(2,500-수확량-60)/2,500=40%에서 수확량=1,440kg
수확량=(표준수확량)x(조사수확비율)x(피해면적보정계수)
1,440=2,400x0.5x(피해면적보정계수),
(피해면적보정계수): (가)=1.2

문제 94

포기당 이삭수(4포기)의 점수=2+1+1+2=6점(16개 이상은 2점)
이삭당 완전낟알수의 점수=3+1+2+4=10점
점수의 총합=16점이므로 조사수확비율 구간의 최댓값=0.7
피해율=400/4,000=0.1, 10%이므로 피해면적보정계수=1.1
수확량=3,400x0.7x1.1=2,618kg
미보상감수량=(3,600-2,618)x0.1=98.2=98kg
피해율=(3,600-2,618-98)/3,600=0.245555, 24.56%,
수확감소 보험금=720만원x(0.2456-0.15)=688,320원

문제 95

(1) m^2당 평년수확량=0.8kg, 조사대상면적=4,000-800-300-400=2,500m^2
고사면적=800m^2, 미보상면적=300m^2, 타작물면적=400m^2, 기수확면적=0m^2
표본구간(4구간)면적의 총합=0.96m^2, 표본구간 작물중량의 총합=600g
표본구간 m^2당 유효중량={600x(1-0.07)x(1-0.32)/(1-0.15)}/0.96=465g=0.465=0.47kg
수확량=0.47x2,500+0.8x400=1,495kg
미보상감수량=(3,200-1,495)x0.2=341kg,
피해율=(3,200-1,495-341)/3,200=0.42625, 42.63%,
수확감소 보험금=640만원x(0.4263-0.2)=1,448,320원

(2) m^2당 평년수확량=0.8kg, 조사대상면적=4,000-300-800-400=2,500m^2
고사면적=300m^2, 미보상면적=800m^2, 타작물면적=400m^2, 기수확면적=0m^2
표본구간(4구간)면적의 총합=0.96m^2, 표본구간 작물중량의 총합=600g
표본구간 m^2당 유효중량={600x(1-0.07)x(1-0.32)/(1-0.15)}/0.96=465g=0.465=0.47kg
수확량=0.47x2,500+0.8x800=1,815kg
미보상감수량=(3,200-1,815)x0.2=277kg,
피해율=(3,200-1,815-277)/3,200=0.34625, 34.63%,
수확감소 보험금=640만원x(0.3463-0.2)=936,320원

(3) 수확감소보험금의 지급거절사유
- 경작불능보험금 및 수확불능보험금을 지급하여 계약이 소멸한 경우

문제 96

m^2당 평년수확량=1kg, 조사대상면적=2,500-500=2,000m^2
작물의 유효중량=1,200x(1-0.217/1-0.13)=1,080kg,
수확량=1,080+1x0=1,080kg
미보상감수량=(2,500-1,080)x0.2=284kg,
피해율=(2,500-1,080-284)/2,500=0.4544, 45.44%,
수확감소 보험금=400만원x(0.4544-0.2)=1,017,600원

문제 97

(1) 보험가입금액(최대)=4,000x1,200=480만원
m^2당 평년수확량=0.8kg, 조사대상면적=4,000m^2이므로 표본구간수=6구간
산파농지의 표본1구간의 면적=0.5x0.5=0.25m^2,
표본구간의 면적=6x0.25=1.5m^2
표본구간 m^2당 유효중량=750x0.93x{(1-0.217)/(1-0.13)}/1.5=418.5=419g

(2) 수확량=0.419x4,000+0.8x500=2,076kg,
미보상감수량=(4,000-2,076)x0.1=192.4=192kg,
피해율=(4,000-2,076-192)/4,000=0.433, 43.3%
수확감소 보험금=480만원x(0.433-0.2)=1,118,400원

문제 98

(1) m^2당 평년수확량=0.8kg, 조사대상면적
=5,000-1,800-200-500=2,500m^2
고사면적=1,800m^2, 미보상면적=500m^2,
타작물면적=200m^2,
표본구간(4구간)면적의 총합
=2x0.9x0.3+2x0.7x0.3=0.96m^2,
표본구간 작물중량의 총합=672g
표본구간 m^2당 유효중량={672x(1-0.07)x(1-0.235)/(1-0.15)}/0.96=0.5859kg=0.59kg
수확량=0.59x2,500+0.8x(500+200)=2,035kg
미보상감수량=(4,000-2,035)x0.2=393kg,
피해율=(4,000-2,035-393)/4,000=0.393, 39.3%,
수확감소 보험금=800만원x(0.393-0.2)=1,544,000원

문제 99

(1) m^2당 평년수확량=0.8kg, 조사대상면적
=5,000-3,000-500=1,500m^2
고사면적=500m^2, 미보상면적=3,000m^2,
표본구간(3구간)면적의 총합=0.8m^2,
표본구간 작물중량의 총합=360g
표본구간 m^2당 유효중량={360x(1-0.07)x(1-0.217)/(1-0.13)}/0.8=0.3766kg=0.38kg
수확량=0.38x1,500+0.8x3,000=2,970kg
미보상감수량=(4,000-2,970)x0.1=103kg,
피해율=(4,000-2,970-103)/4,000=0.23175, 23.18%,
수확감소 보험금=800만원x(0.2318-0.15)=654,400원

문제 100 이앙한계일: 7월 31일

(1) A농가의 이앙(직파)불능보험금=400만원x0.15=600,000원
*보험금 지급 거절사유: 논갈이, 논둑정리, 제초제살포, 시비관리 등 통상적인
영농활동을 하지 않은 경우
(2) B농가의 재이앙(재직파)보험금 산정 및 피해면적의 판정기준
재이앙 면적피해율=1,800/4,000=0.45,
재이앙 보험금=400만원x0.25x0.45=450,000원
*피해면적 판정기준
① 모가 본답의 바닥에 있는 흙과 분리되어 물위에 뜬 면적
② 모가 토양에 의해 묻히거나 잎이 흙에 덮혀져 햇빛이 차단된 면적
③ 모는 살아 있으나 수확이 불가능한 것으로 판단된 면적
(3) C농가의 경작불능보험금 산정 및 보험금 지급 거절사유
식물체 피해율=3,500/5,000=0.7, 70%로 65% 이상이므로 지급대상임.
경작불능보험금=400만원x0.4=1,600,000원
*보험금 지급 거절사유: 경작불능보험금 지급대상 농지의 벼가 산지폐기 등의 방법을
통해 시장으로 유통되지 않은 것이 확인되지 않으면 지급이 거절된다.
(4) D농가의 수확불능보험금 산정 및 보험금 지급 거절사유
수확불능보험금=400만원x0.55=2,200,000원
*수확불능 보험금 지급 거절사유:
① 경작불능 보험금 기간 내에 발생한 재해로 식물체 피해율이 65% 미만인 경우
② 보험금 지급대상 농지의 벼가 산지폐기 등의 방법을 통해 시장으로 유통되지 않은 것이 확인되지 않으면 지급이 거절된다.

문제 101

(1) 조사대상면적=4,000-600-100-400=2,900m^2,
고사면적=300+100+200=600, 미보상면적=100, 타작물면적=400
표본구간 m^2당 유효중량=0.35kg, m^2당 평년수확량=0.75kg
수확량=2,900x0.35+0.75x500=1,015+375=1,390kg
(2) 미보상감수량=(3,000-1,390)x0=0kg
피해율=(3,000-1,390-0)/3,000=0.536666, 53.67%

문제 102

m^2당 평년수확량=0.8kg, 조사대상면적=5,000-1,800-200-500=2,500m^2
고사면적=0m^2, 미보상면적=2,300m^2, 타작물면적=200m^2,
표본구간(4구간)면적의 총합=2x0.9x0.3+2x0.7x0.3=0.96m^2,

표본구간 작물중량의 총합=672g
표본구간 m^2당 유효중량={672x(1-0.07)x(1-0.235)/(1-0.15)}/0.96=0.5859kg=0.59kg
수확량=0.59x2,500+0.8x(2,300+200)=3,475kg
미보상감수량=(4,000-3,475)x0.2=105kg,
피해율=(4,000-3,475-105)/4,000=0.105, 10.5%,
수확감소 보험금=800만원x(0.105-0.2)=0원

문제 103

(물음1) m^2당 평년수확량=0.8kg, 조사대상면적=5,000-3,400-600=1,000m^2
고사면적=3,400m^2, 미보상면적=600m^2,
표본구간(3구간)면적의 총합=2x0.9x0.3+2x0.7x0.3=0.8m^2,
표본구간 작물중량의 총합=360g
표본구간 m^2당 유효중량={360x(1-0.07)x(1-0.217)/(1-0.13)}/0.8=0.3766kg=0.38kg
수확량=0.38x1,000+0.8x600=860kg
미보상감수량=(4,000-860)x0.2=628kg,
피해율=(4,000-860-628)/4,000=0.628, 62.8%,
수확감소 보험금=800만원x(0.628-0.2)=3,424,000원

문제 104

(물음1) m^2당 평년수확량=0.8kg, 조사대상면적=5,000-3,800-200=1,000m^2
고사면적=3,800m^2, 미보상면적=200m^2,
표본구간(3구간)면적의 총합=0.8m^2,
표본구간 작물중량의 총합=300g
표본구간 m^2당 유효중량={320x(1-0.07)x(1-0.217)/(1-0.13)}/0.8=0.3348kg=0.33kg
수확량=0.33x1,000+0.8x200=490kg
미보상감수량=(4,000-490)x0.2=702kg,
피해율=(4,000-490-702)/4,000=0.702, 70.2%,
수확감소 보험금=800만원x(0.702-0.2)=4,016,000원
(물음2) 병충해 단독사고(최대인정피해율=70%)
미보상감수량=(4,000-490)x0=0kg,
피해율=(4,000-490-0)/4,000=0.8775, 87.75%,
수확감소 보험금=800만원x(0.7-0.2)=4,000,000원

문제 105

m^2당 평년수확량=0.8kg, 조사대상면적=10,000-5,500-500=4,000m^2
고사면적=5,500m^2, 미보상면적=500m^2,
표본구간(6구간)면적의 총합=1.44m^2,
표본구간 작물중량의 총합=864g
표본구간 m^2당 유효중량={864x(1-0.07)x(1-0.32)/(1-0.15)}/1.44=0.4464kg=0.45kg
수확량=0.45x4,000+0.8x500=2,200kg,
미보상감수량=(8,000-2,200)x0.1=580kg,
피해율=(8,000-2,200-580)/8,000=0.6525, 65.25%,
수확감소 보험금=1,280만원x(0.6525-0.2)=5,792,000원

문제 106

m^2당 평년수확량=0.8kg, 조사대상면적=10,000-1,000-5,000=4,000m^2
고사면적=1,000m^2, 미보상면적=5,000m^2,
표본구간(6구간)면적의 총합=1.44m^2,
표본구간 작물중량의 총합=1,152g
표본구간 m^2당 유효중량={1,152x(1-0.07)x(1-0.217)/(1-0.13)}/1.44=0.6696kg=0.67kg
수확량=0.67x4,000+0.8x5,000=6,680kg, 미보상감수량=(8,000-6,680)x0.1=132kg,
피해율=(8,000-6,680-132)/8,000=0.1485, 14.85%,
수확감소 보험금=1,280만원x(0.1485-0.15)=0원

문제 107

m^2당 평년수확량=3,600/4,500=0.8
조사대상면적=4,500-500=4,000m^2이므로 표본구간수=6,
표본구간면적=6x0.5x0.5=1.5m^2,
표본구간 m^2당 유효중량={0.8x(1-0.07)x(1-0.217)/(1-0.13)}/1.5=0.4464kg=0.45kg
수확량=0.45x4,000+0.8x0=1,800kg,
미보상감수량=(3,600-1,800)x0.1=180kg
피해율=(3,600-1,800-180)/3,600=0.45, 45%,
수확감소 보험금=600만원x(0.45-0.2)=1,500,000원

문제 108

m^2당 평년수확량=1kg, 조사대상면적=2,500-200-300=2,000m^2

작물의 유효중량=1,200x{(1-0.217)/(1-0.13)}=1,080kg

수확량=1,080+1x500=1,580kg, 미보상감수량=(2,500-1,580)x0.2=184kg,

피해율=(2,500-1,580-184)/2,500=0.2944, 29.44%,

수확감소 보험금=500만원x(0.2944-0.2)=472,000원

문제 109

조사대상면적=5,000-500-500=4,000m^2, 적정 표본구간수=5구간,

표본구간면적=5m^2, m^2당 평년수확량=0.6kg

표본구간 m^2당 수확량={1.2x(1-0.226/1-0.14)}/5=1.08/5=0.216kg

수확량=0.216x4,000+0.6x500=1,164kg

미보상감수량=(3,000-1,164)x0.1=183.6kg

피해율=(3,000-1,164-183.6)/3,000=0.5508, 55.08%

수확감소 보험금=1,200만원x(0.5508-0.2)=4,209,600원

문제 110

평년수확량=2,000x70%=1,400kg, 가입수확량=1,400kgx-50%=700kg

보험가입금액=700x6,000원=420만원, 최저자기부담비율=20%

조사대상면적=4,000-300-500=3,200m^2, 적정 표본구간수=5구간,

표본구간면적=5m^2, m^2당 평년수확량=0.35kg,

표본구간 m^2당 수확량={1.5x(1-0.183/1-0.14)}/5=0.285kg

수확량=0.285x3,200+0.35x500=1,087kg,

미보상감수량=(1,400-1,087)x0.2=62.6kg

피해율=(1,400-1,087-62.6)/1,400=0.17885, 17.89%

신규가입 최저자기부담비율=20%

수확감소 보험금=420만원x(0.1789-0.2)=0원

문제 111

조사대상면적, 2,000m^2이면 적정 표본구간=5구간,

표본구간 면적=5x1.0x2=10m^2, m^2당 평년수확량=4kg,

표본구간 m^2당 수확량=(11+20x0.2)x(1+0.22)/10=1.83kg

수확량=1.83x2,000+4x500=5,660kg,

미보상감수량=(10,000-5,660)x0.1=434kg

피해율=(10,000-5,660-434)/10,000=0.3906, 39.06%

수확감소 보험금=1,500만원x(0.3906-0.2)=2,859,000원

문제 112

(1) 조사대상면적=2,500m^2이므로 적정 표본구간수=5구간
  표본구간면적=5x1x2=10m^2, m^2당 평년수확량=2.5kg
  표본구간 단위면적당 수확량=(10+5x0.2)x1.22/10=1.342=1.34kg
  수확량=1.34x2,500+2.5x500=4,600kg,

(2) 미보상감수량=(7,500-4,600)x0.1=290kg
  기준수입=7,500x1,500원=11,250,000원
  실제수입=(4,600+290)x1,200원=5,868,000원
  피해율=(1,125만-5,868,000원)/1,125만=0.4784, 47.84%
  농업수입감소 보험금=900만원x(0.4784-0.2)=2,505,600원

문제 113

(1) 보험금의 지급사유: 보험기간 내에 보장하는 재해로 10a당 출현주수가 30,000주
  보다 작고, 10a당 30,000주 이상으로 재파종한 경우 재파종 보험금은 1회에 보상한다.

(2) 표준출현피해율=(3만-15,000)/3만=0.5, 50%
  재파종 보험금=1,500만원x0.35x0.5=2,625,000원

문제 114

(1) 조기파종의 재파종 보험금 지급사유: 한지형마늘 보험상품 최초판매개시일 24시 이전에 보상하는 재해로 10a당 출현주수가 3만주 보다 작고 10월 31일 이전에 10a당 3만주

이상으로 재파종한 경우에 1회 지급한다.

(2) 10a당 표준수확량=3,000kg 이면 m²당 표준수확량=3kg,
해당농가의 가입수확량은 표준수확량=9,000kg의 50%에서 100%,
해당농가의 최소 가입수확량=4,500kg
보험가입금액=4,500x6,000=2,700만원
조사대상면적: 3,000m²이면 최소표본구간수=6구간=(가)
표본구간 면적=6x1.5x1=9m²=(나),
(조기파종조사)
1m²당 출현주수=162/9=18주, 10a(1,000m²)당 출현주수=18,000주이고
재파종 후 1m²당 출현주수=288/9=32주, 10a(1,000m²)당 출현주수=32,000주 재파종
표준출현피해율=(3만-18,000)/3만=0.4, 40%
재파종 보험금(특약)=2,700만x0.25x0.4=2,700,000원

(3) 조기파종(특약)에서 자기부담비율 20%에 따른 보장비율=28%
경작불능 보험금=2,700만원x0.28=7,560,000원

문제 115

(1) N=252주일 때,
- 조사대상면적: 4,000m²이고 표본구간수=6구간, 이랑폭=1m, 이랑길이=1.5m이므로

표본구간의 면적=6x1x1.5=9m²,
1m²당 출현주수=162/9=18주,
1m²당 재파종수=252/9=28주, 10a(1,000m²)당 출현주수=18,000주이고 재파종이 3만주
미만인 28,000주이므로 재파종 보험금=0원

(2) N=288주일 때,
1m²당 출현주수=162/9=18주, 1m²당 재파종수=288/9=32주
10a(1,000m²)당 출현주수=18,000주이고 재파종이 3만주 이상인 32,000주
표준출현 피해율=40%
/ 재파종 보험금=1,000만원x0.35x0.4=1,400,000원

문제 116

조사대상면적, 5,000-200-300-500=4,000m²이면 적정표본구간=6구간=(가)
표본구간 면적=6x0.8x2.5=12m², m²당 평년수확량=2kg
표본구간 m²당 수확량=(14+5x0.2)x0.7x(1+0.16)/12=1.015kg
(마늘은 정상마늘과 80%피해 마늘만 조사함. 100%피해 마늘은 무시함)
수확량=1.015x4,000+2x(200+300)=5,060kg
미보상 감수량=(10,000-5,060)x0.1=494kg
피해율=(10,000-5,060-494)/10,000=0.4446, 44.46%
수확감소 보험금=1,200만원x(0.4446-0.15)=3,535,200원

문제 117

(1) 2024년 9월 13일부터 2024년 10월 20일 24시

(2) (재파종조사)-특별약관 보험기간
조사대상면적: 3,000m²이면 적정 표본구간수=6구간=(가)
표본구간 면적=6x0.8x2.5=12m²=(나)
1m²당 출현주수=216/12=18주, 10a(1,000m²)당 출현주수=18,000주이고
재파종 후 1m²당 출현주수=384/12=32주,
10a(1,000m²)당 출현주수=32,000주 재파종
표준출현피해율=(3만-18,000)/3만=0.4, 40%
재파종(특약) 보험금=1,800만원x0.25x0.4=1,800,000원

(3) 표본구간 m²당 수확량
조사대상면적, 3,000-300-200-500=2,000m²이면 표본구간=5구간=(다)
표본구간 면적=5x0.8x2.5=10m²,
m²당 평년수확량=7,200/3,000=2.4kg
표본구간 m²당 수확량=(14+5x0.2)x0.72x(1+0.008x10)/10=1.1664=1.17kg

(4) 수확량=1.17x2,000+2.4x(300+500)=4,260kg
미보상감수량=(7,200-4,260)x0.15=441kg
피해율=(7,200-4,260-441)/7,200=0.34708, 34.71%
수확감소 보험금=1,800만원x(0.3471-0.2)=2,647,800원

문제 118

(1) 면적피해율=30%, 재정식 면적피해율=1,000/4,000
=0.25, 25%
재정식보험금=1,500만원x0.2x0.25=750,000원
(2) m^2당 평년수확량=12,000/4,000=3kg,
조사대상면적=3,000m^2이므로 표본구간수=6구간,
표본구간의 면적=6x1x1.5=9m^2,
표본구간 m^2당 수확량=(17+5x0.2)/9=2kg
수확량=2x3,000+3x500=7,500kg
미보상감수량=(12,000-7,500)x0.15=675kg
피해율=(12,000-7,500-675)/12,000=0.31875, 31.88%
수확감소 보험금=1,500만원x(0.3188-0.15)=2,532,000원

문제 119

조사대상면적=3,000-300-700=2,000m^2이면 적정 표본구간
=5구간,
표본구간면적=5x0.8x2.0=8m^2, m^2당 평년수확량
=6,000/3,000=2kg
표본구간 m^2당 수확량=(5+4x0.5+5x0.2)/8=1kg
수확량=1x2,000+2x700=3,400kg
미보상 감수량=(6,000-3,400)x0.1=260kg
피해율=(6,000-3,400-260)/6,000=0.39, 39%
수확감소 보험금=720만원x(0.39-0.2)=1,368,000원

문제 120

m^2당 평년수확량=10,000/2,500=4kg,
조사대상면적=2,000m^2이므로 적정표본구간수=4구간
표본구간면적=4x1.0x2.5=10m^2,
표본구간 m^2당 수확량=(15+10x0.5+6)/10=2.6kg
수확량=2.6x2,000+4x300=6,400kg
미보상감수량=(10,000-6,400)x0.2=720kg
병충해감수량=2,000x(6x0.6x0.5)/10=360kg,
(손해정도비율=0.6, 탄저병 3급=0.5)
피해율=(10,000-6,400-720+360)/10,000=0.324, 32.4%
수확감소 보험금=1,500만원x(0.324-0.2)=1,860,000원

문제 121

(1) m^2당 평년수확량=9,000/3,000=3kg,
조사대상면적=2,200m^2이므로 적정표본구간수=4구간
표본구간면적=4x1x2=8m^2,
병충해감수량=2,200x(6x0.9x0.7)/8=1,039.5=1,040kg
손해정도비율=(0.4+1.2+1.6+1)/6=0.7,
병충해 둘레썩음병 1급=0.9,
(2) 표본구간 m^2당 수확량=(9+10x0.5+6)/8=2.5kg
수확량=2.5x2,200+3x300=6,400kg
미보상감수량=(9,000-6,400)x0.2=520kg
병충해감수량=2,200x(6x0.9x0.7)/8=1,039.5=1,040kg
손해정도비율=(0.4+1.2+1.6+1)/6=0.7,
병충해 둘레썩음병 1급=0.9,
피해율=(9,000-6,400-520+1,040)/9,000=0.34666,
34.67%
수확감소 보험금=1,200만원x(0.3467-0.15)=2,360,400원

문제 122

m^2당 평년수확량=13,500/4,500=3kg,
조사대상면적=3,000m^2이므로 적정표본구간수=5구간, 표본구간면적=5x0.8x2=8m^2,
표본구간 m^2당 수확량=(6+10x0.5+9)/8=2.5kg
수확량=2.5x3,000+3x500=9,000kg
미보상감수량=(13,500-9,000)x0.1=450kg
병충해감수량=3,000x(2x0.9x0.4+3x0.5x0.4+4x0.9x0.8)/8
=3,000x(0.72+0.6+2.88)/8=1,575kg
피해율=(13,500-9,000-450+1,575)/13,500=0.41666,
41.67%
수확감소 보험금=1,500만원x(0.4167-0.2)=3,250,500원

문제 123

(1) 홍색부패병, 시들음병, 줄기검은병, 줄기기부썩음병,
마른썩음병
(홍시줄줄아마더방균검진풋)

(2) m^2당 평년수확량=2kg, 고사면적=200+300=500m^2
조사대상면적=2,500m^2이므로 적정표본구간수=5구간
표본구간 면적=10m^2,
표본구간 m^2당 수확량=(5+10x0.5+3)/10=1.3kg
수확량=1.3x2,500+2x1,000=5,250kg
미보상감수량=(8,000-5,250)x0.2=550kg
병충해감수량=2,500x(2x0.9x0.4+1x0.7x0.8)/10=320kg
피해율=(8,000-5,250-550+320)/8,000=0.315, 31.5%
수확감소 보험금=1,000만원x(0.315-0.15)=1,650,000원

문제 124

표본구간 면적 내에 있는 모든 작물을 수확하여 착립장의 길이에 따라 상품(17cm이상), 중품(15cm이상~17cm미만), 하품(15cm미만)으로 분류하여 피해수확량을 조사한다.

(1) 표준수확량=6,000kg, 보험가입금액(최소)
=6,000x0.8x1,800=864만원
m^2당 표준수확량=1.2kg, 표준중량, 미백2호=0.18,
조사대상면적=5,000-2,000-500=2,500m^2,
적정 표본구간수=5구간, 표본구간면적=5x1.25x1.6=10m^2
표본구간 m^2당 피해수확량={(15+20x0.5)
x0.18x0.95x1}/10=0.4275=0.43kg
피해수확량=0.43x2,500+1.2x2,000=3,475kg
손해액=3,475x(1-0.1)x1,800원=5,629,500원
자기부담금액=864만원x0.2=1,728,000원
수확감소 보험금=Min{5,629,500원, 864만원}-1,728,000원
=3,901,500원

문제 125

(1) 해당 농지의 표준수확량=3,000kg
보험가입금액(최대)=3,000x130%x1,500=585만원
(2) 2주재배 인수가능 주수: 10a당 4,000주~6,000주이므로
최저가입=4,000주, m^2당=4주
피해주수=2,500x4=10,000주
피해수확량=(피해주수)x(표준중량)x(재식시기지수)x
(재식밀도지수)=10,000x0.16x0.96x1=1,536kg
손해액=1,536x(1-0.1)x1,500=2,073,600원
자기부담금액=585만원x0.2=1,170,000원
수확감소 보험금=Min{2,073,600원, 585만원}-1,170,000원
=2,073,600원-1,170,000원=903,600원

문제 126

(1) 1m^2당 표준수확량=1.2kg, 해당농지 표준수확량=6,000kg
최소가입수확량은 표준수확량의 80%,
최소보험가입금액=6,000x0.8x2,000=960만원
조사대상면적=5,000-1,000-1,000=3,000m^2이면
표본구간=6구간, 표본구간 면적=6x0.8x2.5=12m^2,
해당농지 1m^2당 평년표준수확량=6,000/5,000=1.2kg
표본구간 m^2당 피해수확량={(20+10x0.5)
x0.16x0.95x0.96}/12=0.304kg
피해수확량=0.304x3,000+1.2x1,000=2,112kg
손해액=2,112x(1-0.1)x2,000=3,801,600원
자기부담금액=960만원x0.2=1,920,000원
수확감소 보험금=Min{3,801,600원, 684만원}-1,920,000원
=1,881,600원
(2) 최소보험가입금액=6,000x0.8x2,000=960만원
적용보험료=960만원x0.15x(1-0.13)x(1-0.05)=1,190,160원
순보험료=적용보험료의 80%=1,190,160원x0.8=952,128원
계약자부담보험료=952,128원x(1-0.3-0.5)=190,425.6원

문제 127

해당농지의 표준수확량=5,000kg
최대 가입수확량=5,000x1.3=6,500kg
옥수수의 보험가입금액은 6,500x1,500=975만원(최댓값)
5년 중 3년 가입하고 손해율=210만/280만=0.75, 75%
손해율에 따른 할인.할증율=-8%
순보험료=975만원x0.1x(1-0.08)x(1-0.05)=852,150원
계약자부담보험료=852,150원x(1-0.5-0.3)=170,430원

문제 128

(1) 표본구간 면적 내에 있는 모든 작물을 수확하여 착립장의 길이에 따라 상품(17cm이상), 중품(15cm이상~17cm미만), 하품(15cm미만)으로 분류하여 피해수확량을 조사한다.

(2) 표준수확량=10,000kg, m^2당 표준수확량=2kg, 표준중량, 미흑찰=0.18

조사대상면적=5,000-2,000-500=2,500m^2,

적정 표본구간수=5구간, 표본구간면적=5x1.25x1.6=10m^2

표본구간 m^2당 피해수확량={(20+20x0.5) x0.18x0.95x1}/10=0.5292=0.53kg

피해수확량=0.53x2,500+2x2,000=5,325kg

손해액=5,325x(1-0.1)x2,500=11,981,250원

자기부담금액=10,000,000x0.1=2,000,000원

수확감소보험금=Min{11,981,250원, 10,000,000원}-2,000,000

=8,000,000원

문제 129

기수확비율=80/180=44.44% ⇨ 기수확지수=0.966, 수확면적율=90%

m^2당 평년수확량=1kg, 표본구간면적=4x0.08=0.32m^2

조사대상 면적=3,000-500-200-300=2,000m^2이면

표본구간수=4구간,

표본구간 m^2당 수확량={(0.1/100)x80x0.966+0.1} x0.9/4x0.08=0.4986=0.5kg,

수확량=0.5x2,000+1x500=1,500kg, 미보상감수량 =(3,000-1,500)x0.1=150kg

피해율=(3,000-1,500-150)/3,000=0.45, 45%,

지급보험금=1,500만원x(0.45-0.2)=3,750,000원

문제 130

(1) 기수확비율=50%, 기수확지수=0.958

조사대상 면적=2,000m^2이면 표본구간수=4구간,

표본구간면적=4x0.08=0.32m^2

표본구간 m^2당 수확량={(0.1/100)x100x0.958+0.1} x0.8/4x0.08=0.4895=0.49kg

(2) 수확량=0.49x2,000+0.5x1,000=1,480kg,

미보상감수량=(2,000-1,480)x0.1=52kg

피해율=(2,000-1,480-52)/2,000=0.234, 23.4%,

지급보험금=1,500만원x(0.234-0.15)=1,260,000원

(3) ① 1심2엽 ② 4.8 ③ 2.8 ④ 0.9 ⑤ 5월10일

문제 131

(2년근: 10,200원, 3년근: 11,600원, 4년근: 13,400원, 5년근: 15,000원)

(1) 가입당시 3년근이면 연근별 기준수확량=0.7kg

피해칸수가 490칸이면 표본칸수=4칸, 1칸 넓이 =2x(1.5+0.5)=4m^2,

표본구간의 넓이=4x4=16, 표본구간 m^2당 조사수확량 =3.2/16=0.2kg

단위면적당 미보상감수량=(0.7-0.2)x0.1=0.05kg

(조사수확량)=0.2+0.05=0.25kg,

피해율=(1-0.25/0.7)x(490/1,000)=0.315, 31.5%

지급보험금=5,360만원x(0.315-0.15)=8,844,000원

기지급보험금이 300만원이므로 88,440,000-300만원 =5,844,000원

(2) 가입당시 4년근이므로 연근별 기준수확량=0.78kg

단위면적당 조사수확량=240/1,600=0.15kg

단위면적당 미보상감수량=(0.78-0.15)x0.1=0.063kg

(조사수확량)=0.15+0.063=0.213kg,

피해율=(1-0.213/0.78)x(1,600/2,000)=0.58153, 58.15%

지급보험금=3,000만원x(0.5815-0.2)=11,445,000원

기지급보험금이 300만원이므로 11,445,000원-300만원 =8,445,000원

문제 132

(1) (1차사고 보험금) 기준수확량=0.64kg, 칸넓이 =2x(1.5+0.5)=4m^2

단위면적당 조사수확량=480/2,000=0.24kg

단위면적당 미보상감수량=(0.64-0.24)x0.1=0.04kg

(조사수확량)=0.24+0.04=0.28kg,

피해율=(1-0.28/0.64)x(500/1,000)=0.28125, 28.13%
지급보험금=2,680만원x(0.2813-0.2)=2,178,840원

(2) (2차사고 보험금)
단위면적당 조사수확량=280/2,800=0.1kg
단위면적당 미보상감수량=(0.64-0.1)x0.1=0.054kg
(조사수확량)=0.1+0.054=0.154kg,
피해율=(1-0.154/0.64)x(2,800/4,000)=0.53156, 53.16%
2차 지급보험금=2,680만원x(0.5316-0.2)-2,178,840원
=8,886,880원-2,178,840원=6,708,040원
2차 지급보험금=2,680만x(0.5316-0.2813)=6,708,040원

문제 133

잔존보험가입금액=1,200만원-200만원=1,000만원
자기부담금액=1,000만x0.05=500,000원
탄저병 병충해등급피해인정비율=0.7,
준비기생산비계수=0.495
수확기이전 경과비율=0.495+(1-0.495)x(70/100)=0.8485
손해정도비율=(4+12+32+30)/(120+36)=0.5, 피해비율=0.6
피해율=0.6x0.5x(1-0.1)=0.27
고추 생산비보장 보험금=1,000만원x0.8485x0.2
7x0.7-500,000=1,103,665원

문제 134

(1) 보험가입금액=3,000x4,000=1,200만원,
수확기이전 경과비율=0.495+(1-0.495)x(50/100)=0.7475,
피해율=0.5x0.6x(1-0.1)=0.27
신규가입 자기부담비율 최저비율은 5%이므로 자기부담금액
=1,200만원x0.05=60만원,
역병(1등급) 병충해등급인정비율=0.7
수확기 이전 생산비보장 보험금=1,200만원
x0.7475x0.27x0.7-60만원=1,095,330원

(2) 잔존보험가입금액=10,904,670원, 자기부담금액
=545,233.5원
수확기 중 경과비율=1-30/50=0.4, 피해율
=0.7x0.55x(1-0.1)=0.3465
2차 생산비보장 보험금=10,904,670원
x0.4x0.3465-545,233원=966,154.262원
=966,154원

문제 135

보험가입금액(최대)=3,000x5,000원=1,500만원,
수확기이전 경과비율=0.495+(1-0.495)x(50÷100)=0.7475,
손해정도비율=(0.2x50+0.4x40+0.6x60+1x150)/500=0.424
피해율=0.5x0.424x(1-0.1)=0.1908
고추 자기부담비율 최저비율은 3%이므로 자기부담금액
=1,500만x0.03=45만원,
역병(1등급) 병충해등급인정비율=0.7
(여러가지 병충해는 등급이 높은 것을 적용)
수확기 이전 생산비보장 보험금=1,500만원
x0.7475x0.1908x0.7-45만원=1,047,541.5원
잔존보험가입금액=13,952,459원, 자기부담금액=418,573.77원
수확기 중 경과비율=1-(20/50)=0.6
피해율=0.8x0.6x(1-0.1)=0.432
2차 생산비보장 보험금=13,952,459원x0.6x0.432-418,573원
=3,197,904.37원
총 지급 보험금=1,047,541원+3,197,904원=4,245,445원

문제 136

브로콜리 준비기생산비계수=0.492
수확기이전 경과비율=0.492+(1-0.492)x(65/130)=0.746
작물피해율=(6+4+10)/40=0.5
피해율=(1,250/2,500)x0.5x(1-0.1)=0.225, 22.5%
자기부담금액=375,000원
생산비보장보험금=1,250만원x0.746x0.225-375,000원
=1,723,125원

문제 137

준비기 생산비계수=0.492

(1) 브로콜리 수확기이전 경과비율=0.492+(1-0.492) x(78/130)=0.7968

1차 피해율=0.4x0.5x(1-0.1)=0.18, 18%

자기부담금액=1,500만원x0.05=750,000원

1차 생산비보장보험금=1,500만원 x0.7968x0.18-750,000=1,401,360원

(2) 2차 수확기중 경과비율=1-(15/30)=0.5

2차 피해율=0.6x0.6x(1-0.1)=0.324, 32.4%

잔존보험가입금액=15,000,000-1,401,360원 =13,598,640원

자기부담금액=13,598,640원x0.05=679,932원

2차 생산비보장보험금=13,598,640원x0.5x0.324-679,932 원=1,523,047.68원

문제 138

준비기 생산비계수=0.495

재해기간 중에 사고발생, 조사가 이루어 졌으므로 조사일자가 사고일자가 됨.

만약에 호우기간 중에 조사가 이루어지지 않았다면 6월 24일이 사고일자가 된다.

정식일~사고일자: 생장일수=5+31+24=60일

경과비율=0.495+(1-0.495)x(60/100)=0.798, 79.8%

피해율=0.5x0.6x(1-0.1)=0.27,

자기부담금액=3,000만원x0.05=150만원

최초 조사 생산비보장 보험금=3,000만원x0.798x0.27-150만원 =4,963,800원

잔존보험가입금액=25,036,200원, 자기부담금액=1,251,810원

표준수확일수: (8월2일~9월20일)=50일,

수확일수:(8월2일~8월22일)=20일

경과비율=1-20/50=0.6, 60%,

피해비율=2,400/3,000=0.8, 2차 피해율 =0.8x0.7x(1-0.2)=0.448

병충해 등급별 인정비율(탄저병)=0.7

2차 지급보험금=25,036,200원x0.6x0.448x0.7-1,251,810원 =3,459,001.392원

문제 139

총생산비=(준비기생산비)+(생장기생산비)+(수확기생산비)

보장생산비=(준비기생산비)+(생장기생산비),

준비기생산비계수=(준비기생산비)/(보장생산비)

보장생산비=(총생산비)-(수확기생산비),

보장생산비가 낮은 품목=터널재배=3,500원

보험가입금액=4,000x3,500원=1,400만원,

3년 손해율=210만/180만=117%, 손해율에 따른 할인.할증율 =0%

순보험료=1,400만원x0.1x(1+0)x(1-0.05)=1,330,000원

계약자부담보험료=133만원x(1-0.5-0.3)=266,000원

정부지원 보험료=133만원x0.5+133만원x15% =665,000원+199,500원=864,500원

문제 140

(1) 수확기이전 경과비율=0.527+(1-0.527)x(60÷100)=0.8108

손해정도비율=0.5, 피해율=0.5x0.5x(1-0)=0.25

자기부담금액=1,000만원x0.05=500,000원

태풍 생산비보장보험금=1,000만원 x0.8108x0.25-500,000=1,527,000원

(2) 2차 수확기중 경과비율=1-(10÷50)=0.8

2차 피해율=0.8x0.7x(1-0.1)=0.504, 50.4%

시들음병 등급인정계수=0.5

잔존보험가입금액=10,000,000-1,527,000원=8,473,000원

자기부담금액=8,473,000원x0.05=423,650원

2차 생산비보장보험금=8,473,000원 x0.8x0.504x0.5-423,650원=1,284,506.8원

문제 141

파종완료일 24시(9월15일 초불)~최초 수확 직전(11월20일 초불)

(1) 표본구간 손해정도비율= (1x0.4+1x0.6+2x0.8+1x1)/6=3.6/6=0.6, 60%

피해면적=4,000x0.7+3,000x0.6=4,600m^2

피해율=(4,600/9,200)x(1-0.15)=0.425, 42.5%

(2) 생산비보장 보험금=600만원x(0.425-0.2)=1,350,000원

문제 142

(1) 가을배추 재정식 보험금 보장기간: 9월 10일~9월 25일
면적피해율=1,200/4,000=0.3, 30%,
재정식 보험금=600만원x0.2x0.3=360,000원
(2) 피해비율=2,400/4,000=0.6, 손해정도비율=80%
피해율=0.6x0.8x(1-0.1)=0.432, 43.2%
생산비보장 보험금=600만원x(0.432-0.2)=1,392,000원

문제 143

(1) 양상추 재정식 보험금 보장기간: 정식완료일 24시(8월31일) 또는 계약체결일 24시
~재정식 완료일(판매개시연도 9월 10일 초과불가) 재정식 지급조건을 만족함
면적피해율=1,500/4,000=0.375, 37.5%
재정식 보험금=800만원x0.2x0.375=600,000원
(2) 피해비율=2,400/4,000=0.6, 손해정도비율=80%
피해율=0.6x0.8x(1-0.1)=0.432, 43.2%
생산비보장 보험금=800만원x(0.432-0.2)=1,856,000원

문제 144

(파종완료일 24시(10월15일 초불)~ 최초 수확직전(이듬해 3월 31일 초불)
(1) 월동무 재파종 보험기간: 정식완료일 24시(판매개시연도 10월 15일 초과불가)
또는 계약체결일 24시 ~재정식 완료일(판매개시연도 10월 25일 초과불가)
면적피해율=800/4,000=0.2, 20%, 최저자기부담비율 =20%
재파종 보험금=0원(면적피해율이 자기부담비율을 초과하지 못함)
(2) 피해비율=2,400/4,000=0.6, 손해정도비율=60%
피해율=0.6x0.6x(1-0.1)=0.324, 32.4%
생산비보장 보험금=800만원x(0.324-0.2)=992,000원

문제 145

대파, 단호박, 배추(고랭지), 무(고랭지), 시금치(노지) 자기부담비율 변경됨
10%, 15%, 20%, 30%, 40%, 최저비율적용=10%
정식완료일 24시(5월29일 초불)~정식일부터 90일째 되는 날 24시
손해정도비율=(1+2+6+12+9)/50=0.6
피해율=(2,600/4,000)x0.6x(1-0.1)=0.351, 35.1%
단호박, 자기부담비율=10%, 15%, 20%, 30%, 40%, 최저비율 적용=10%
생산비보장 보험금=800만원x(0.351-0.1)=2,008,000원

문제 146

시설A, 국화(재절화), 보험가입금액=1,030만원, 보험가액(재x보)=1,030만원(전부보험)
경과비율=0.2+(1-0.2)x(36/120)=0.44,
피해율=0.4x0.5x(1-0.1)=0.18
생산비보장 보험금=1,030만원x0.44x0.18=815,760원
시설B, 딸기, 보험가액(재x보)=900x17,300=1,557만원,
보험가입금액=1,384만원(일부보험)
경과비율=0.4+(1-0.4)x(27/90)=0.58, 피해율 =0.6x0.5x(1-0.1)=0.27
생산비보장 보험금=1,557만원x0.58x0.27x (1,384만/1,557만)=2,167,344원
시설C, 토마토, 보험가입금액=1,430만원, 보험가액(재x보)=1,430만원(전부보험)
경과비율=1-(10/50)=0.8, 피해율=0.5x0.4x(1-0.1)=0.18
생산비보장 보험금=1,430만원x0.8x0.18=2,059,200원
시설D, 쑥갓, 보험가액(재x보)=800x2,600=208만원,
보험가입금액=260만원(초과보험)
경과비율=0.1+(1-0.1)x(15/50)=0.37, 피해율 =0.5x0.6x(1-0.1)=0.27
생산비보장 보험금=208만원x0.37x0.27=207,792원
시설E, 멜론, 보험가입금액=600만원, 보험가액(재x보) =900만원(일부보험, 비례보상)
수확기 중 경과비율=1, 피해율=0.6x0.4x(1-0.1)=0.216
생산비보장 보험금=900만원x1x0.216x (600만/900만)=1,296,000원

문제 147

(시설A) 느타리버섯 병재배 경과비율=0.887, 재x보=240만원
(전부보험)
(병재배는 수확기에 상관없이 경과비율=0.887),
피해율=0.6x0.4x(1-0.1)=0.216,
생산비보장방식 보험금=240만원x0.887x0.216=459,820원

(시설B) 느타리버섯 균상재배 준비기생산비계수=0.676,
재x보=3,380만원(전부보험)
경과비율=0.676+(1-0.676)x(14/28)=0.838,
피해율=0.5x0.6x(1-0.2)=0.24,
생산비보장방식 보험금=3,380만원x0.838x0.24=6,797,856원

(시설C) 양송이버섯 균상재배 준비기생산비계수=0.753,
재x보=2,050만원(전부보험)
경과비율=0.753+(1-0.753)x(15/30)=0.8765, 피해율
=0.5x0.4x(1-0.15)=0.17,
생산비보장방식 보험금=2,050만원
x0.8765x0.17=3,054,602.5원

(시설D) 보험가입금액=1,640만원,
재x보=2,050만원(일부보험, 비례보상)
피해율=0.5x0.4x(1-0.2)=0.16,
양송이버섯 균상재배 수확기 중 경과비율=1-(12/30)=0.6
생산비보장방식 보험금=2,050만원x0.6x0.16x
(1,640만/2,050만)=1,574,400원

(시설E) 새송이버섯 병재배 수확기 중 경과비율=0.917
보험가입금액=368만원, 재x보=9,000x460원=414만원
(일부보험, 비례보상)
피해율=0.5x0.6x(1-0.1)=0.27,
생산비보장방식 보험금
=414만x0.917x0.27x(368만/464만)=911,131.2원

(시설F) 표고버섯 톱밥배지재배 준비기생산비계수=0.663
경과비율=0.663+(1-0.663)x(45/90)=0.8315,
재x보=2,000x2,400원=480만원(전부보험)
피해율=0.25x0.8x(1-0.1)=0.18,
생산비보장방식 보험금=480만원x0.8315x0.18=718,416원

문제 148

표고버섯(원목재배)은 경과비율 미적용,
보험가입금액=4,150만원x60%=2,490만원,
(일부보험, 비례보상)
재x보=보험가액=(재배원목수)x(원목당 보장생산비)
=4,500x8,300=3,735만원
피해율=(2,700/4,500)x(13/26)x(1-0.1)
=0.6x0.5x0.9=0.27, 27%
생산비보장보험금=3,735만원x0.27x
(2,490만/3,735만)=6,723,000원

문제 149

보험가액=1,000x19,400=1,940만원
(보장생산비가 높은 가격 기준)의 50%~100% 가입
보험가입금액(최저)=1,940만원x50%=970만원,
보험가액, 재x보=800x19,400=1,552만원(고사),
재x보=800x6,500=520만원(생)
(1) (장미고사) 보험가액(고사)=800x19,400=1,552만원,
비례보상=970만/1,552만
피해율=0.5x1x(1-0.1)=0.45,
생산비보장 보험금=1,552만원x0.45x(970만/1,552
만)=4,365,000원,
(2) (장미, 생) 보험가액(생)=800x6,500=520만원,
비례보상=970만/1,552만
피해율=0.5x0.6x(1-0.1)=0.27,
생산비보장방식 보험금=520만원x0.27x
(970만/1,552만)=877,500원

문제 150

수확기이전 중복사고는 피해율을 차감
보험가입금액=3,380만원x60%=2,028만원,
재x보=1,800x16,900=3,042만원(일부보험)
(1) 느타리(균상재배) 준비기생산비계수=0.676
수확기이전 경과비율=0.676+(1-0.676)x(7/28)=0.757
1차 피해율=(900/1,800)x0.6x(1-0.1)=0.27

1차 생산비보장보험금=3,042만원x0.757x0.27x(2,028만/3,042만)=4,145,029.2원

(2) 2차 수확기이전 경과비율=0.676+(1-0.676)x(14/28)=0.838

2차 피해율=(1,080/1,800)x0.8x(1-0.2)=0.384

2차 생산비보장보험금=3,042만원x0.838x(0.384-0.27)x(2,028만/3,042만)=1,937,388.96원

문제 151

시설A 보험가액=1,200x6,500=780만원,

시설 A의 보험가입금액=702만원(일부보험),

시설 A의 피해율=0.5x0.6x(1-0)=0.3,

시설 A의 생존 시 보험가액(재x보)=1,200x6,500원=780만원

시설 A의 고사 시 보험가액(재x보)=1,200x15,800원=1,896만원

시설 A의 생산비보장방식 보험금=780만원x0.3x(702만/1,896만)=866,392원

시설B의 보험가액=500x19,400=970만원,

시설 B의 보험가입금액=485만원(일부보험),

시설 B의 피해율=0.3x1x(1-0)=0.3

시설 B의 고사 시 보험가액(재x보)=500x19,400원=970만원

시설 B의 생산비보장방식 보험금=970만원x0.3x(485만/970만)=1,455,000원

문제 152

(1) 피해면적=5,000x0.7+3,000x0.4=4,700m^2

피해율=4,700/10,000=0.47, 47%

메밀품목의 자기부담비율은 20%, 30%, 40%이므로 최저 기준 적용은 20%

(2) 생산비보장 보험금은 1,000만원x(0.47-0.2)=2,700,000원

(3) 도복이외의 피해면적이 3,000m^2이므로 표본구간 수는 6구간이고 표본구간 하나의 면적이 원형 1m^2이므로 표본구간의 면적은 6m^2이다.

문제 153

기준가격: (양배추는 (20년~24년) 5년 올림픽평균)

연도별(20년~24년) 중품, 상품의 평균가격=3,500, ~~3,100~~, 3,600, 3,700, ~~4,000~~ 중에서

최대, 최소를 제외한 나머지 3개의 평균값,

(3,500+3,600+3,700)/3=3,600원

기준가격=3,600x0.8=2,880원

수확기가격(25년)=(3,000+4,000)/2=3,500원,

3,500x0.8=2,800원

문제 154

재배면적비율, 밤고구마=70%, 호박고구마=30%,

수확기가격(25년),

밤고구마=3,000x70%x0.8=1,680원, 호박고구마=3,500x30%x0.8=840원,

(수확기가격)=1,680+840=2,520원

기준가격, (고구마는 (20년~24년) 5년 올림픽평균)

연도별(20년~24년)중에서 최대, 최소를 제외한 나머지 3개의 평균값,

밤고구마=(3,700+3,600+3,500)/3=3,600원,

3,600x70%x0.8=2,016원

호박고구마=(3,800+3,600+3,700)/3=3,700원,

3,700x30%x0.8=888원,

(기준가격)=2,016+888=2,904원

문제 155

수확기가격(25년도), 하품가격은 필요없음

상품, 중품 평균=3,200원, 3,200x0.8=2,560원,

기준가격, (감자는 (20년~24년) 5년 올림픽평균)

연도별(20년~24년)중에서 최대, 최소를 제외한 나머지 3개의 평균값,

상품, 중품 평균가격: 4,100, 4,000, 4,200, 4,300, 3,900

올림픽평균=4,100원,

(기준가격)=4,100x0.8=3,280원

문제 156

재배면적비율, 백태=20%, 흑태=30%, 서리태=50%
수확기가격(25년), 백태=6,000x0.8x20%=960원,]
흑태=7,000x0.8x30%=1,680원,
서리태=8,000x0.8x50%=3,200원,
(수확기가격)=960+1,680+3,200=5,840원
기준가격, (콩은 (20년~24년) 5년 올림픽평균)
연도별(20년~24년)중에서 최대, 최소를 제외한 나머지 3개의 평균값,
백태=7,000x20%x0.8=1,120원, 흑태=7,400x30%x0.8=1,776원,
서리태=8,300x50%x0.8=3,320원,
(기준가격)=1,120+1,776+3,320=6,216원

문제 157

수확기가격=(7,000+7,400)만/(15,500+16,500)=14,400만/32,000=4,500원
가준가격
2020년=15,000만/30,000=5,000원, 2021년=16,000만/32,000=5,000원
2022년=14,840만/28,000=5,300원, 2023년=16,200만/30,000=~~5,400원~~
2024년=15,360만/32,000=~~4,800원~~
기준가격=올림픽평균값=5,100원

문제 158

4개 농협 수매가격의 평균,(20년~24년) 가입년도 미포함 직전 5년 올림픽평균
24년=25,600/4=6,400, 23년=26,400/4=6,600,
22년=26,600/4=~~6,650~~,
21년=25,200/4=~~6,300~~, 20년=26,000/4=6,500,
올림픽평균값=6,500원
기준가격=6,500원
수확기가격=(6,000+5,900+6,100+5,800)/4=5,950원

문제 159

(기준가격)
2020년=24,000/60,000=4,000원, 2021년=24,000/60,000=4,000원
2022년=24,000/60,000=4,000원, 2023년=23,400/60,000=3,900원
2024년=25,800/60,000=4,300원,
4,000, 4,000, 4,000, 3,900, 4,300의 올림픽 평균값,
기준가격=올림픽평균값=4,000원(수확기가격)
2025년=(8,100+8,000+7,840)/(22,500+21,000+19,500)=23,940/63,000=3,800원

문제 160

(1) 재배면적비율, 백태=60%, 서리태=40%,
수확기가격(25년), A품종=5,000원x60%x0.8=2,400원,
B품종=4,500x40%x0.8=1,440원,
(수확기가격)=2,400+1,440=3,840원
기준가격, (콩은 가입년도(25년) 미포함 직전 5년 올림픽평균)
연도별(20년~24년)중에서 최대, 최소를 제외한 나머지 3개의 평균값,
A품종=(5,600+5,500+5,400)/3=5,500원,
5,500x60%x0.8=2,640원
B품종=(6,200+6,000+5,800)/3=6,000원,
6,000x0.8x40%=1,920원,
(기준가격)=2,640+1,920=4,560원
(2) 기준수입=2,000x4,560=912만원, 보험가입금액(최대)=912만원
미보상감수량=(2,000-1,200)x0.15=120kg
실제수입=(1,200+120)x3,840=5,068,800원
피해율=(912만-5,068,800)/912만=0.44421, 44.42%
농업수입감소 보험금=912만원x(0.4442-0.2)=2,227,104원

문제 161

m^2당 평년수확량=8,000/2,000=4kg
조사대상면적=1,500m^2이므로 표본구간수=5, 표본구간면적 =5x0.8x1.5=6m^2
표본구간 m^2당 수확량=(10+10x0.2)/6=2kg,
수확량=2x1,500+4x500=5,000kg
미보상감수량=(8,000-5,000)x0.1=300kg (자연재해 미보상 비율:10%)
기준수입=8,000x1,000원=800만원, 실제수입=(5,000+300) x600=3,180,000원
피해율=(800만-318만원)/800만=0.6025, 60.25%
농업수입감소 보험금=800만원x(0.6025-0.2)=3,220,000원

문제 162

1주당 평년수확량=20kg, 조사대상주수=190주이므로 적정 표본주수는 8주
기준수입=4,000x3,000=1,200만원, 보험가입금액 (최대)=4,000x3,000=1,200만원
표본주수 1주당 착과수=40개, 과중=0.4kg,
착과량=190x40x0.4+10x20=3,240kg
감수량 계산,(8월10일)
착과피해감수량=190x40x0.4x(0.2-0)=608kg
낙과피해감수량,(8월25일)
조사대상주수=200-10-10=180주이므로 적정 표본주수는 8주
표본주수 1주당 낙과수=10개(50%), 금차고사주수=10주, maxA=0.2
낙과감수량=180x10x0.4x(0.5-0.2)=216kg
고사나무피해 감수량=10x(20+10)x0.4=120kg
감수량의 총합=608+216+120=944kg
수확량=3,240-944=2,296kg, 미보상감수량=(4,000-2,296) x0.2=340.8kg
실제수입=(2,296+340.8)x2,500=6,592,000원
피해율=(1,200만-6,592,000원)/1,200만=0.450666, 45.07%
농업수입감소 보험금=1,200만원x(0.4507-0.2)=3,008,400원

문제 163

(1) 기준가격={(5,300+5,200+5,400)/3}x0.76=5,300원 x0.76=4,028원
농가수취비율(올림픽평균)=76%
(2) 수확기가격={(5,400+5,900)/2}x0.76=4,294원
(3) 기준수입=10,000x4,028=4,028만원
실제수입=(6,500+200)x4,028원=26,987,600원
피해율=(4,028만원-26,987,600원)/4,028만원=0.33, 33%
보험가입금액=6,000x4,028원=24,168,000원 =2,416만원(천원단위 절사)
농업수입감소보험금=2,416만원x(0.33-0.2)=3,140,800원

문제 164

수확기가격=(8,200+8,000+7,800)/(18,000+21,000+21,000)=24,000/60,000=4,000원
가준가격
2020년=27,000/60,000=4,500원, 2021년 =27,000/60,000=4,500원
2022년=27,000/60,000=4,500원, 2023년 =26,400/60,000=4,400원
2024년=28,200/60,000=4,700원, 기준가격 =올림픽평균값=4,500원
기준수입=2,000x4,500=900만원, 보험가입금액 (최대)=2,000x4,500=900만원
수확량=1,200kg, 미보상감수량=(2,000-1,200)x0.1=80kg
실제수입=(1,200+80)x4,000=5,120,000원
피해율=(900만-512만)/900만=0.43111, 43.11%
농업수입감소 보험금=900만원x(0.4311-0.2)=2,079,900원

문제 165

(1) 재배면적비율, 백태=60%, 서리태=40%, 농가수취비율 80% 적용됨.
수확기가격, 백태=4,000원x60%x0.8=1,920원,
서리태=4,500원x40%x0.8=1,440원,
(수확기가격)=1,920+1,440=3,360원
기준가격, (콩은 가입년도(25년) 미포함 직전 5년 올림픽평균) 연도별(20년~24년)중에서 최대, 최소를 제외한 나머지 3개의 평균값,
A품종=(4,600+4,500+4,400)/3=4,500원,
4,500x60%x0.8=2,160원
B품종=(5,200+4,800+5,000)/3=5,000원,
5,000x40%x0.8=1,600원,
(기준가격)=2,160+1,600=3,760원
(2) 기준수입=3,000x3,760=1,128만원, 보험가입금액(최대) =1,128만원
미보상감수량=(3,000-1,600)x0.2=280kg
실제수입=(1,600+280)x3,360=6,316,800원
피해율=(1,128만-6,316,800원)/1,128만=0.44, 44%
농업수입감소 보험금=1,128만원x(0.44-0.2)=2,707,200원

문제 166

농업수입감소보장 최저자기부담비율=20%
보험가입금액(최소)=9,000x50%x2,000=900만원
(1) m^2당 평년수확량=9,000/3,000=3kg
조사대상면적=2,200m^2이므로 표본구간수=5구간,
표본구간면적=5x1x1.2=6m^2
표본구간 m^2당 수확량=(7+10x0.2)/6=1.5kg,
수확량=1.5x2,200+3x300=4,200kg
미보상감수량=(9,000-4,200)x1=4,800kg,
(미보상비율=100%)
기준수입=9,000x2,000=1,800만원,
실제수입=(4,200+4,800)x1,200=1,080만원
피해율=(1,800만-1,080만)/1,800만=0.4, 40%
농업수입감소 보험금=900만원x(0.4-0.2)=1,800,000원
(2) m^2당 평년수확량=9,000/3,000=3kg
조사대상면적=2,200m^2이므로 표본구간수=5구간,
표본구간면적=5x1x1.2=6m^2
표본구간 m^2당 수확량=(7+10x0.2)/6=1.5kg,
수확량=1.5x2,200+3x300=4,200kg
미보상감수량=(9,000-4,200)x0.2=960kg
(자연재해 미보상비율=20%)
기준수입=9,000x2,000=1,800만원,
실제수입=(4,200+960)x1,200=6,192,000원
피해율=(1,800만-6,192,000원)/1,800만=0.656, 65.6%
농업수입감소 보험금=900만원x(0.656-0.2)=4,104,000원

문제 167

재배면적비율, 호박고구마=40%, 밤고구마=60%
호박고구마=(2,500+2,600+2,700)/3=2,600원,
2,600x0.8x40%=832원
밤고구마=(3,400+3,300+3,200)/3=3,300원,
3,300x0.8x60%=1,584원,
(기준가격)=832+1,584=2,416원
A=Max{조사수확량, (평년수확량)x50%}의 값들의 평균
무사고=Max{표준수확량, 평년수확량}x110%
2,000x1.1=2,200, 1,960, 2,400x1.1=2,640, 1,200 값들의 평균값
A=(2,200+1,960+2,640+1,200)/4=2,000kg
B=(가입연도 표준수확량의 평균)=2,300kg
C=(당해년도 표준수확량)=2,760kg,
(평년수확량)={A+(B-A)(1-Y/5)}xC/B
(평년수확량)={2,000+(2,300-2,000)x(1-4/5)}x(2,760/2,300)=2,472kg
가입수확량(최대)=(평년수확량)x100%=2,472kg
보험가입금액=2,472x2,416원=~~5,972,352~~ =597만원(천원단위 절사)
적용보험료=597만원x0.15x(1-0.08)=823,860원,
고구마는 방재시설 할인 없음
부가보험료=143,860원, 순보험료=823,860원-143,860원 =68만원
계약자부담보험료=68만원x(1-0.5-0.3)=136,000원
정부지원 보험료=순보험료의 50%+부가보험료의 100% =34만원+143,860원=483,860원

문제 168

(1) 조사대상면적=2,000-200=1,800m²이면 표본구간=5구간
표본구간면적=5x1x2=10m², m²당 평년수확량
=6,000/2,000=3kg
표본구간 m²당 수확량={(18+10x0.2)x0.72x(1+0.1)}÷10=1.584=1.6kg

(2) 수확량=1.6x1,800+3x200=3,480kg, 미보상 감수량
=(6,000-3,480)x0.1=252kg
기준수입=6,000x2,500=1,500만원, 실제수입
=(3,480+252)x1,800원=6,717,600원
피해율=(1,500만원-6,717,600원)÷1,500만원
=0.55216, 55.22%
농업수입감소 보험금=1,500만원x(0.5522-0.2)
=5,283,000원

(3) 보상하는 재해인지 확인이 안되는 경우: 미보상비율=100%
미보상 감수량=(6,000-3,480)x1=2,520kg
기준수입=6,000x2,500=1,500만원, 실제수입
=(3,480+2,520)x1,800원=1,080만원
피해율=(1,500만원-1,080만원)÷1,500만원=0.28, 28%
농업수입감소 보험금=1,500만원x(0.28-0.2)=1,200,000원

문제 169

표준수확량=2,500x1=2,500kg, 보험가입금액(최대)=3,000x-130%x2,000원=7,800,000원
2주재배 인수가능 주수: 10a당 4,000주~6,000주이므로 최소정식=4,000주, m²당=4주
피해주수=2,500x4=10,000주
피해수확량=(피해주수)x(표준중량)x(재식시기지수)x(재식밀도지수)
=10,000x0.16x0.95x1=1,520kg
손해액=(2,000-1,500)x(3,000-1,520)+2,000x1,520원
=74만원+304만원=378만원,
기준수입=3,000x2,000=600만원
실제수입(옥수수)=(기준수입)-(손해액)
=600만원-378만원=222만원
피해율=(600만-222만원)/600만=0.63, 63%
농업수입감소보험금=780만원x(0.63-0.2)=3,354,000원

문제 170

수리복구가 되지 않았으므로 감가상각률 적용한다.
구조체 손해액=1,200만원x(1-0.3)=840만원
피복재 손해액=400만원x(1-0.4)=240만원, 손해액의 총합
=1,080만원,
잔존물제거비용=Min{1,080만원x0.1, 80만원}=80만원
손해액+잔존물제거비용=1,080만원+80만원=1,160만원
자기부담금액=100만원(자기부담금 차감완료)
(목적물+잔존물제거비용) 보험금=Min{1,160만원-100만, 2,500만원}=1,060만원
비용 보험금=30만원+20만원+10만원=60만원(자기부담금 없음)
지급보험금=1,060만원+60만원=11,200,000원

문제 171

A, B 보험회사의 보험금 계산방법이 같음
(보험가입금액 비례분담방식)

(1) A보험회사 보험금액=(1,200만원-0원)x(3,600만/6,000만)
=720만원

(2) B보험회사 보험금액=(1,200만원-0원)x(2,400만/6,000만)
=480만원
(태풍피해이지만 중복보험이므로 자기부담금액은 0원이다.)

(3) A회사에만 가입한 경우는 중복보험이 아니므로 자기부담금이 적용된다.
보험금= Min{(1,200만원-100만원), 3,600만원}=1,100만원

(4) B회사에만 가입한 경우는 중복보험이 아니므로 자기부담금이 적용된다.
보험금= Min{(1,200만원-100만원), 2,400만원}=1,100만원

문제 172

(집합보험) (보험가입금액을 가중평균으로 각각 구해야 한다.)
A동 보험가입금액=5,000만x(4,000만/6,400만)=3,125만원
B동 보험가입금액=5,000만x(2,400만/6,400만)=1,875만원
손해액의 합=2,000만원, 자기부담금액=100만원

(1) A동 손해액=1,400만원(70%), A동 자기부담금액=100만원x0.7=70만원
A동 보험금액=Min{1,400만-70만, 3,125만원}=1,330만원

(2) B동 손해액=600만원(30%), B동 자기부담금액=100만원x0.3=30만원
B동 보험금액=Min{600만-30만, 1,875만원}=570만원

문제 173

해가림시설의 손해액=Mid{피해액, 감가피해액, 보험가액의 20%}

(1) A농가 손해액=600만원, B농가 손해액=900만원, C농가 손해액=600만원,
D농가 손해액=500만원, E농가 손해액=1,200만원

(2) A농가 보험금(전부보험)=(600만-60만)x1=5,400,000원
B농가 보험금(일부보험)=(900만-90만)x2,000/3,000=5,400,000원
C농가 보험금(초과보험)=(600만-60만)x1=5,400,000원
D농가 보험금(일부보험)=(500만-50만)x2,500/3,000=3,750,000원
E농가 보험금(전부보험)=Min{(1200만-100만), 3,000만}=11,000,000원

문제 174

설치당시 재조달가격=3,600만원,
(가입시기와 사고당시 경과년수가 같음)
설치~가입당시 경과기간=2년, 경년감가율=13.33%
보험가입금액=3,600만원x(1-0.1333x2)=26,402,400원
=2,640만원(천원단위 절사)
사고당시 보험가액=3,600만원x(1-0.1333x2)
=2,640만원(천원단위 절사)(전부보험)
피해칸수=100x1+50x0.4+100x0.6+150x0.8=300칸,
피해액=300칸x4x6,000=720만원
감가피해액=720만원x(1-0.1333x2)=5,280,480원
보험가액의 20%=2,640만x0.2=528만원
손해액=5,280,480원, 잔존물제거비용=50만원
손해액+잔존물제거비용=5,780,480원, 자기부담금액
=578,048원
(목적물+잔존물제거비용) 보험금
=Min{5,780,480원-578,048원, 2,640만}=5,202,432원
손해방지비용=20만원 한도, 20만원-2만원=18만원
해가림시설 보험금=5,202,432원+18만원=5,382,432원

문제 175

경과년수, (설치~가입): 3년, (설치~사고): 3년
보험가액(설치당시)=3,240x6,000=1,944만원
보험가액(사고당시)=1,944만원x(1-0.1333x3)=11,665,944원
=1,166만원
보험가입금액=1,944만원x(1-0.1333x3)=1,166만원, 전부보험, 비례보상(X)
피해칸수=120+100x0.6+150x0.8=300칸, 피해면적
=300x3.24=972m²
(피해액)=972x6,000=5,832,000원
감가피해액=5,832,000원x(1-0.1333x3)=3,499,783.2원
보험가액의 20%=1,166만원x0.2=2,332,000원
손해액=3,499,783원이므로 자기부담금액=349,978.3원
해가림시설 보험금=Min{(3,499,783원-349,978원), 1,166만원}=3,149,805원(1원 차이)

문제 176

(보험가입금액을 가중평균으로 각각 구해야 한다.)
A동 보험가입금액=3,000만x(900만/4,000만)=675만원
B동 보험가입금액=3,000만x(1,500만/4,000만=1,125만원
C동 보험가입금액=3,000만x(1,600만/4,000만)=1,200만원
A동 손해액=800만x(1-0.1x7.5)=200만원
B동 손해액=1,000만x(1-0.053x10)=470만원
C동 손해액=1,600만x0.3=480만원
손해액의 총합=1,150만원, 자기부담금액=100만원,

A동 자기부담금액=100만x(200만/1,150만)=173,913원
B동 자기부담금액=100만x(470만/1,150만)=408,695원
C동 자기부담금액=100만x(480만/1,150만)=417,391원
A동 보험금액=Min{200만-173,913, 675만원}=1,826,087원
B동 보험금액=Min{470만-408,695, 1,125만원}=4,291,305원
C동 보험금액=Min{480만-417,391, 1,200만원}=4,382,609원

문제 177

재조달가액 보장 특약 미가입이므로 감가상각율 적용
단동하우스 재조달 가격(피해액)=150x8만=1,200만원
피복재 재조달 가격(피해액)=300x1만=300만원
부대시설 재조달 가격(피해액)=500만원
단동하우스 손해액=1,200만원x(1-0.08x5)=720만원
피복재 손해액=300만원x(1-0.4)=180만원
부대시설 손해액=500만원x(1-0.1x2)=400만원
농업시설물 손해액=900만원, 부대시설 손해액=400만원
손해액의 총합=1,300만원, 자기부담금액=100만원
농업시설물 자기부담금액=100만원x(900/1,300)=692,307원
부대시설 자기부담금액=100만원x(400/1,300)=307,692원
농업시설물 보험금=900만원-692,307원=8,307,693원
부대시설 보험금=400만원-307,692원=3,692,308원

문제 178

보험가액=8,000만원x0.5=4,000만원, 보험가액의 80%=3,200만원
보험가입금액=2,400만원, 비례보상=75%
손해액=250만원+200만원+150만원=600만원
잔존물제거비용=10만+25만+15만=50만원
손해액+잔존물제거비용=650만원
자기부담금액=Max{650만x0.75x0.1, 50만원}=50만원
(목적물+잔존물제거비용) 보험금=Min{650만원x0.75-50만원, 2,400만원}=4,375,000원
손해방지비용=40만원x0.75=30만원
총지급 보험금=4,675,000원

문제 179

보험가액=500x10만원=5,000만원, 보험가입금액(최저) =보험가액의 90%=4,500만원
부대시설의 재조달가액=300만원+500만원=800만원
농업용시설물 피해액=200x10만원=2,000만원
부대시설 피해액=800만원
농업용시설물 손해액=2,000만원x(1-0.08x4.25)=1,320만원
부대시설 피해액=800만원x(1-0.1x2.5)=600만원
손해액의 총합=1,920만원, 자기부담금액=100만원
농업용시설물 자기부담금액=100만원x(1,320/1,920) =687,500원
부대시설 자기부담금액=100만원x(600/1,920)=312,500원
농업용시설물 보험금=1,320만원-687,500원=12,512,500원
부대시설 보험금=600만원-312,500원=5,687,500원

문제 180

각 동별로 각각 계산
A동 손해액=800만x(1-0.1x7.5)=200만원
B동 손해액=1,000만x(1-0.053x10)=470만원
C동 손해액=1,600만x0.3=480만원
A동 잔존물제거비용=손해액의 10%=20만원
B동 잔존물제거비용=40만원, C동 잔존물제거비용 =손해액의 10%=48만원
A동 (손해액+잔존물제거비용)=220만원, A동 자기부담금액 =최저 30만원
B동 (손해액+잔존물제거비용)=510만원, B동 자기부담금액 =510,000원
C동 (손해액+잔존물제거비용)=528만원, C동 자기부담금액 =528,000원
A동 보험금액=Min{200만+20만-30만, 900만원} =1,900,000원
B동 보험금액=Min{470만+40만-510,000원, 1,500만원}=4,590,000원
C동 보험금액=Min{480만+48만-528,000원, 1,600만원}=4,752,000원

문제 181

농업용시설물 보험가액=1,000x80,000원=8,000만원
보험가입금액(최소)=8,000만원x90%=7,200만원
부대시설 보험가입금액=600만원+1,400만원=2,000만원
종별요율상대도(1등급)=0.7
보험 가입기간(2월~6월), 5개월=60%, 추가 30%
단기요율적용지수=0.9, 수재위험부보장 미가입
적용보험료=(7,200만원x0.1x0.7+2,000만원x0.08)
x0.9=5,976,000원
(농업용시설물+부대시설) 계약자부담 보험료=5,976,000원x(1-0.5-0.35)=896,400원
시설작물 보험가액=800x8,200원=656만원
보험가입금액(최대)=656만원x100%=656만원
적용보험료=656만원x0.1x0.7x0.9=413,280원
시설작물 계약자부담 보험료=413,280원x(1-0.5-0.35)=61,992원
(화재위험보장 특약), 단기요율적용지수=60추가없음)
화재특약 적용보험료=(7,200만원+2,000만원)
x0.02x0.6=1,104,000원
(화재대물배상책임보장 특약),
화재대물배상책임보장특약 적용보험료=12,025,000원
x0.02x5.23x0.6=754,689원

문제 182

(1) A농가의 보험가액=1억x0.5=5,000만원, B농가의 보험가액
=1억x0.7=7,000만원
C농가의 보험가액=1억x0.3=3,000만원
(2) A농가 지급보험금(일부보험),
비례보상=2,400/(5,000x0.8)=0.6,
자기부담금액=Max{2,000만x0.6x0.1, 50만}=120만원
A농가 지급보험금=Min{2,000만x0.6-120만,
2,800만}=1,080만원
B농가 지급보험금(일부보험), 비례보상=2,800/
(7,000x0.8)=0.5
손해액+잔존물제거비용=2,600만원,
자기부담금액=Max{2,600만x0.5x0.1, 50만}=130만원
(손해액+잔존물제거비용) 보험금
=Min{2,600만원x0.5-130만, 2,800만}=1,170만원
손해방지비용: 80만x0.5=40만원
B농가 지급보험금=1,170만원+40만원=1,210만원
C농가 지급보험금(전부보험), 자기부담비율=10% 화재,
잔존물제거비용=120만원,
손해액+잔존물제거비용=1,320만원,
손해액+잔존물제거비용 보험금
=Min{1,320만원x1x(1-0.1), 2,400만}=1,188만원
C농가 지급보험금=1,188만원

문제 183

(1) (보험가액)=50,000,000원x0.7=35,000,000원
35,000,000x0.8=28,000,000원 (일부보험)
(2) 비례보상=1,400/(3,500x0.8)=0.5
손해액=900만원, 잔존물제거비용
=Min{900만x0.1, 80만원}=80만원
(손해액+잔존물제거비용)=980만원
자기부담금액=Max{980만x0.5x0.1, 50만}=50만원
(목적물+잔존물제거비용)의 보험금
= Min{980만x0.5-50만, 1,400만}=440만원
손해방지비용=600,000x0.5=300,000원
지급 보험금=4,400,000+300,000=4,700,000원

문제 184

(1차사고) 보험가액=10,000만원x0.5=5,000만원,
보험가입금액=3,200만원
보험가액의 80%=4,000만원, 비례보상=3,200/
(5,000x0.8)=0.8, 80%
손해액=1,200만원, 잔존물제거비용=120만원,
(손해액+잔존물제거비용)=1,320만원,
자기부담금액=Max{1,320만x0.8x0.1, 50만원}=1,056,000원
(목적물+잔존물제거비용) 보험금
=Min{1,320만x0.8-1,056,000원, 3,200만}=9,504,000원
손해방지비용=107만원x0.8=856,000원
1차사고 지급보험금=9,504,000원+856,000원=10,360,000원
(2차사고) 잔존보험가입금액=3,200만원-1,036만원=2,164만원
보험가액의 80%=4,000만원, 비례보상=2,164만/8,000만

=0.541, 54.1%

손해액=1,800만원, 잔존물제거비용=120만원,

(손해액+잔존물제거비용)=1,920만원,

(목적물+잔존물제거비용) 보험금=Min{1,920만x0.541x(1-0.1), 2,164만}=9,348,480원

손해방지비용=100만원x0.541=541,000원

2차사고 지급보험금=9,348,480원+541,000원=9,889,480원

1, 2차 총 지급 보험금=1,036만원+9,889,480원=20,249,480원

문제 185

(1) 수리복구가 되지 않았으므로 감가상각률 적용한다.

구조체 손해액=1,200만원x(1-0.25)=900만원

피복재 손해액=500만원x(1-0.4)=300만원, 손해액의 총합 =1,200만원,

잔존물제거비용=Min{1,200만원x0.1, 60만원}=60만원

손해액+잔존물제거비용=1,200만원+60만원=1,260만원

태풍 피해 자기부담금액=100만원(자기부담금 차감완료)

(목적물+잔존물제거비용) 보험금

=Min{1,260만원-100만, 3,000만원}=1,160만원

비용 보험금=30만원+20만원+10만원

=60만원(자기부담금 없음)

지급보험금=1,160만원+60만원=12,200,000원

(2) 화재특약, 자기부담금액=0원

(목적물+잔존물제거비용) 보험금

=Min{1,260만원-0원, 3,000만원}=1,260만원

비용 보험금=30만원+20만원+10만원

=60만원(자기부담금 없음)

지급보험금=1,260만원+60만원=13,200,000원

문제 186

(풀이) 설치당시 재조달가격=5,000x6,000원=3,000만원,

설치~가입당시 경과기간=2년, 경년감가율=13.33%

설치~사고당시 경과기간=3년, 경년감가율=13.33%

보험가입금액=3,000만원x(1-0.1333x2)=22,00~~2,000~~원

=2,200만원

사고당시 보험가액=3,000만원x(1-0.1333x3)=18,00~~3,000~~원

=1,800만원(초과보험)

피해칸수=300x1+50x0.4+100x0.6+150x0.8=500칸,

피해액=500칸x4x6,000=1,200만원

감가피해액=1,200만원x(1-0.1333x2)=7,201,200원

보험가액의 20%=1,800만원x0.2=360만원

손해액=7,201,200원, 잔존물제거비용=598,800원

손해액+잔존물제거비용=780만원, 자기부담금액=78만원

(목적물+잔존물제거비용) 보험금=Min{780만원-78만원, 2,200만원}=702만원

손해방지비용=20만원 한도, 20만원-2만원=18만원

해가림시설 보험금=702만원+18만원=7,200,000원

문제 187

재조달가액 보장 특약 미가입이므로 감가상각율 적용

단동하우스 피해액=300x8만=2,400만원

피복재 피해액=500x1만=500만원

부대시설 피해액=500만원

단동하우스 손해액=2,400만원x(1-0.08x5)=1,440만원

피복재 손해액=500만원x(1-0.4)=300만원

부대시설 손해액=870만원x(1-0.1x5)=435만원

농업시설물 손해액=1,740만원, 부대시설 손해액=435만원

손해액의 총합=2,175만원, 자기부담금액=100만원

농업시설물 자기부담금액=100만원x(1,740만/2,175만) =800,000원

부대시설 자기부담금액=100만원x(435만/2,175만)=200,000원

잔존물제거비용=Min{2,175만원x0.1, 280만원}=2,175,000원

농업시설물 잔존물제거비용=2,175,000원x(1,740만/2,175만) =1,740,000원

부대시설 잔존물제거비용=2,175,000원x(435만/2,175만) =435,000원

농업시설물 보험금=(1,740만원+174만)-80만원=18,340,000원

부대시설 보험금=(435만원+435,000원)-20만원=4,585,000원

문제 188

(보험가액)=120,000,000원x0.7=84,000,000원

84,000,000x0.8=67,200,000원 (일부보험)

비례보상=4,368만/6,720만=0.65

손해액=5,400만원, 잔존물제거비용

=Min{5,400만x0.1, 500만원}=500만원

(손해액+잔존물제거비용)=5,900만원

자기부담금액=Min{5,900만원x0.65x0, 50만원}=50만원

(목적물+잔존물제거비용)의 보험금

=Min{5,900만원x0.65-50만원, 4,368만}=3,785만원

손해방지비용=600,000x0.65=390,000원

지급 보험금=3,785만원+39만원=38,240,000원

문제 189

보험가액=500x10만원=5,000만원, 보험가입금액(최저)

=보험가액의 90%=4,500만원

농업용시설물 피해액=400x10만원=4,000만원

부대시설 피해액=450만원+400만원=850만원

농업용시설물 손해액=4,000만원x(1-0.08x4)=2,720만원

부대시설 피해액=850만원x(1-0.1x2)=680만원

손해액의 총합=3,400만원, 잔존물제거비용=340만원

자기부담금액=0원(화재특약 가입)

농업용시설물 잔존물제거비용=340만원x(2,720만/3,400만)

=272만원,

부대시설 잔존물제거비용=340만원x(680만/3,400만)=68만원,

농업용시설물 자기부담금액=0원

부대시설 자기부담금액=0원

농업용시설물 보험금=(2,720만원+272만원)-0원=29,920,000원

부대시설 보험금=(680만원+68만원)-0원+375,000원

=7,480,000원

문제 190

(1) 보온덮개, 쇠파이프 조인 구조물의 수정잔가율 최댓값=50%

보험가액=10,000만원x0.5=5,000만원, 보험가입금액

=3,200만원(일부보험)

(2) 비례보상=3,200/(5,000x0.8)=0.8, 80%

손해액=250만+150만+300만+200만원=900만원

실제잔존물제거비용=5만+25만+10만=40만원

잔존물제거비용=Min{900만원x0.1, 40만원}=40만원

손해액+잔존물제거비용=940만원,

자기부담금액=Max{940만원x0.8x0, 50만원}=50만원

손해방지비용=25만원x0.8=20만원

지급보험금=Min{940만원x0.8-50만원, 3,200만원}+20만원

=7,220,000원

문제 191

(1) 전국산지평균가격이 없고 지육평균가격이 제시되어 있으므로

(보험가액)=600x20,000x0.58=6,960,000원, 보험가입금액

=348만원, 비례보상=50%

손해액=696만원, 잔존물처리비용=696,000원,

손해액 자기부담금액=696만원x0.5x0.2=696,000원

손해액 보험금=Min{696만원x0.5, 348만원}-696,000원

=2,784,000원

잔존물처리비용 자기부담금액=696,000원

x0.5x0.2=69,600원

잔존물처리비용 보험금=696,000원x0.5-69,600원

=278,400원

잔존물처리비용 보험금=696,000원x0.5x(1-0.2)=278,400원

(손해액+잔존물처리비용)의 보험금=2,784,000원

+278,400원=3,062,400원

(손해액+잔존물) 보험금

=(손해액+잔존물)x0.5x(1-0.2)

=3,062,400원(보험가입금액한도)

(비용손해 지급보험금)=100만원x0.5=50만원,

기타협력비용=10만원

손해방지비용, 대위권보전비용, 잔존물보전비용=100만원

x0.5=50만원

기타협력비용=10만원,

지급 보험금=3,062,400원

+500,000+100,000=3,662,400원

(2) ① 사고현장에서 잔존물 견인비용

② 잔존물을 차에 싣는 비용

③ 적법한 시설내에서의 랜더링 비용

문제 192

kg당 전국 산지평균가격=725만원/500=14,500원
육우(월령28개월) 폐사 보험가액=600x14,500=870만원,
보험가입금액=522만원
비례보상=783만/870만=0.9, 손해액=870만원
(잔존물처리비용)=Min{870만x0.1, 80만}=80만원
손해액 자기부담금액=870만원x0.9x0.2=1,566,000원
손해액 보험금=Min{870만원x0.9, 783만원}-1,566,000원
=6,264,000원
잔존물처리비용 자기부담금액=80만원x0.9x0.2=144,000원
잔존물처리비용 보험금=80만원x0.9x(1-0.2)=576,000원
(손해액+잔존물처리비용)의 보험금=6,264,000원+576,000원
=684만원(보험가입금액한도)
(손해액+잔존물처리비용) 보험금(한도 적용 없음)
=950만원x0.9x(1-0.2)=684만원(보험가입금액한도)
손해방지비용+대위권보전비용+잔존물보전비용
=100만x0.9=900,000원
기타협력비용=100,000원
총 지급보험금=684만원+90만원+10만원=7,840,000원

문제 193

(1) 보험가액=600x25,000x0.58=870만원, 보험가입금액
=696만원
비례보상=0.8, 손해액=보험가액=870만원
잔존물처리비용=Min{870만원x0.1, 30만원}=30만원,
손해액+잔존물처리비용=900만원, 자기부담금액=900만원
x0.8x0.2=144만원
지급 보험금= Min{900만원x0.8x(1-0.2), 348만원}
=5,760,000원=900만원x0.8-144만원=5,760,000원
(2) 보험가액=600x(700만원/500)=840만원, 보험가입금액
=588만원,
비례보상=588만/840만=0.7, 손해액=보험가액=840만원
잔존물처리비용=Min{840만원x0.1, 30만원}=30만원
(손해액)+(잔존물처리비용)=840만원+30만원=870만원,
자기부담금액=870만원x0.7x0.2=1,218,000원
(지급 보험금)=Min{870만원x0.7x(1-0.2),
588만원}=4,872,000원
=Min{870만원x0.7, 588만원}-1,218,000원=4,872,000원
=870만원x0.7-1,218,000원=4,872,000원

문제 194

(풀이) 사고전전월=9월, 한우 수컷:
Max{420만/350, 688만/600}=12,000원
한우 암컷: Max{455만/350, 712만/600}=13,000원
(1) 한우 암송아지(월령2개월) 질병폐사 보험가액=238만원
x0.5=1,190,000
280만원x0.85=238만원(6~7월령 암송아지 가격의 85%)
(2) 한우 숫송아지(월령2개월) 질병폐사 보험가액=216만원
x100%=2,160,000
270만원x0.80=216만원(6~7월령 숫송아지 가격의 80%)
(3) 한우 암송아지(월령4개월) 질병폐사 보험가액=238만원
x100%=2,380,000
280만원x0.85=238만원(6~7월령 암송아지 가격의 85%)
(4) 한우 숫송아지(월령5개월) 부상폐사 보험가액=216만원
x100%=2,160,000
270만원x0.80=216만원(6~7월령 숫송아지 가격의 80%)
(5) 한우 암송아지(월령3개월) 질병폐사 보험가액=238만원
x100%=2,380,000원
280만원x0.85=238만원(6~7월령 암송아지 가격의 85%)
(6) 한우 숫송아지(월령6개월) 부상폐사 보험가액=270만원
x100%=2,760,000원
(7) 한우 수컷(월령25개월)의 보험가액=655x12,000원
=7,860,000원
(8) 한우 암컷(월령40개월)의 보험가액=470x13,000원
=6,110,000원
(9) 한우 수컷(월령20개월)의 보험가액=555x12,000원
=6,660,000원
(10) 한우 암컷(월령23개월)의 보험가액=380x13,000원
=4,940,000원

문제 195

사고 전전월=9월

(1) 젖소(월령2개월) 질병폐사 보험가액=140만원 x0.5=700,000원

(2) 젖소(월령1개월) 부상폐사 보험가액=140만원 x0.5=700,000원

(3) 젖소(월령3개월) 질병폐사 보험가액=140만원 x100%=1,400,000원

(4) 젖소(월령5개월) 질병폐사 보험가액=140만원 x100%=1,400,000원

(5) 젖소(11개월)의 보험가액=140만+(380만-140만) x(11-7)/6=300만원

(6) 젖소(21개월)의 보험가액=380만+(550만-380만) x(21-18)/6=465만원

(7) 젖소(34개월)의 보험가액=550만+(685만-550만) x(34-31)/9=595만원

(8) 젖소(61개월)의 보험가액=685만+(485만-685만) x(61-55)/12=585만원

(9) 육우(월령2개월)의 질병폐사 보험가액=130만원 x0.5=650,000원

(10) 육우(월령30개월)의 보험가액 =600x(18,000x0.58)=6,264,000원

문제 196

(1) 한우송아지(월령1개월) 부상폐사 보험가액 =2,340,000x0.5=1,170,000원

(2) 한우송아지(월령2개월) 질병폐사 보험가액 =2,340,000x0.5=1,170,000원

(3) 한우송아지(월령2개월) 부상폐사 보험가액=2,340,000원

(4) 한우송아지(월령3개월) 보험가액=2,340,000원

(5) 한우송아지(월령4,5개월) 보험가액=2,340,000원

(6) 한우수컷(월령26개월) 질병폐사 보험가액 =655xMax{420만/350, 688만/600}=786만원

(7) 한우암컷(월령42개월) 질병폐사 보험가액 =470xMax{490만/350, 712만/600}=658만원

문제 197

(1) 한우 암송아지(월령4개월) 부상폐사 보험가액=260만원 x0.85=2,210,000원

(2) 한우 숫송아지(월령5개월) 질병폐사 보험가액=280만원 x0.8=2,240,000원

(3) 한우 암송아지(월령6개월) 긴급도축 보험가액=2,600,000원

(4) 한우 숫송아지(월령6개월) 긴급도축 보험가액=2,800,000원

(5) 한우암컷(월령42개월) 긴급도축 보험가액 =470xMax{490만/350, 712만/600}=658만원

(6) 한우수컷(월령28개월) 질병폐사 보험가액 =655xMax{420만/350, 688만/600}=786만원

2개월 미만 보험가액: 50%, 3개월미만(질병) 보험가액: 50%
3개월 보험가액: 100%, 4~5개월 보험가액:
(4~5개월령 송아지가격)의100%
6개월 보험가액: 1004~5개월령 송아지가격)이 없는 경우
4~5개월 보험가액: (6~7개월령 송아지가격)의80%, 85%

문제 198

(1) 젖소(월령2개월) 질병폐사 보험가액=124만원x0.5=62만원

(2) 젖소(월령2개월) 부상으로 폐사 보험가액=124만원

(3) 육우(월령2개월) 질병폐사 보험가액 =115만원x0.5=575,000원

(4) 젖소(11개월) 보험가액 =124만원+(280만-124만)x(11-7)/6=228만원

(5) 젖소(월령21개월) 보험가액=280만원+(460만-280만) x(21-18)/6=370만원

(6) 젖소(월령34개월) 보험가액=460만원+(490만-460만) x(34-31)/9=470만원

(7) 젖소(월령61개월) 보험가액=490만원+(380만-490만) x(61-55)/12=435만원

(8) 육우(월령30개월) 보험가액=600x15,000x0.58=522만원

문제 199

(1) 소 도체결함보장 특약에 정해진 비율은 20%
(보험가액)=450kgx16,000원=720만원, 보험가입금액 =504만원, 비례보상=70%
(손해액)=720만-420만=300만원, (잔존물처리비용) =0원(도체결함)

(2) (소도체결함 보험금)=Min{300만원x0.7x(1-0.2), 504만원}=1,680,000원
자기부담금액=300만원x0.7x0.2=42만원
(소도체결함 보험금)=Min{300만원x0.7, 504만원}-42만원 =1,680,000원

(3) 소도체결함 유형 6가지
- 근출혈, 수종, 근염, 외상, 근육제거, 기타

문제 200

한우, 폐사인 경우 (손해액)=(보험가액)=7,200,000원,
보험가입금액=648만원, 비례보상=648만/720만=90%
잔존물처리비용으로 인정됨,
잔존물처리비용=Min{720만x0.1, 60만}=60만원
(손해액+잔존물처리비용)=780만원,
(손해액+잔존물처리비용) 보험금=780만원 x0.9x(1-0.2)=5,616,000원
손해액=720만원x0.9-1,296,000원=720만원 x0.9x(1-0.2)=5,184,000원
잔존물처리비용=60만원x0.9-108,000원=60만원 x0.9x(1-0.2)=432,000원
(손해액+잔존물처리비용) 보험금=5,184,000원+432,000원 =5,616,000원
손해방지비용은 손해의 경감을 위해 지출한 비용이므로 보험목적물의 관리를 위한 경비는
손해방지비용으로 인정되지 않는다. 손해방지비용=0원
A농가에서 B에게 손해배상을 받을 수 있는 권리를 행사하기 위해 지출한 유익한 비용이
20만원은 자기부담비율이 적용되지 않고 100% 대위권보전비용으로 인정됨.(비례보상)
20만원x0.9=18만원
기타협력비용을 보상 받기 위해서는 회사의 요구 또는 협의가 있어야 하므로 지급불가
(최종 지급 보험금)=5,616,000원+18만원=5,796,000원

문제 201

(1) (110kg 비육돈 수취가격)=8,000x110x0.768=675,840원

(2) 종빈돈(임신, 포유불가능)은 비육돈으로 보험가액을 산정한다.
체중이 112Kg이면 적용체중110kg,
종빈돈 보험가액=30만+(110-30) x(675,840-30만)/80=675,840원

(3) 육성돈 체중이 60Kg이면 적용체중은 55kg
육성돈 보험가액=30만+(55-30) x(675,840-30만)/80=417,540원

(4) 비육돈 체중이 97Kg이면 적용체중은 95kg
비육돈 보험가액=30만+(95-30) x(675,840-30만)/80=605,370원

(5) 후보돈 체중이 88Kg이면 적용체중은 85kg
비육돈 보험가액=30만+(85-30)x (675,840-30만)/80=558,390원

문제 202

*110kg 비육돈 수취가격=6,000x110x0.768=506,880원
*비육돈 지육단가에 의한 종빈돈의 가격(5,350원 이상=70만원)
종빈돈 임신. 분만. 포유가능 보험가액=10x70만원=700만원
종빈돈 임신. 분만. 포유불가능 보험가액=20만+(95-30)(306,880원)/80=449,340원
449,340원x5=2,246,700원
*종모돈 보험가액=5x70만원x120%=420만원
*비육돈(111kg이상) 보험가액=506,880원
(비육돈 보험가액)=20x506,880원=10,137,600원
*(주계약 보험가액)=420만원+700만원+2,246,700원+10,137,600원=23,584,300원,
보험가입금액: 2,500만원(초과보험), 비례보상(x), 잔존물처리비용=200만원
(손해액+잔존물처리비용)=25,584,300원
(손해액+잔존물처리비용) 보험금=25,584,300원x1x(1-0.2)=20,467,440원
(손해액) 보험금=23,584,300원x(1-0.2)=18,867,440원
(잔존물처리비용) 보험금=200만원x(1-0.2)=160만원

문제 203

돼지질병위험보장 특약, (보험가액)=20x2.5x30만=1,500만원,
보험가입금액: 1,200만원(일부보험), 비례보상=1,200만/1,500만=0.8
손해액=800만원, 잔존물처리비용=80만원
(손해액+잔존물처리비용)=880만원
자기부담금액=Max{880만원x0.8x0.2, 200만원}=200만원
(손해액+잔존물처리비용) 보험금
=Min{880만원x0.8, 1,200만원}-200만원=504만원
(손해액+잔존물처리비용) 보험금
=Min{880만원x0.8-200만원, 1,200만원}=504만원

문제 204

돼지축산휴지위험보장 특약
(1) 110kg 비육돈 수취가격=6,000x110x0.768=506,880원
(2) 1두당 100kg 비육돈 평균가격=30만+(95-30)(206,880원)/80=468,090원
(3) 이익률=(468,090원-35만원)/468,090원=0.25228, 25%
(4) 손해액(보험가액)=10x10x468,090원x0.25=11,702,250원
비례보상=(850만원/11,702,250원)
*지급 보험금=Min{(손해액)x비례보상, 보험가입금액}-0원
지급 보험금=Min{(11,702,250원)x(850만원/11,702,250원), 850만원}-0원=8,500,000원

문제 205

(1) (110kg 비육돈 수취가격)=9,000x110x0.768=760,320원
(2) 종빈돈(임신,포유 가능)의 보험가액=70만원
비육돈 지육단가에 의한 종빈돈의 가격=5,800원,
(5,350원 이상: 70만원)
(3) 종빈돈(임신, 포유불가능)은 비육돈으로 보험가액을 산정한다.
체중이 102kg이면 적용체중105kg,
종빈돈 보험가액=30만+(105-30)x(760,320-30만)/80=731,550원
(4) 육성돈 체중이 60kg이면 적용체중은 55kg
육성돈 보험가액=30만+(55-30)x(760,320-30만)/80=443,850원
(5) 비육돈 체중이 97kg이면 적용체중은 95kg
비육돈 보험가액=30만+(95-30)x(760,320-30만)/80=674,010원
(6) 후보돈 체중이 88kg이면 적용체중은 85kg
비육돈 보험가액=30만+(85-30)x(760,320-30만)/80=616,470원
(7) 종모돈의 보험가액: 종빈돈 보험가액의 120%
종모돈의 보험가액=70만원x120%=840,000원

문제 206

(1) 110kg 비육돈 수취가격=8,000x110x0.768=675,840원

(2) 비육돈 지육단가에 의한 종빈돈의 보험가액
(5,350원 이상=70만원)
종빈돈 임신. 분만. 포유가능 보험가액=10마리x70만원
=700만원
종빈돈 임신. 분만. 포유불가능 보험가액=20만+(95-30)
(475,840원)/80=586,620원
586,620원x5마리=2,933,100원
(종모돈 보험가액)=5마리x70만원x(1+0.2)=420만원
비육돈(111kg이상) 보험가액=675,840원
(비육돈 보험가액)=50마리x675,840원=33,792,000원
(보험가액)=420만원+700만원+2,933,100원+33,792,000원
=47,925,100원,
보험가입금액: 4,000만원(일부보험), 비례보상(O)=4,000
만원/47,925,100원,
잔존물처리비용=200만원,
(손해액+잔존물처리비용)=49,925,100원,
(손해액+잔존물처리비용) 보험금
=49,925,100원x{4,000만원/47,925,100원}x
(1-0.2)=33,335,417.14원

문제 207

돼지질병위험보장 특약
(보험가액)=30x2.5x25만=1,875만원,
보험가입금액: 1,500만원(일부보험),
비례보상=1,500만/1,875만=0.8
손해액=1,500만원, 잔존물처리비용=100만원
(손해액+잔존물처리비용)=1,600만원
자기부담금액=Max{1,600만원x0.8x0.2, 200만원}=256만원
(손해액+잔존물처리비용) 보험금
=Min{1,600만원x0.8, 1,500만원}-256만원=1,024만원
(손해액+잔존물처리비용) 보험금
=Min{1,600만원x0.8-256만원, 1,500만원}=1,024만원

문제 208

돼지축산휴지위험보장 특약

(1) 110kg 비육돈 수취가격=10,000x110x0.768=884,800원

(2) 1두당 100kg 비육돈 평균가격=30만+(95-30)
(584,800원)/80=775,150원

(3) 이익률=(775,150원-50만원)/775,150원=0.35496, 35.5%

(4) 손해액(보험가액)=8x10x775,150원x0.355=22,014,260원
보험가입금액=1,800만원, 비례보상
=(1,800만원/22,014,260원)
*지급 보험금=Min{(손해액)x비례보상, 보험가입금액}-0원
지급 보험금=Min{22,014,260원x(1,800만원/22,014,260원),
1,800만원}-0원=18,000,000원

문제 209

(1) 육계(45일령) 한 마리의 보험가액=2.3x5,600=12,880원

(2) 토종닭(66일령) 한 마리의 보험가액=2.09x8,200=17,138원

(3) 토종닭(85일령) 한 마리의 보험가액=2.8x8,200=22,960원

(4) 오리(50일령) 한 마리의 보험가액=3.5x7,400=25,900원

문제 210

(1) 육계의 보험가액=3,600x2.3=8,280원

(2) 토종닭의 보험가액=4,500x2.8=12,600원

(3) 오리의 보험가액=4,200x3.5=14,700원

(4) 삼계의 보험가액=3,600x2.3x0.7=5,796원

문제 211

(1) 계란 1개 평균가격=200x0.02+180x-0.535+160x0.445=171.5=171원
(2) 병아리 (생후8주) 한 마리의 보험가액 =4,000+(15,300-4,000)(8-1)/9=12,788원
(3) 산란계 (생후30주) 한 마리의 보험가액=(550-210) x0.7x(171-77)=22,372원
(4) 닭 농가 전체의 보험가액
중추 (생후18주) 한 마리의 보험가액=15,300+(26,978-15,300)(18-15)/5=22,306원
산란노계 (생후73주) 한 마리의 보험가액=14,000원
전체의 보험가액=12,788x100+22,306x300+22,372x-400+14,000x200=19,719,400원
보험가입금액=2,000만원, 초과보험
(5) 닭 농가 전체의 보험금액, 잔존물제거비용=150만원
보험금액=(19,719,400+150만)(1-0.2)=16,975,520원

문제 212

(1) 계란 1개 평균가격=170x0.02+160x-0.535+140x0.445=151.3=151원
(2) 병아리(생후 8주)의 보험가액 =2,000+6,300/9x(8-1)=6,900원
(3) 중추(생후 18주)의 보험가액 =8,300+12,938/5x(18-15)=16,062원
(4) 산란계(생후 30주)의 보험가액=(550-210) x0.7x(151-77)=17,612원
(5) 산란노계(생후 72주)의 보험가액=3,100원

문제 213

(보험가액) 계란 1개 평균가격=137원
종계 한 마리 보험가액=20,000원
산란계(생후20주) 한 마리의 보험가액=(550-140) x0.7x(137-77)=17,220원
토종닭 한 마리 보험가액=2.8x5,000=14,000원
육계 한 마리 보험가액=2.3x4,000=9,200원
전체의 보험가액=20,000x100+17,220x500+14,000x-200+9,200x200
=250만원+861만원+280만원+184만원=1,525만원
보험가입금액=1,260만원, 비례보상=1,260만원/1,525만원
잔존물처리비용=100만원
손해액+잔존물처리비용=1,625만원
자기부담금액=Max{1,625만원x(1,260만원/1,525만원)x0.1, 200만원}=200만원
지급 보험금=1,625만원x(1,260만원/1,525만원)-200만원 =11,426,229.5원

문제 214

금차 조사일정이 甲과수원(사과)이므로 A, C는 제외
甲과수원 소유자인 A가 B소유의 乙과수원의 30일 이전에 손해평가를 했으므로
교차손해평가에 해당되어 B도 제외
A의 아들(이해관계자)인 F도 제외
금차 손해평가 가능한 사람: D, E, G, H

문제 215

(1) 미래의 일, 안좋은 일, 가능성
(2) 위험상황, 위험한 상태를 말하며 사고발생 이전, 사고발생 가능성, 사고의 원인(사고발생 전단계)
(3) 손해의 원인으로 일반적인 사고를 말하며 위험의 현실화, 손해의 원인(사고 발생)
(4) 사고발생으로 경제적. 정신적인 손해, 가치의 감소를 말하며 사고발생 결과 경제적 수요발생(사고발생 후 단계)
(5) 속성: 객관적위험과 주관적위험, 범위: 특정적위험과 기본적위험, 기회: 순수위험과 투기적위험, 변화: 정태적위험과 동태적위험
(6) 객관적위험, 특정적위험, 순수위험, 정태적위험
(7) 인적손실위험, 간접손실위험, 재산적손실위험, 배상책임위험
(8) 생산위험, 가격위험, 제도적위험, 인적위험

문제 216

(1) 최소의 비용으로 손실을 최소화
(2) 복제와 격리 (가) 위험통제, (나) 위험전가

문제 217

(2) 대수의 법칙(큰수의 법칙), 위험의 전가, 예기치 못한 손실의 집단화, 위험분담, 실손에 대한 보상
(3) 초과보험, 중복보험, 보험자대위
(4) 한정적 손실, 동질적인 위험, 손실의 우연적 발생, 경제적으로 부담 가능한 보험료, 비재난적인 손실, 확률적으로 계산 가능한 손실
(5) 신용력 증대, 투자재원 마련, 손실회복
자원의 효율적인 이용 기여, 불안감소, 안전(위험대비)의식 고양
(6) 사회적비용 발생, 도덕적 해이(보험사기) 증가, 손실과장으로 인한 사회적비용 초래
(7) 역선택: 계약전에 고지의무를 다하지 않고 자기에게 불리한 것들을 숨기는 행위
도덕적해이: 계약후에 담보, 보증의 약속을 지키지 않고 사고 발생 확률을 높이는 행위
(8) 최대선의의 원칙, 보험자대위의 원칙, 실손보상의 원칙, 피보험이익의 원칙
(9) 공제제도, 공보보험제도, 철저한 underwriting, 형사처벌 강화, 모집방안 개선, 중복보험, 초과보험

문제 218

(1) 이득금지 원칙(법적규제 3가지)=초과보험, 중복보험, 보험자대위에 관한 규정
(가) 지급보험금, (나) 계약자 수, (다) 사고발생 건수
(2) 유상계약성, 상행위성, 계속계약성, 부합계약성, 최고선의성, 불요식낙성계약성, 쌍무계약성
(3) 기평가보험, 대체비용보험, 생명보험
(5) 도박을 방지, 도덕적 해이를 감소, 손실의 크기 측정

문제 219

(2) 중요한 사항(보험약관) 설명, 증권교부, 건실한 회사운영, 낙부통지, 보험금 지급
(3) 고지의무, 손해방지와 경감, 통지의무(위험변경.증가, 위험유지, 보험사고 발생)

문제 220

(1) 손해보험 증권의 기본적인 기재사항(9가지),
보험의 목적, 보험사고의 성질, 보험기간(시기와 종기), 보험금액, 보험계약의 연월일, 보험료와 지급방법, 피보험자의 주소와 성명 또는 상호, 무효와 실권의 사유, 보험증권의 작성 장소와 연월일
화재보험증권:(+3가지): 건물의 용도와 주소지, 동산의 용도와 존치상태, 보험가액
(2) 보험증권의 법적 성격: 유가증권, 면책증권, 증거증권, 상환증권, 요식증권

문제 221

(1) 농촌지역 경제 및 사회 안정화, 농업정책의 안정적인 추진, 농업투자의 증가, 농가의 신용력 증대, 재해농가의 손실회복, 재해대비 의식 고취 지속가능한 농업발전과 안정적 식량 공급에 기여
(2) 불예측성, 광역성, 동시성, 복합성, 피해의 대규모성, 계절성, 불가항력성
(3) 국가 재보험운영, 경제력에 따른 보험료 지원 일부 차등, 손해평가의 어려움, 주요담보위험이 자연재해 대상, 단기 소멸성 물보험, 위험도에 대한 차별화 곤란
(9) 농어업재해 보험법, 농어업재해 보험법 시행령, 농어업재해 보험법 행정규칙, 농어업재해 보험 손해평가요령, 보조금 예산 및 관리에 관한 법률
(10) 해당 지역에 보험가입 가능한 품목, 일정규모 이상, 농업 경영체에 등록

문제 222

(가) 40, (나) 50, (다) 50, (라) 50, (마) 70,

문제 223

(가) 40, (나) 1~2, (다) 1~2 (라) 해거리 (마) 수분흡수

문제 224

(가) 30, (나) 45, (다) 정위치, (라) 1/2, (마) 2/3,
(바) 2/3

문제 225

(가) 보험료, (나) 가입면적, (다) 수령보험금,
(라) 최종피해수량, (마) 증명, (바) 농작물,
(사) 시설물 및 시설작물 (아) 부대시설

문제 226

(가) 품종, (나) 수령, (다) 재배방식, (라) 5,
(마) 실제수확량, (바) 표준수확량, (사) 평년수확량,
(아) 50~100%, (자) 병충해피해 상태,
(차) 제초불량 상태

문제 227

① 표준수확량 ② 재배방식별 ③ 보험가입금액 ④ 감수량
⑤ 경작불능

문제 228

(가) 90~130, (나) 5만~50, (다) 50~100

문제 229

(가) 가입수확량 (나) 가입결과주수 (다) 가입수확량
(라) 가입면적 (마) 보장생산비 (바) 기준가격
(사) 재조달가액 (아) 80~130 (자) 50~100
(차) 90~130 (카) 재조달가액 (타) 보험가액
(파) 5~50 (하) 보험가액

문제 230

(가) 90~130, (나) 재조달가액, (다) 보험가액, (라) 5만~50,
(마) 50~100

문제 231

① 8월 31일 ② 4,000 ③ 3.0m±5% ④ 3,000 ⑤ 80

문제 232

감귤
(가) 3주 (나) 2주 (다) 2주
단감
(가) 1주 이상 (나) 1주 이상
(다) 조사대상주수에 의한 표본주 산정 (라) 표본주 산정

9회 기출문제 해설

문제 1

① 해당 ② 미해당,(2m초과 시 해당) ③ 미해당,(도난손해는 미해당) ④ 해당 ⑤ 해당

문제 2

① 5월20일 ② 9월25일 ③ 8월31일 ④ 9월30일 ⑤ 10월31일

문제 3

① 24 ② 5 ③ 0.5 ④ 30 ⑤ 50

문제 4

① 305 ② 10,000 ③ 30 ④ 11,000 ⑤ 20

문제 5

① 6 ② 5 ③ 20 ④ 6 ⑤ 10

문제 6

사과(밀식재배) 평년착과량 산식에서 D값(기준표준수확량의 평균) 이론서에 설명이 분명치 않아서 전원 정답처리 되었음.

(현행 이론서 내용) 3년생: 50%, 4년생: 75%

⇨ 3년생: 일반재배 5년생의 50%, 4년생: 일반재배 5년생의 75%

(물음1)

A=(2,000+800+1,200+6,000)/4=2,500 (21년: 평년착과량의 30% 하한적용)

B=(1,500+3,000+5,700+6,600)/4=4,200

C=9,000

D=(6,000x0.5+6,000x0.75+8,000+8,500)/4=6,000(일반재배 5년생의 50%, 75%적용)

평년착과량={A+(B-A)(1-Y/5)}xC/D

={2,500+(4,200-2,500)(1-4/5)}x(9,000/6,000)=4,260kg

(물음2)

적과후 착과량=2,500kg, 자연재해(종합)이므로 기준착과량은 평년착과량=4,260kg

착과감소량=4,260-2,500=1,760kg, 자기부담감수량=4,260x0.2=852kg, 미보상감수량=0

착과감소보험금=(1,760-0-852)x2,000x0.5=908,000원

(물음3)

보험가입금액=4,260x2,000원=852만원

평년착과량=4,260kg에서 적과전 사고없이 적과후착과량=2,500kg으로 감소

감소량=1,760kg, 착과감소율=(1,760/4,260)=0.41314

감액분=20만원x(1,760/4,260)=82,629원

차액보험료=82,629원x70%=57,840원(종합이고 보장수준이 50%이면 감액미경과비율=70%)

문제 7

(물음1)

과실손해 피해율={(30+24x0.5)/280}x(1-0.2)=0.12, 12%

수확전 사고조사가 없으므로 과실손해피해율=주계약피해율 =0.12

손해액=1,000만원x0.12=120만원, 자기부담금액=1,000만원 x0.2=200만원

과실손해 보험금=0원 (손해액이 자기부담금 이하)

(물음2)

기수확비율=86/286=0.30069

수확기잔존비율=100-1.5x20=70%, 경과비율=30%, 차이값= 기수확비율-경과비율=없음

동상해피해율=(0.8x50+1x50)/200=0.45

기사고피해율=0.12/(1-0.2)=0.15

손해액=1,000만원x(1-0.15)x0.7x0.45x(1-0.1)=2,409,750원

자기부담금액=1,000만원x|Min{(0.12-0.2), 0}|=1,000만원 x0.08=80만원

동상해과실손해보장 보험금=2,409,750원-8000,000원 =1,609,750원

문제 8

○ 유상계약성: 손해보험 계약은 계약자의 보험료 지급과 보험자의 보험금 지급을 약속하는 유상계약이다.

○ 쌍무계약성: 보험자인 손해보험회사의 손해보상 의무와 계약자의 보험료 납부 의무가 대가 관계에 있으므로 쌍무계약이다.

○ 상행위성: 손해보험 계약은 상행위이며 영업행위이다.

○ 최고선의성: 손해보험 계약에 있어 보험자는 사고의 발생 위험을 직접 관리할 수 없기 때문에 도덕적 위태의 야기 가능성이 큰 계약이다. 따라서 신의성실의 원칙이 무엇보다도 중요시되고 있다.

○ 계속계약성: 손해보험 계약은 한 때 한 번만의 법률행위가 아니고 일정 기간에 걸쳐 당사자 간에 권리의무 관계를 존속시키는 법률행위이다.

문제 9

(물음1) 재조달가액=6,000원x3,000=1,800만원, 경과년수: 5년,

보험가입금액=1,800만원(1-0.1333x5)=6,003,000원

(물음2) 재조달가액=6,000원x1,250=750만원, 경과년수: 8년,

보험가입금액=750만원(1-0.0444x8)=4,836,000원

문제 10

(A농지): 불가능 - 고추정식 6개월 이내에 인삼을 재배한 농지는 인수 불가능

(B농지): 불가능 - 직파 재배한 농지는 인수불가능

(C농지): 불가능 - 풋고추형태로 판매하기 위해 재배하는 농지는 인수불가능

(D농지): 불가능 - 시설재배 농지는 인수불가능

(E농지): 가능

문제 11 [병. 해충 등급별 인정비율

(90%) -모자이크병, 가루더뎅이병, 감자뿔나방, 역병, 무름병, 잎말림병, 둘레썩음병, 갈쭉병

(70%) -홍색부패병, 시들음병, 줄기검은병, 줄기기부썩음병, 아메리카잎굴파리, 마른썩음병, 더뎅이병, 방아벌레류, 균핵병, 검은무늬썩음병, 진딧물류, 풋마름병

(50%) -흰비단병, 오이총채벌레, 겹둥근무늬병, 반쪽시들음병, 파밤나방, 탄저병, 잿빛곰팡이병, 뿌리혹선충, 큰28점박이무당벌레, 기타

문제 12

(물음1)

조사대상주수=550주 ⇨ 적정 표본주수=12주

표본주의 낙엽수와 착엽수의 총개수=12주x4가지x10=480개

낙엽률=120/480=0.25, 25%

(물음2)

낙엽인정피해율(떫은감)=0.9662x0.25-0.0703=0.17125, 17.13%

문제 13

경과비율=0.495+(1-0.495)x(65/130)=0.7475
작물피해율=(0.5x30+0.8x15+1x33)/100=0.6, 60%,
피해비율=600/1,000=0.6,
피해율=0.6x0.6=0.36
자기부담금액=1,500만원x0.03=45만원, 잔존보험가입금액
=1,500만원
생산비보장 보험금=1,500만원x0.7475x0.36-45만원
=3,586,600원

문제 14

실제결과주수와 조사대상주수로 약간 혼란스러웠으나..
침착하게 함정을 피했음
조사대상주수=370주, 표본주수=8주, 고사주수=10주,
미보상주수=20주,
실제결과주수=400주, 1주당 평년착과량=20kg
표본주 1주당 착과량=20kg, 착과피해구성율
=(10+16+30)/100=0.56, 56%
수확량=370x20x(1-0.56)+20x20=3,656kg
미보상감수량=(8,000-3,656)x0.1=434.4kg
피해율=(8,000-3,656-434.4)/8,000=0.4887
수확감소 보험금=2,000만원x(0.4887-0.2)=5,774,000원

문제 15

양배추 자기부담비율이 10%로 출제되었지만 문제풀이에 영향이 없음
(물음1)
표준출현피해율=(30,000-24,000)/30,000=0.2, 20%
재파종 보험금=300만원x0.35x0.2=210,000원
(물음2)
면적피해율=500/2,000=0.25, 25%
재정식 보험금=200만원x0.2x0.25=100,000원

문제 16

(이용물처분액)=(도축장발행 정산자료의 지육금액)
x75논란이 되는 부분 복수정답 처리됨)
(물음1)
① 1 ② 3 ③ 10 ④ 15 ⑤ 30
(물음2)
사고전전월(5월) Max{322만/350=9,200원, 360
만/600=6,000원}=9,200원
한우(수컷), 월령 26개월(25개월 이상)=체중 655kg
보험가액=655x9,200원=6,026,000원,
보험가입금액=650만원(초과보험)
손해액=6,026,000원-80만원=5,226,000원
지급 보험금=Min{5,226,000원x(1-0.2), 650만원}=4,180,800원

문제 17

(물음1)
① 8
② 5.3(이론서에는 5.3%인데... 80%/15=5.33% 복수정답)
③ 1 ④ 40 ⑤ 16
(물음2)
준비기생산비계수 10%: 무, 시금치, 쪽파, 쑥갓
보험가액=1,000x2,600원=260만원, 보험가입금액
=260만원(전부보험)
일부보험으로 함정을 파놓을 줄 알았는데 표준생장일수에
당했습니다.
50일은 너무 흔한 문제라서 40일로 풀었는데 스스로 함정을
파서 다이빙을..ㅠㅠ
경과비율=0.1+(1-0.1)x(25/50)=0.55
피해비율=500/1,000=0.5, 손해정도(50%)비율=0.6
피해율=0.5x0.6=0.3
생산비보장 보험금=260만원x0.55x0.3=429,000원

문제 18

(물음1)
(조사료용 벼) 최대보장비율의 자기부담비율=10%
⇨ 경작불능 보장비율=45%
사고일자, 7월 15일 ⇨ 경작불능 경과비율=90%
경작불능 보험금=1,000만원x0.45x0.9=4,050,000원
(물음2)
수확량조사(메벼-표본조사), 조사대상면적
=3,000-500=2,500m^2
표본구간 유효중량=400x(1-0.07)x{(1-0.22)/(1-0.15)}=341.3647g
표본구간 m^2당 유효중량=262.588g=263g
유효중량을 반올림하는 문제인데 표본구간 유효중량과 표본구간 m^2당 유효중량 구분이 안되어 있으므로 두 개 중에 어느 것을 반올림해도 두가지 모두 정답 처리가 되었습니다.
수확량=0.263x2,500+0.5x500
=907.5kg(한줄풀이, 반올림을 1번)
수확량=0.262x2,500+0.5x500
=905kg(두줄풀이, 반올림을 2번)
미보상감수량=(1,500-907.5)x0.2=118.5kg
피해율=(1,500-907.5-118.5)/1,500=0.316
수확감소 보험금=1,000만원X(0.316-0.1)=2,160,000원
(물음3)
수확량조사(찰벼-전수조사),
조사대상면적=3,000-300-300=2,400m^2
수확량=540x{(1-0.18)/(1-0.13)}+0.5x300=659kg
미보상감수량=(1,500-659)x0.1=84kg
피해율=(1,500-659-84)/1,500=0.50466, 50.47%
수확감소 보험금=1,000만원X(0.5047-0.1)=4,047,000원

문제 19

실제경작면적와 조사대상면적으로 약간 혼란스럽게 출제
(물음1)
조사대상면적=7,000m^2, 고사면적=500m^2, 타작물면적=200m^2, 기수확면적=300m^2
실제경작면적=8,000m^2, m^2당 표준수확량
=2,000/8,000=0.25kg
표본구간 m^2당 피해수확량
={(18+14x0.5)x0.16x1x1}/16=0.25kg
(하품의 개수=18개, 중품의 개수=14개)
피해수확량=0.25x7,000+0.25x500=1,875kg
(물음2) 미보상비율=0, 가입가격=2,000원/kg
손해액=1,875x(1-0)x2,000원=3,750,000원
(물음3)
손해액=1,875x(1-0)x2,000원=3,750,000원
자기부담금액=2,000만원x0.1=200만원
수확감소 보험금=Min{375만원, 2,000만원}-200만원
=1,750,000원
보험가액=1,600만원으로 초과보험이지만 문제풀이에 영향이 없음

문제 20

(물음1)에서 잔여수확량비율이라 했고 표에서는 경과비율이라 하여 혼란스럽지만..
잔여수확량비율을 구하는 식이라고 했으므로 이론서에 나온 그대로 답을 썼습니다.
(물음1)
① 98-(사고발생일자)
② {(사고발생일자)^2 - 43x(사고발생일자)+460}/2
(물음2)
살아있는 결과모지수=250/10x5=5개, 평년결과모지수=7개
수정불량환산고사결과모지수=5x(200/400-0.15)=1.75개
미보상고사결과모지수=(7-5+1.75)x0.2=0.75개
종합위험 과실손해 고사결과모지수=7-5+1.75-0.75=3개
피해율=3/7=0.42857, 42.86%
과실손해 보험금=500만원x(0.4286-0.2)=1,143,000원

10회 기출문제 해설

문제 1

농업재해보험 심의회

문제 2

(1) 위험회피, (2) 위험전가-보험 (3) 손실통제
(4) 위험보유

문제 3

(1) 200 (2) 춘파 (3) 90 (4) 15 (5) 6

문제 4

(1) 말 (2) 사지골절 (3) 산욕마비 (4) 1개월

문제 5

(1) 정보의 비대칭 (2) 역선택 (3) 도덕적 해이

문제 6

(1) 정부보조 보험료=순보험료x38%+부가보험료
순보험료=1,800만원x0.1x(1+0)x(1-0.2)=1,440,000원
정부보조 보험료=144만원x38%+144만원x10%=691,200원
(2) 계약자부담보험료=순보험료x(1-정부지원비율-지자체지원비율)=144만원x(1-0.38-0.3)=460,800원
(3) 착과감수량=15,000-37,500x0.16=9,000kg
미보상감수량=450kg, 자기부담감수량=2,250kg
착과감소보험금=(9,000-450-2,250)x0.7x1,200원
=5,292,000원

문제 7

10월10일 이전 파종은 인수제한인데... 보험가입이 되었음(논란이 되는 문제)
(1) 보험금의 지급사유: 보험기간 내에 보장하는 재해로 10a당 출현주수가 30,000주보다 작고, 10a당 30,000주 이상으로 재파종한 경우 재파종 보험금은 1회에 보상한다.
(2) 표준출현피해율=(3만-15,000)/3만=0.5, 50%
재파종 보험금=1,500만원x0.35x0.5=2,625,000원
(3) 코끼리마늘, 주아재배마늘
(주아재배마늘은 2년생 이상 인수가능)

문제 8

(1) 무사고=Max{표준수확량, 평년수확량}x110%
A=5,500, 6,050, 7,480, 7,150, 6,820 값들의 평균값,
A=(5,500+6,050+7,480+7,150+6,820)/5=6,600kg
B=(가입연도 표준수확량의 평균)
=(4,500+5,000+6,300+6,000+5,700)/5=5,500kg
C=(당해년도 표준수확량)=6,100kg,
(평년수확량)={A+(B-A)(1-Y/5)}xC/B
(평년수확량)={6,600+(5,500-6,600)x(1-5/5)}
x(6,100/5,500)=7,320kg
(2) 보험가입금액(최소)=7,320x0.5x2,000=7,320,000원

문제 9

(1) 기준가격={(5,300+5,200+5,400)/3}x0.76=5,300원
x0.76=4,028원
(2) 수확기가격={(5,400+5,900)/2}x0.76=4,294원
(3) 기준수입=10,000x4,028=4,028만원
실제수입=(6,500+200)x4,028원=26,987,600원
피해율=(4,028만원-26,987,600원)/4,028만원=0.33, 33%
보험가입금액=6,000x4,028원=24,168,000원
=2,416만원(천원단위 절사)
농업수입감소보험금
=6,000x4,028원x(0.33-0.2)=3,140,800원

문제 10

(1) 원예시설의 무효 효력상실 해지에 관하여

(가) 계약자 또는 피보험자의 책임 없는 사유에 의하는 경우: 무효의 경우에는 납입한 계약자부담보험료의 전액, 효력상실 또는 해지의 경우에는 경과하지 않은 기간에 대하여 일단위로 계산한 계약자부담보험료를 반환한다.

(나) 계약자 또는 피보험자의 책임 있는 사유에 의하는 경우: 이미 경과한 기간에 대하여 단기요율로 계산된 보험료를 뺀 잔액을 반환한다. 다만 계약자 또는 피보험자의 고의 또는 중대한 과실로 무효가 된 때에는 보험료를 반환하지 않는다.

(2) 계약자 또는 피보험자의 책임 있는 사유라 함은 다음 각호를 말한다.

(가) 계약자 또는 피보험자가 임의 해지하는 경우

(나) 사기에 의한 계약, 계약의 해지 또는 중대사유로 인한 계약해지에 따라 계약을 취소 또는 해지하는 경우

(다) 보험료 미납으로 인한 계약의 효력 상실

문제 11

(1) 60 (2) 40 (3) 60 (4) 80 (5) 60

문제 12

(1) 6 (2) 7 (3) 85 (4) 80 (5) 470

문제 13

A동 보험가액=15,000만원(75%), B동보험가액=5,000만원(25%)

보험가입금액(A동)=16,000만원x0.75=12,000만원

보험가입금액(B동)=16,000만원x0.25=4,000만원

A동 잔존보험가입금액=6,000만원

금차사고

B동 손해액(태풍)=800만원, 보험가액=5,000만원, 보험가입금액=4,000만원(초과보험)

자기부담금액=Max{800만원x1x0.05, 50만원}=50만원

B동 보험금=Min{800만원x1-50만원, 4,000만원}=7,500,000원

문제 14

(1) 사료용옥수수, 조사료용벼

(2) 월동무, 고추, 당근

문제 15

(1) 조사대상면적=4,000-600-100-400=2,900m², 고사면적=300+100+200=600, 미보상면적=100, 타작물면적=400

표본구간 m²당 유효중량=0.35kg, m²당 평년수확량=0.75kg

수확량=2,900x0.35+0.75x500=1,015+375=1,390kg

(2) 미보상감수량=(3,000-1,390)x0=0kg

피해율=(3,000-1,390-0)/3,000=0.536666, 53.67%

문제 16

(1) 조사대상면적=2,000-200=1,800m²이면 표본구간=5구간

표본구간면적=5x1x2=10m², m²당 평년수확량=6,000/2,000=3kg

표본구간 m²당 수확량={(18+10x0.2)x0.72x(1+0.1)}÷10=1.584=1.6kg

(2) 수확량=1.6x1,800+3x200=3,480kg, 미보상 감수량=(6,000-3,480)x0.1=252kg

기준수입=6,000x2,500=1,500만원, 실제수입=(3,480+252)x1,800원=6,717,600원

피해율=(1,500만원-6,717,600원)÷1,500만원=0.55216, 55.22%

농업수입감소 보험금=1,500만원x(0.5522-0.2)=5,283,000원

(3) 보상하는 재해인지 확인이 안되는 경우: 미보상비율=100%

미보상 감수량=(6,000-3,480)x1=2,520kg

기준수입=6,000x2,500=1,500만원, 실제수입=(3,480+2,520)x1,800원=1,080만원

피해율=(1,500만원-1,080만원)÷1,500만원=0.28, 28%

농업수입감소 보험금=1,500만원x(0.28-0.2)=1,200,000원

문제 17

(1) 수확기이전 경과비율=0.527+(1-0.527)x(60÷100)=0.8108
손해정도비율=0.5, 피해율=0.5x0.5x(1-0)=0.25
자기부담금액=1,000만원x0.05=500,000원
태풍 생산비보장보험금=1,000만원
x0.8108x0.25-500,000=1,527,000원

(2) 2차 수확기중 경과비율=1-(10÷50)=0.8
2차 피해율=0.8x0.7x(1-0.1)=0.504, 50.4%,
시들음병 등급인정계수=0.5
잔존보험가입금액=10,000,000-1,527,000원=8,473,000원
자기부담금액=8,473,000원x0.05=423,650원
2차 생산비보장보험금=8,473,000원
x0.8x0.504x0.5-423,650원=1,284,506.8원

(3) 3차 수확기중 경과비율=1-(30÷50)=0.4
2차 피해율=1x0.7x(1-0.1)=0.63, 63%
시들음병 등급인정계수=0.5
잔존보험가입금액=8,473,000원-1,284,506원=7,188,494원
자기부담금액=7,188,494원x0.05=359,424.7원
2차 생산비보장보험금=7,188,494원
x0.4x0.63x0.5-359,424원=546,326.24원
수확기 중 병충해(시들음병 중복 사고는 보상하지 않음)

문제 18

(1) 떫은감(5종특약)이고 적과전 자연재해 피해가 있으므로 최대인정피해율 계산
나무인정피해율=(10+40)/250=0.2, (냉해, 조수해, 병충해는 미보상주수)
조사대상주수=250-50-30=170주, 표본주 1주당 착과수=100개
적과후 착과수=170x100=17,000개, 최대인정피해율=20%,
착과감소개수=30,000-17,000=13,000개,
착과감소과실수=Min{13,000, 30,000x0.2}=6,000개

(2) 미보상감수과실수=6,000x0.1+30x120=4,200개

(3) 고사나무수(종합)=10+10+40+10=70주, 고사나무피해율=0.28
나무손해보장 보험금=2,500만원x(0.28-0.05)=5,750,000원

문제 19

(1) 표준수확량, 조생종=8,000kg(40%), 만생종=12,000kg(60%)
1주당 평년수확량, 조생종=25,000x0.4/100=100kg,
만생종=25,000x0.6/250=60kg
(조생) 조사대상주수=100-5=95, (만생) 250-10=240주
착과량=10,000+240x180x0.35+10x60=10,000+15,720=25,720kg
감수량=2만개x0.35x0.6+6,000x0.35x0.8=4,200+1,680=5,880kg
수확량=25,720-5,880=19,840kg

(2) 미보상감수량=(25,000-19,840)x0.1=516kg
피해율=(25,000-19,840-516)/25,000=18576, 18.58%
수확감소보험금=7,000만원x(0.1858-0.1)=6,006,000원

(3) 수확량감소추가보장 보험금
=7,000만원x0.1858x0.1=1,300,600원

문제 20

(1) 사과(종합)이고 적과전 자연재해 피해 적과후 착과수조사,
적과후 착과수=320x65+330x70=43,900개,
착과감소개수=75,000-43,900=31,100개,
기준착과수=75,000개, 자기부담감수과실수=11,250개
착과감수과실수=31,100개, 미보상감수과실수=0개
착과감소보험금=(31,100-0-11,250)
x0.3x2,000x0.7=8,337,000원
적과이후 감수과실수 착과율=43,900/75,000<60%,
착과손해감수과실수=43,900x0.05=2,195개
8월 15일 일소피해, maxA=0.05, 낙과피해구성률=0.75
낙과피해감수과실수=1,000x(0.75-0.05)=700개
착과피해감수과실수=0개,
(사고당시착과수=43,900-1,000=42,900개)
700+0=700개로서 43,900x0.06=2,634개 미만므로 감수과실수로 인정하지 않는다.
8월 30일 태풍피해, maxA=0.05, 낙과피해구성률=0.55
낙과피해감수과실수=2,000x(0.55-0.05)x1.07=1,070개
(사고당시착과수=43,900-1,000-2,000=40,900개)
우박피해, maxA=0.05, 낙과피해구성률=0.3
착과피해감수과실수=40,900x(0.3-0.05)=10,225개
누적감수과실수=2,195+1,070+10,225=13,490개,
자기부담감수과실수=0개
과실손해보험금=(13,490-0)x0.3x2,000=8,094,000원

MEMO

MEMO

2025 유튜버 나원참 손해평가사 2차 실전문제+해설집

실전문제 + 해설 및 정답풀이

발행일 2025년 1월 2일

발행처 인성재단(지식오름)

발행인 조순자

편저자 나원참

편 집 이우미

ISBN 979-11-94539-18-6

정가 35,000원